JN411899

世界化時代의 바람직한 韓日關係

世界化時代의 바람직한 韓日關係

은성국제연구재단 · 화정평화재단
신아시아연구소 · 한일문화교류기금 편

경인문화사

책을 내면서

2025년은 한국과 일본이 국교를 정상화한지 60주년이 되는 해로서 한국이 해방된지 80주년이 되는 뜻깊은 해이기도 하다.

이에따라 회의 주최자 측에서는 이를 기념하는 의미에서「世界化 時代의 바람직한 韓日關係」라는 주제를 선정하고 한일합동학술회의를 개최하기로 하였다. 한일 양국의 각계 전문가를 모시고 아침부터 저녁까지 하루종일 깊이있는 발표와 토론의 자리를 마련하였다. 먼저 일본에서는 모리모토 사토시(森本 敏) 前 日本防衛省大臣, 스기야마 신스케(杉山 晋輔) 전 외무성차관 겸 駐米日本大使 그리고 야마자키 고지(山崎 幸二) 前 統合幕僚長, 반쇼 고이치로(番匠 幸一郎) 防衛大臣政策参与, 기미야 다다시(木宮 正史) 東京大名譽教授 등이 회의에서 수준 높은 발표와 토론을 해주었다. 한편 한국에서는 이상우 한일문화교류기금의 회장과 유명환 전 외교부장관 겸 한일문화교류기금 이사장, 현인택 전 통일부장관 겸 화정평화재단 이사장, 신각수 전 외교부차관, 윤덕민 전 주일대사, 김호섭 중앙대 명예교수, 박홍규 고려대교수, 이정훈 연세대 국제학대학원장, 권태환 국방외교협회 회장, 홍규덕 숙명여대 명예교수, 신범철 전 국방부차관 등 그야말로 각계의 쟁쟁한 전문가들이 회의에 참여하여 열띤 발표와 토론을 전개하였다.

이상우 신아연 이사장과 모리모토 전 방위대신의 기조강연으로 시작한 회의의 전체 발표문과 종합토론 내용을 이 단행본에 함께 실었다. 그리고 발표문의 게재 원칙으로, 한국측 발표문은 한국어 뒤에 일본어 번역문, 일본측 발표문은 일본어를 먼저 싣고 뒤에 한국어 번역문을 넣었으며 국명표기 방식은 발표자의 표기방식 그대로 게재하였다. 한가지 덧붙인다면 발표

한일국교정상화 60주년기념 한일국제학술회의 기념사진 (2025년 11월 7일)

나 토론의 내용은 어디까지나 참가자 개인의 견해로서 주최측과는 상관없음을 밝혀둔다.

한일 두 나라는 지리적으로 매우 가까운 사이로서 지금까지는 멀고도 가까운 나라라는 표현으로 자리매김해왔다. 작금의 한반도를 둘러싼 안보환경은 정말로 한치 앞을 전망하기 어려운 것이 현실이다. 러시아의 우크라이나 침공으로 시작된 러·우 전쟁 그에따른 북한과 러시아의 밀착, 중국의 군사적 굴기 등으로 엄혹한 현실 앞에 미국을 축으로한 한미동맹, 미일동맹으로 한미일 삼국의 협조가 어느 때보다 절실하게 되었다.

한일 양국사이에는 국교가 정상화 된지 60년이 지났으나 아직도 해결하지 못한 몇가지 과제가 남아있다. 그러나 우리가 언제까지나 구원(舊怨)에만 사로잡혀 갈등을 빚고 있을 때는 아닐 것이다.

일년에 약 1,200만 명의 사람들이 양국을 왕래하는 그야말로 一衣帶水의 관계로 발전하고 있는게 현실이다. 따라서 한일양국은 서로의 국익과 안전보장을 위해 협력하지 않을 수 없다.

이러한 상황 등을 고려하여 이번 학술회의 내용도 여기에 맞추어 진행하였다. 이번 회의는 은성국제연구재단의 전폭적 지원과 화정평화재단의 후원으로 신아시아연구소와 한일문화교류기금이 공동주최하였다. 은성국제연구재단과 화정평화재단에 다시한번 감사의 말씀을 전한다.

그리고 이번 학술회의 개최시기와 실제 이 책이 세상에 나온 시점과는 약 3개월의 시차가 있음도 아울러 밝혀둔다.

이번 회의와 단행본 발간에 애쓰신 구본학 박사와 문진옥 차장 그리고 출판과 편집에 도움을 주신 손승철 교수에게도 감사의 인사 전한다.

2026년 2월 길일

한일문화교류기금 상임이사 김수웅

한일국교정상화 60주년 기념 학술회의

개 회 사

여러분 안녕하십니까? 방금 소개받은 한일문화교류기금 이사장과 은성국제연구재단 이사를 맡고 있는 유명환입니다.

조금전 사회자께서도 말씀하셨지만 올해가 한일국교정상화 60주년이 되는 해입니다. 올해는 특별한 의미가 있다고 생각합니다. 사람도 60세가 되면 환갑이라고 하는데 이것은 다른 의미로 인간이 희로애락을 극복하고 성숙한 단계로 들어간다는 의미가 있습니다. 저는 한일관계도 60주년을 계기로 성숙한 관계로 나아가야 한다고 생각합니다.

먼저 일본 측에서 먼길을 오신 모리모토 사토시 전 방위대신님 감사합니다. 스기야마 신스케 전 외무성 사무차관이시자 전 주미대사님 참석해 주셨습니다. 감사합니다. 한국 측에서는 잘 아시다시피 이상우 한일문화교류기금 회장님이시고 신아연 이사장님, 그리고 현인택 전 통일부 장관이시자 화정평화재단 이사장님께서 참석해 주셨습니다. 감사합니다. 그외 한가지 소감을 말씀드리면, 오늘 참석하신 분들은 이 분야 최고 전문가이십니다. 과거 관직에 계셨던 분들도 계시고 학계에서 활동하시는 전문가들을 모셨습니다. 이 자리에 참석해 주신 모든 분들에게 감사드립니다.

오늘 세 번의 회의가 계획되어 있습니다. 먼저 두 분의 기조강연을 듣겠습니다. 이상우 신아시아연구소 이사장께서 기조강연을 해 주시겠고, 다음 모리모토 사토시 전 방위대신께서 기조강연을 해 주시겠습니다. 오늘 한 가지 아쉬운 점은 이번 세미나를 재정적으로 지원해주신 은성국제연구재단

김주현 이사장님께서 다른 일정으로 인해 이 자리에 참석하시지 못했습니다. 특별히 은성국제연구재단에 감사의 말씀을 드립니다. 대신 오채영 사무국장께서 참석하셨습니다. 감사합니다.

이것으로 개회사에 갈음하고 회의에 들어가도록 하겠습니다. 감사합니다.

2025년 11월 7일

한일문화교류기금 이사장, 전 외교부장관 유명환

韓日国交正常化60周年記念学術会議

開 会 辞

皆様、こんにちは。先ほどご紹介いただきました韓日文化交流基金理事長であり、銀星国際研究財団の理事を務めております柳明桓です。

先ほど司会者も述べられましたが、今年は韓日国交正常化60周年にあたります。今年は特別な意味があると考えます。人も60歳になると還暦と言いますが、これは別の意味で、人間が喜怒哀楽を乗り越え、成熟した段階に入るという意味があります。私は韓日関係も60周年を契機に、成熟した関係へと進むべきだと考えます。

まず日本側から遠路はるばるお越しいただいた森本敏前防衛大臣、ありがとうございます。杉山晋輔前外務省事務次官であり前駐米大使もご出席くださいました。ありがとうございます。韓国側からはご存知の通り、李相禹韓日文化交流基金会長、新亞研理事長、そして玄仁澤前統一部長官であり化汀平和財団理事長がご出席くださいました。ありがとうございます。その他、一言所感を申し上げますと、本日ご出席の皆様はこの分野の最高専門家です。過去に官職に就かれていた方もいらっしゃいますし、学界で活動されている専門家の方々をお招きしました。この場にご出席いただいた全ての方々に感謝申し上げます。

本日は三回の会議が予定されています。まずお二人の基調講演をお聞きします。李相禹新亞細亞研究所理事長が基調講演をされ、次に森本敏元防衛大臣が基調講演をされます。本日一つ残念な点は、今回のセミナーを財政的に支援してくださった銀星国際研究財団の金柱炫理事長が、別のご用事でこの場にご出席いただけなかったことです。特に銀星国際研究財団に感謝の意を表します。代わりに呉彩瑛事務局長が出席されました。ありがとうございます。

以上を開会の辞と代え、会議に入らせていただきます。ありがとうございました。

2025年 11月 7日

韓日文化交流基金理事長、元外交部長官　柳明桓

환 영 사

오늘 한일문화교류기금, 동아일보부설 화정평화재단 및 은성국제연구재단이 공동으로 주최하는 한일 국교정상화 60주년 기념 학술회의에 참석하신 여러 내외귀빈 여러분을 공동 주최자의 한 사람으로서 뜨겁게 환영합니다.

오늘의 학술회의에는 주지하다시피 한일 양국의 가장 대표적인 저명한 전문가 여러분들이 참석하셨기에 그 중요성이 남다르다 할 것입니다. 먼저 일본 측에서 존경하는 모리모토 사토시 전방위대신께서 참석하셨습니다. 바쁘신 시간을 내주시고 또 귀중한 기조발표를 해주시는데 대해 깊은 감사를 드립니다. 또한 스기야마 신스케 전 주미일본대사님, 반쇼 고이치로 방위대신정책참여님, 야마자키 고지 전 통합막료장님, 그리고 기미야 다다시 동경대 명예교수님께서 참석해주셨습니다.

한국 측에도 마찬가지로 가장 저명한 전문가 여러분들께서 오늘 자리를 빛내주고 계십니다. 먼저 존경하는 이상우 신아시아연구소 이사장님께서 오늘 귀중한 기조연설을 해주시기 위해 이 자리에 참석하고 계십니다. 이상우 이사장님께서는 오랫동안 한일문화교류기금을 이끌어오셨고, 또한 90년대 중반부터 한일 안보관련 소위 1.5트랙 대화를 주도해 오셨습니다. 저도 영광스럽게 그 대화의 멤버였고, 그로부터 많은 것을 배울 수 있었습니다. 이 기회를 빌어 깊은 감사를 드립니다.

또한 한국 측 발표 및 토론자로 박홍규 고려대 교수님, 이정훈 연세대 국제학대학원장님, 김호섭 중앙대 명예교수님, 윤덕민 전 주일대사님, 권태환 국방외교협회 회장님, 신각수 전 주일대사님, 홍규덕 전 헝가리 대사님, 그리고 신범철 전 국방차관님께서 참여하고 계십니다. 특별한 감사의 말씀을 올립니다.

내외귀빈 여러분

주지하다시피 작금의 국제정세는 그야말로 지난 30여 년 이래로 가장 극심한 변동성을 보여주고 있습니다. 우크라이나-러시아 전쟁이 오늘 이 시각에도 지속되고 있습니다. 중동 또한 잠시 총성이 멈췄을 뿐 언제 다시 전쟁의 소용돌이에 돌입할지 모릅니다. 더 심각한 것은 미국 트럼프 행정부의 MAGA 정책으로 인해 우리가 오랫동안 익숙했던 국제정치의 기본 질서가 뿌리 채 흔들리고 있다는 것입니다. 다행히 이번 한미정상회담, 일미정상회담이 성공리에 마무리 되어 적어도 한국과 일본은 당분간은 미국의 태풍에서 벗어날 수 있게 되었습니다.

그러나 동북아를 비롯한 인태지역의 안보 상황도 만만치 않습니다. 북한의 핵 위협은 날이 갈수록 도를 더해가고 있습니다. 지금의 러시아-북한, 중국-북한 관계로 볼 때 러시아나 중국이 북한 비핵화에 대한 억제재가 되리란 기대는 난망인 것 같습니다.

종합해 보면, 지금 우리가 목도하고 있는 국제정세의 전반적 모습은, 무엇보다도 우리의 상상을 뛰어넘고, 매우 급진적이며, 고도로 비정형적이라 할 것입니다. 지난 1세기 전에 국제정치가 큰 변혁을 겪었을 때의 그런 모습에 접근해 간다고 해도 과언이 아닙니다.

이런 국제안보 지형에서 한국과 일본은 다행히 미국의 동맹국으로서 미국으로부터의 안전보장이라는 안전판을 가지고 있다고 할 것입니다. 그러나 이 안전판은 거저 얻어지는 것이 아니라는 것 또한 우리가 새삼 느끼고 있습니다. 동맹에의 기여와 자국 안보에 대한 투자 없이는 미래의 어느 시점에서는 이 안전판 또한 안전할 것인가에 의문이 제기되기 때문입니다.

이러한 관점에서 한국과 일본은 좀 더 진지하게, 적극적으로, 양자관계를 진전시킬 다양한 접근을 시도해야 한다고 생각합니다. 한일이 국교정상화를 이룬 지 60년이 지났습니다. 이 60년의 시간이 결코 짧은 시간이 아닙니다. 여기에 많은 것들이 녹아있습니다. 이를 바탕으로 하여 미래지향적이며 문명적 발전을 향해 앞으로 60년, 100년을 설계해 나가야 합니다. 상호 호혜적인 국가 발전을 위한 틀을 만들어 나가야 할 때입니다.

오늘 한일 양국의 최고의 전문가들이 한 자리에 모이신 만큼 앞으로 한일관계의 바람직한 발전 방향에 대해 좋은 혜안을 제시해 주시기를 당부드리면서 저의 환영사에 갈음하도록 하겠습니다. 감사합니다.

2025년 11월 7일

화정평화재단 이사장 현인택

歓迎の辞

本日、韓日文化交流基金、東亜日報付設化汀和財団及び銀星国際研究財団が共同で主催する韓日国交正常化60周年記念学術会議にご出席の国内外の貴賓の皆様を、共同主催者の一人として心より歓迎いたします。

本日の学術会議には、ご承知の通り、韓日両国を代表する著名な専門家各位が出席されており、その重要性は格別であると言えます。まず日本側からは、尊敬する森本敏元防衛大臣が出席されました。お忙しい中お時間を割き、貴重な基調発表をしてくださることに深く感謝申し上げます。また、杉山晋輔元駐米日本大使、番匠幸一郎防衛大臣政策参与、山崎幸二元統合幕僚長、そして木宮正史東京大学名誉教授がご出席くださいました。

韓国側にも同様に、最も著名な専門家各位が本日この場を輝かせてくださっています。まず、尊敬する李相禹新アジア研究所理事長が本日貴重な基調講演のためにご出席されています。李相禹理事長は長年、韓日文化交流基金を率いてこられ、また90年代半ばから韓日安保関連、いわゆる1.5トラック対話を主導してこられました。私も光栄にもその対話のメンバーとして、そこから多くを学ぶことができました。この機会に深く感謝申し上げます。

また、韓国側発表者·討論者として、高麗大学の朴鴻圭教授、延世大学国際学大学院院長の李政勲教授、中央大学の金浩燮名誉教授、元駐日大使の尹徳敏氏、国防外交協会会長の権泰煥氏、元駐日大使の申珏秀氏、前ハンガリー大使の洪圭徳氏、そして前国防次官の申範澈氏が参加されています。特に感謝申し上げます。

内外の貴賓の皆様、

周知の通り、現在の国際情勢はまさに過去30余年において最も深刻な変動性を示しています。ウクライナ·ロシア戦争は今日もこの瞬間も続いています。中東も一時的に銃声が止んだだけで、いつ再び戦争の渦に巻き込まれるか分かりません。さらに深刻なのは、米国トランプ政権のMAGA政策により、私たちが長年慣れ親しんできた国際政治の基本秩序が根底から揺らいでいることです。幸い、今回の韓米首脳会談、日米首脳会談が成功裡に終了し、少なくとも韓国と日本は当分の間、米国の台風の目から逃れることができました。

しかし、北東ァジアを含むインド太平洋地域の安全保障状況も決して楽観できません。北朝鮮の核脅威は日増しに深刻化しています。、現在のロシア·北朝鮮、中国·北朝鮮の関係を見れば、ロシァや中国が北朝鮮の非核化に対する抑止力となるという期待は難しいようです。

総合すると、今私たちが目撃している国際情勢の全体像は、何よりも私たちの想像を越え、非常に急進的で、高度に非定型的だと言えるでしょう。さる1世紀前に国際政治が大きな変革を経験した時の様相に近づいていると言っても過言ではありません。

このような国際安全保障の地形において、韓国と日本は幸いにも米国の同盟国として、米国からの安全保障という安全弁を持っていると言えるでしょう。しかし、この安全弁がただで得られるものではないことも、私たちは改めて感じています。同盟への貢献と自国の安全保障への投資がなければ、将来のある時点ではこの安全弁さえも安全であるか疑問が呈されるからです。

こうした観点から、韓国と日本はより真剣に、積極的に、二国間関係を前進させる多様なアプローチを試みるべきだと考えます。韓日が国交正当化を成し遂げてから60年が経過しました。この60年の歳月は決して短い時間ではありません。ここに多くの　ものが込められていぃます。これを基盤として、未来志向的で文明的な発展に向けて、こわからの60年、100年を設計していかなければなりません。相互に互恵的な国家発展のための枠組みを構築していくべき時です。

本日は韓日両国の最高の専門家が一堂に会されました。今後、韓日関係の望ましい発展方向について、優れたこ見解を賜りますようお願い申し上げながら、私の歓迎の辞とさせていただきます。ありがとうございました。

2025年 11月 7日

化汀平和財団理事長　玄仁澤

차 례

기조강연

제1부

제2부

제3부 종합토론

기조강연

韓日國交正常化 100주년을 미리 준비하자

이상우 _ 한일문화교류기금 회장, 신아연 이사장

사람이 역사를 만들고 역사가 사람을 만든다

西勢東漸 時代이던 19세기, 일본은 明治維新을 단행하여 새 시대의 흐름에 맞는 근대국가를 창조했으나, 같은 시대 朝鮮은 구태의연한 政爭에 매달려 개혁의 기회를 놓쳤다. 그 결과로 1910년 朝鮮은 日本의 식민지로 전락하였다. 朝鮮王朝 몰락과 日本에 의한 朝鮮 식민지화는 그 시대의 韓國과 日本의 '사람'들이 만들어낸 역사였다. 깨인 지식인들이 새 日本을 만들어냈고 시대 감각을 잃은 朝鮮의 지배층이 나라를 자기들 손으로 멸망의 길로 인도했었다. 그 시대 사람들이 한국의 '日本 식민화'라는 역사를 만들어냈다.

1910년에서 1945년에 걸친 일본의 식민지 통치 아래서 살았던 한국 사람들은 지배-피지배 관계를 겪으면서 일본인들에게 좋지 않은 감정을 가졌었다. 그때의 감정이 바탕이 되어 해방 후에도 일본을 멀리하고 싶어하게 되고 이러한 국민들의 정서가 한일 우호관계 구축을 어렵게 만들었다. 歷史가 사람의 감정을 지배하는 경우다. 역사의 기억에 휩쓸려 오늘과 내일의 한일관계를 그르치지 않게 하려면 깨인 意識을 갖춘 지식인들이 앞장서서 미래설계를 해 나가야 한다.

한국과 일본은 서로 돕고 살아야 할 이웃

20세기 초까지만 해도 사람들은 생활양식을 공유하는 사람들끼리 한 나라를 만들고 그 속에서 평생을 살 수 있었다. 국가가 삶의 기본 단위가 되었었다. 그러나 20세기 중반부터는 교통 통신 기술의 발달로 전 세계가 하나의 삶의 터전으로 통합되기 시작하였다. 그 결과로 나라와 나라 사이의 관계가 한 집처럼 가까워지고 있다. 생활 양식을 같이하는 이웃 나라와는 한 집안처럼 서로 돕고 사는 시대가 되었다. 혼자보다는 가까운 이웃과 서로 돕고 살게 되면 '시너지 효과'가 형성되어 서로가 득을 얻게 된다.

자원, 기술영역에서의 협력은 有無相通의 효과를 창출하여 서로 이익을 얻게 되고, 이념과 생활양식을 같이하는 나라 사이에서는 서로 돕는 관계를 맺으면 공통의 敵과의 싸움에서 힘을 모을 수 있어 양측 모두 自衛力 증대의 효과를 얻게 된다. 그래서 나라마다 자국의 안전을 위해 국가간의 협력 관계를 강화해 나가려한다.

일본과 한국은 지리적으로 바로 옆에 있어 예부터 왕래가 잦아 많은 생활 양식을 공유하는 사이이고, 두 나라 모두 自由民主主義 이념을 바탕으로 하는 정치체제를 갖추고 있어 이념 투쟁에서는 손잡고 함께 싸울 수 있는 관계에 놓여있다. 그리고 理念을 같이하는 미국 등 自由民主主義 국가들과의 협력 관계를 한국과 일본은 공유하고 있다. 이런 조건을 바탕으로 한국과 일본은 서로 돕는 관계를 유지하면 국익 증대의 相乘效果를 얻을 수 있는 관계에 있다. 韓國과 日本은 서로 돕고 살아야 할 특수 관계에 있다. 뿐만아니라 지금까지 유지되던 東北亞의 安保體制가 흔들리고 있어 韓日 安保協力은 절대적으로 필요해지고 있다. 트럼프(Trump) 대통령이 이끄는 미국 국익우선정책(MAGA정책)으로 韓國과 日本은 中國과 러시아의 위협에 노출되고 있다. 이러한 새로운 안보환경 변화에 대응하기 위해서도 韓日間 安保協力은 불가피하다.

어렵게 다져온 한일 협력 관계

1945년 日本이 미국 등 연합국과의 전쟁에서 패하면서 승전국의 결정으로 한국은 일본 식민 통치에서 해방되고 1948년 국제연합의 결의로 韓國은 신생 독립국으로 다시 태어났다. 새로 독립 국가로 태어난 大韓民國은 민주국가로 다시 태어난 日本과 같은 자유민주주의 국가, 같은 시장 경제체제 국가, 그리고 두 나라 모두 미국과의 동맹 국가라는 점에서 가장 가까운 이웃이 되어야 할 관계에 있었으면서도 과거 식민지 지배를 받았던 한국민들의 닫힌 마음으로 가까운 이웃이 되지 못했다. 그러나 뜻있는 두 나라의 지도자들의 노력으로 1965년 국교 정상화를 합의하고 '韓日 基本 條約'을 체결하였다. 4개 협정과 25개 문서로 된 이 조약을 보통 '日本國과 大韓民國과의 사이의 基本 關係에 관한 조약'이라 부른다. 이 조약으로 한국과 일본은 서로 상대를 우호적인 동등 국가로 승인하고 모든 영역에서 협력체제를 구축해 나가고 있다.

韓國과 日本은 미소냉전, 미중냉전으로 세계가 두 개의 적대적 국가 집단으로 나뉘어 있는 현실에서 같은 미국 진영의 나라로 서로 돕고 있다. 그러나 아직까지도 과거 식민지 시대의 역사가 발목을 잡아 많은 점에서 협력이 이루어지지 않고 있다. 역사가 사람의 생각을 지배하고 있기 때문이다.

韓國과 日本은 이미 1965년에 정부간 국교 정상화 조약을 맺었지만 일본에 대한 한국 국민들의 부정적 인식은 크게 변하지 않았다. 이런 시대 환경에서 일본의 한국 지배를 정당화하는 일본 역사 교과서가 한국 국민들의 일본에 대한 부정적 인식을 심화시켰다. 이러한 배경에서 1981년 한국과 일본의 의회 의원들간의 협의체인 韓日議員聯盟이 나서서 양국 국민간의 상호이해 증진과 교류 확대를 위한 문화교류기금을 한국과 일본에 각각 창설할 것을 합의하였다. 양국에 교류기금을 창설하자는 의원연맹의 제안은 1982년 11월 새로 총리로 취임한 中曾根 康弘(나카소네 야스히로) 수상이 방한하여 전두환(全斗煥) 대통령과 합의함으로써 힘을 얻어 1983년 12월에 日韓文化交流基金이 창설되었고 1984년 5월에 韓日文化交流基金이 창설되었다. 재단법인으로 출범한 한일문화교류기금은 일한문화교류기금과 협조하여 (1) 한일합동 학술회의, (2) 한일문화강좌, (3) 일본문화 시찰단 파견, (4) 학생교류 지원, (5) 한일문화교류 관련 도서출판 등의 사업을 꾸준히 펴왔다. 양국 역사 학자간의 학술회의를 통하여 '역사 왜곡' 문제를 학술적으로 해결해 왔으며 문화강좌와 시찰단 파견으로 일본에 대한 인식을 바로 잡는데 크게 기여해왔다. 그러나 韓日 두 나라 사이의 관계는 아직도 바람직한 수준에 이르지 못하고 있다. 불행했던 과거 식민지 시대의 감정을 그대로 지니고 있는 세대가 남아있기 때문이다.

未來 歷史는 오늘의 국민이 만든다

온 세계가 하나의 삶의 터전이 되는 21세기적 국제 환경에서 '서로 돕는 한일 관계'를 만들어 나갈 사람을 지금 길러야한다. 사람이 역사를 만들기 때문이다.

韓日文化交流基金은 해방 100주년이 되는 2045년을 내다보면서 2010년 "Vision 2045 : 한일관계를 내다본다"라는 주제로 한일 양국의 원로들을 모시고 허심탄회하게 의견을 교환하는 비공개 세미나를 일본 하꼬네에서 가졌었다. 한국측에서는 金在淳 전 국회의장, 李洪九 전 총리, 孔魯明 전 외무장관, 崔秉烈 전 한나라당 대표를 위시하여 언론계, 학계 원로들을 초청하였으며 일본측에서는 河野 洋平(고오노 요헤이, 전 중의원 의장), 中井 洽(나카이 히로시, 전 중의원), 森本 敏(모리모토 사토시, 拓殖大교수), 山本正(야마모토 다다시, 일본 국제교류재단 이사장), 若宮 啓文(와카미야 요시부미, 朝日新聞 칼럼니스트) 등이 참석한 이 모임에서는 자유롭게 "2045년의 바람직한 한일관계"를 위하여 지금 무엇을 해야할까를 논했다. 미래창조를 위한 오늘의 과제를 짚어보았다. 20년 뒤에 이루었으면 좋을 관계를 부담없이 논하고, 逆時間的으로 오늘로 거슬러 올라와 해야할 일을 찾는 이 논의에서 오늘 당장 우리가 해야할 많은 생산적인 과제를 발견하였다.

역사는 하루 아침에 이루어지지 않는다. 멀리 내다보고 길을 찾아 꾸준히 노력해 나가야 이루어진다. 이러한 미래를 창조하는 오늘의 노력을 쌓아가는 작업을 해나가야 바람직한 한일관계를 기대할 수 있게 된다. 오늘 학술회의는 이러한 생각을 바탕으로 기획된 것이다. 수교 100주년 쯤을 내다보고 그때의 바람직한 韓日 관계를 그려보면서 지금 어떤 준비를 해야 좋을지를 논의해 보려는 생각에서 기획된 회의이다.

맺는 말

끝으로 한일 국교 정상화 60주년을 기념하는 뜻깊은 학술회의를 마련해준 은성국제연구재단, 화정평화재단, 그리고 한일문화교류기금의 여러분들에게 고마운 마음 전한다.

눈앞의 일에만 매달리는 성급한 지식인들의 주장들을 넘어서 멀리 앞을 내다보는 사려깊은 논의가 이루어지는 학술 모임을 마련해 준 분들의 생각에 경의를 표한다.

오늘의 학술 모임과 같은 한일간의 知的交流가 쌓여가면 한국과 일본이 서로 믿고 서로 돕는 가장 가까운 사이가 되리라 확신한다.

고맙습니다.

韓日国交正常化100周年を事前に備えよう

李相禹 _ 韓日文化交流基金 會長, 新亞硏 理事長

人が歴史を創り、歴史が人を創る

西勢東漸の時代であった19世紀、日本は明治維新を断行し、新時代の流れに合った近代国家を創造したが、同じ時代の朝鮮は旧態依然とした政争に固執し、革新の機会を逃した。その結果、1910年、朝鮮は日本植民地へと転落した。朝鮮王朝没落と日本による朝鮮植民地化は、その時代の韓国と日本の人々が作り出した歴史であった。

目覚めた知識人たちが新たな日本を創り出し、時代感覚を失った朝鮮の支配層が国を自らの手で滅亡の道へと導いたのだ。その時代の人々が韓国の日本植民地化という歴史を創り出したのである。

1910年から1945年にかけて日本の植民地支配下で暮らした韓国の人々は、支配-被支配関係を経験しながら日本人に対して好ましくない感情を抱いていた。当時の感情が基盤となり、解放後も日本を遠ざけたいと思うようになり、こうした国民の情緒が韓日友好関係の構築を困難にした。歴史が人の感情を支配する例だ。歴史の記憶に翻弄されて今日と明日の韓日関係を誤らせないためには、目覚めた意識を備えた知識人が先頭に立って未来設計を進めなければならない。

韓国と日本は互いに助け合って生きるべき隣人である

20世紀初頭までは、人々は生活様式を共有する者同士で一つの国を作り、その中で生涯を過ごすことができた。国家が生活の基本単位となっていた。しかし20世紀半ばからは、交通通信技術の発達により全世界が一つの生活基盤として統合され始めた。その結果、国と国の関係が一つの家のように近くなっている。生活様式を共にする隣国とは一つの家族のように互いに助け合って生きる時代となった。一人よりも近い隣人と互いに助け合って生きればシナジー効果が形成され、双方が利益を得ることになる。

資源や技術分野での協力は「有無相通」の効果を生み出し、互いに利益を得られる。また、理念や生活様式を共有する国同士が協力関係を築けば、共通の敵との戦いにおいて力を合わせることができ、双方とも自衛力増強の効果を得られる。そのため各国は自国の安全のために国家間の協力関係を強化しようとしている。

日本と韓国は地理的にすぐ隣にあり、古くから往来が頻繁で多くの生活様式を共有する間柄であり、両国とも自由民主主義の理念に基づく政治体制を備えているため、理念闘争においては手を携えて共に戦うことができる関係にある。そして理念を共にするアメリカなど自由民主主義の国々との協力関係を韓国と日本は共有している。こうした条件を基盤に、韓国と日本は互いに助け合う関係を維持すれば国益増大の相乗効果を得られる関係にある。韓国と日本は互いに助け合って生きなければならない特殊な関係にある。さらに、これまで維持されてきた北東アジアの安保体制が揺らいでいるため、韓日安保協力は絶対的に必要となっている。トランプ大統領が主導する米国国益優先政策(MAGA政策)により、韓国と日本は中国とロシアの脅威に晒されている。こうした新たな安保環境の変化に対応するためにも、韓日間の安保協力は避けられない。

苦労して築き上げてきた韓日協力関係

1945年、日本がアメリカなど連合国との戦争に敗れ、戦勝国の決定により韓国は日本植民地支配から解放され、1948年国際連合の決議により韓国は新生独立国として再び誕生した。新たに独立国家として誕生した大韓民国は、民主国家として再び生まれた日本と同じ自由民主主義国家、同じ市場経済体制国家、そして 2 国ともに米国との同盟国という点で最も近い隣国となるべき関係にありながら、過去の植民地支配を受けた韓国民の閉ざされた心によって、近い隣国となれなかった。しかし、志ある両国の指導者たちの努力により、1965年に国交正常化を合意し「韓日基本条約」を締結した。4つの協定と25の文書からなるこの条約は、通常「日本国と大韓民国との間の基本関係に関する条約」と呼ばれる。この条約により、韓国と日本は互いを友好的で対等な国家として認め合うこととなり、韓日両国はあらゆる分野で協力体制を構築している。

韓国と日本は、米ソ冷戦、米中冷戦によって世界が二つの敵対的な国家集団に分断されている現実において、同じアメリカ陣営の国として互いに助け合っている。しかし、今なお過去の植民地時代が足かせとなり、多くの点で協力が実現していない。歴史が人の思考を支配しているからだ。

韓国と日本はすでに1965年に政府間の国交正常化条約を結んだが、日本に対する韓国国民の否定的な認識は大きく変わらなかった。こうした時代環境の中で、日本の韓国支配を正当化する日本の歴史教科書が韓国国民の日本に対する否定的な認識を深化させた。こうした背景のもと、1981

年に韓国と日本の国会議員間の協議体である韓日議員連盟が立ち上がり、両国民間の相互理解促進と交流拡大のための文化交流基金を韓国と日本にそれぞれ創設することに合意した。両国に交流基金を創設しようという議員連盟の提案は、1982年11月に新たに首相に就任した中曽根康弘総理が訪韓し、全斗煥大統領と合意することで具体化し、1983年12月に日韓文化交流基金が創設され、1984年5月には日韓文化交流基金が創設された。財団法人として発足した韓日文化交流基金は、日韓文化交流基金と協力し、(1)韓日合同学術会議、(2)韓日文化講座、(3)日本文化視察団派遣、(4)学生交流支援、(5)韓日文化交流関連図書出版などの事業を着実に展開してきた。両国歴史学者間の学術会議を通じて「歴史歪曲」問題を学術的に解決し、文化講座と視察団派遣により日本に対する認識を正すことに大きく貢献してきた。しかし、韓日両国間の関係は依然として望ましい水準に達していない。不幸な過去の植民地時代の感情をそのまま抱えている世代が残っているためである。

未来の歴史は今日の国民が創る

全世界がひとつの生活の基盤となる21世紀的な国際環境において、「互いに助け合う韓日関係」を築いていく人材を今こそ育成しなければならない。人が歴史を創るからだ。韓日文化交流基金は解放100周年となる2045年を見据え、2010年に「Vision 2045： 韓日関係を眺望する」をテーマに、韓日両国の元老を招き、率直に意見を交換する非公開セミナーを日本の箱根で開催した。韓国側からは金在淳元国会議長、李洪九元総理、孔魯明元外相、崔秉烈元ハンナラ党代表をはじめ、言論界·学界の重鎮を招待、日本側からは河野洋平元衆議院議長、中井稔元衆議院議員、森本敏拓殖大学教授、山本正日本国際交流財団理事長、若宮啓文朝日新聞コラムニストらが出席したこの会合では、「2045年に向けた望ましい韓日関係」のために今何をすべきかを自由に議論した。未来創造のための今日の課題を検証した。20年後に実現できれば良い関係を気軽に議論し、逆時間的に今日へと遡ってやるべきことを見つけるこの議論の中で、今日すぐに私たちが取り組むべき多くの生産的な課題を発見した。

歴史は一朝一夕に成し遂げられるものではない。遠くを見据え、道を探り、着実に努力を重ねていく必要がある。積み重ねていくことで実現される。このような未来を創造する今日の努力を積み重ねていく作業を進めてこそ、望ましい韓日関係を期待できるようになる。本日の学術会議は、こうした考えに基づいて企画されたものである。国交樹立100年頃を見据え、その時の望ましい韓日関係を思い描きながら、今どのような準備をすべきかを議論しようという考えから企画された会議である。

結びの言葉

最後に、韓日国交正常化60周年を記念する意義深い学術会議を準備してくださった銀星国際研究財団、化汀平和財団、そして韓日文化交流基金の皆様に感謝の意を表する。

目先の事柄にのみ固執する性急な知識人たちの主張を超え、遠く先を眺める思慮深い議論が行われる学術会合を設けてくださった方々の考えに敬意を表する。

今日の学術会合のような韓日間の知的交流が積み重なれば、韓国と日本が互いに信頼し助け合う最も親密な関係になることを確信する。

ありがとうございます。

北東アジアが直面する課題と韓･日･米関係

森本　敏 _ 元防衛大臣

この度、韓日国交正常化60周年記念学術会議を開催するにあたり、未来指向的韓日関係の発展を目指し、今後、北東アジアが直面する課題および韓･日･米関係について基調講演をさせていただくという栄誉にあずかりましたことを大変光栄に存じます。主催者をはじめとする関係者の皆様に衷心よりお礼申し上げます。

今日の韓日関係は、双方が直面する歴史的･政治的な諸問題を乗り越え、以前と比べて想像をはるかに超える幾多の前進と発展を遂げるようになりました。このように韓日関係が格段に進展したのは、尹政権の偉大なる功績であり、この路線を引き続いで韓日関係の一層の発展を進めようとしてきた李在明政権のお陰です。このあと、尊敬する杉山駐米大使より、日韓関係の成り立ちについて、極めて本質的で重要なお話をいただきます通り、我々はそのことを深く理解しておく必要があると確信しています。

戦後、日本は敗戦国から復興を遂げ、同時に韓国も独立国として歩みを始めました。両国は国交正常化に向けた協議を進め、1965年には韓日基本条約が締結されました。しかし、韓日両国の間には歴史認識や国民感情に関わる課題が依然として存在していました。こうした背景のもと、1983年に中曽根総理が訪韓し、全斗煥大統領との合意によって韓日文化交流基金が設立されました。また、バイデン政権時に行われた韓日米首脳会議は、今日の韓日関係の発展にとって極めて大きな基礎となりました。まだ韓日関係には、旧朝鮮半島出身労働者問題や慰安婦問題などが残されています。しかし重要なのは、今日の朝鮮半島を取り巻く環境が中国の軍事活動や、北朝鮮とロシアの包括的戦略パートナーシップ条約に基づく各種の軍事協力、さらには北朝鮮による兵器開発·核開発などの北東アジアの安定を脅かす要因を抱えていることであり、これらの不安定要因に共にどのように対応し、安定した平和な北東アジアを維持するかという点に尽きると思います。

1.

こうした観点から今日の国際情勢を鑑みるに、過去80年を振り返っても、これほど深刻かつ混迷を極めた状況はかつてなかったのではないかと思います。そして、この状況は今後数年にわたり、さらに深刻になるものと予想されます。

その理由は、先の大戦後に国連を提唱し、国際秩序の維持と平和で安定した世界を構築するために努力してきた米国が、近年、MAGAに象徴される一国主義的な方向へと進んでいることが挙げられます。さらに、米国による関税引き上げの要求を受け、多くの国がその対応に不満を抱くようになっています。防衛費の増額要求には応じながらも、従来の同盟関係には揺らぎが生じ、相互の関係には亀裂が入りつつあります。このような状況を見ながら、中国はロシアや北朝鮮と連携し、多極化した世界の実現を目指して権威主義体制の拡大を図り、グローバルサウスをはじめとする地域社会を巻き込みながら反米的な動きを強めています。また、国連がほとんど機能しない中、米国は国連予算の拠出を渋るとともに、国際援助機関や国際条約からの脱退を進めているため、多くの国がこれまで享受してきた経済的恩恵から遠ざかっています。また、PKOへの参加意欲も低下しており、こうした傾向は今後ますます広がっていくことが予想されます。

欧州では、3年以上続いているウクライナ戦争に対して、米国が今年9月に従来の態度を転換したかのように見えましたが、そのための予算や具体的な手段は依然として不透明なままで、停戦の行方も依然として見通せません。一方、中東ではイスラエル·ガザ紛争において、停戦や人質解放の動きが進展し、希望が見え始めたように思われますが、難民の悲惨な状況を改善し、同時にハマスにどのように対応すべきかについては、未だ有効な手段は見出されていません。イランやヒズボラに関する問題も同様です。

我々にとって、より深刻で重大な問題は北東アジアにあります。台湾危機事態について、中国による武力侵攻の蓋然性は論理的に低いと予想されますが、中国が台湾統一を断念することは決してありません。そのため、中国はグレーゾーン事態を確実に進展させており、米国はこれを武力侵攻のリハーサルと見なしています。私は今年9月に台湾を訪れましたが、一部の人々の間では、いわゆる「疑米論(米国は台湾を助けに来るのか疑わしいという見方·考え方)」が広がっているように感じました。米国が台湾に対して国防予算をGDP比10%まで引き上げるよう求めていることについては、「台湾は自国で対処すべきだ」という意思表示だと受け取られているのが実情です。

もっとも、より深刻な問題はロシアと北朝鮮の軍事協力の進展です。北朝鮮は15,000名以上の兵員とほぼ同数の労働者をロシアに派遣して多くの死傷者を出していますが、その見返りとして高額な賃金に加え、石油などのエネルギー資源、物資、そして先進的な兵器技術を入手していると見られています。ロシアから供与されたと思われる弾道ミサイル·原子力潜水艦·各種艦艇の最新技術が北朝鮮の戦力を大きく底上げしており、最近の新型艦艇·潜水艦·核兵器の開発状況を見れば、その影響の大きさは明らかです。さらに、北朝鮮の戦闘兵が近代兵器を駆使し、近代戦における兵器操作技術などを実戦で習得したことにより、北朝鮮の戦力には顕著な教訓と実績が蓄積されつつあります。いずれにせよ、中国はロシアがウクライナ戦争で敗北し、その結果として米国の矛先が自国に向くことを強く警戒していると考えられます。現在のロシアの総合的な戦闘能力を実質的に支えているのは、明らかに中国と北朝鮮です。さらに今後、北朝鮮がロシア海軍に対し、自国内の軍港などの施設へのアクセスを許容した場合、北東アジアの海洋バランスにどのような影響を及ぼすのかについても考えておく必要があります。

2.

そこで、今後の韓日関係や韓日米関係をどのように構築していくべきかについて、いくつかの視点を指摘しておきたいと思います。

(1)

まず、中国が軍事力を強化し、インド太平洋における軍事プレゼンスを拡大する中で、ASEAN諸国や台湾、韓国、日本などの海空域に対してグレーゾーン活動を活発化させ、海上輸送路や海洋·空域における自由活動を阻害していることは極めて深刻です。これは中国が第二列島線内における海洋権益を確保しようとするためであり、現在では3隻の空母を作戦行動に投入するなど、その動きは本格化しています。こうした中国の行動は、自由で開かれた海洋秩序を維持しようとするインド太平洋諸国にとって重大な脅威となっています。

さらに、欧州ではロシアの無人機や戦闘機による領空侵犯が域内の安定に大きな懸念をもたらしており、EU(議長国はデンマーク)やNATOを中心に各国が連携強化に努めていますが、米国がトマホーク巡航ミサイルをウクライナに供与することについては未だ決断できない状況にあると思われます。一方、中国がロシアに対して後方支援や軍需産業の発展を広範に支援しているのは、ウクライナ側が優勢になると米国の欧州に対する関与が弱まり、その分、米国がインド太平洋地域における対中戦略に集中してくることを警戒しているためだと考えざるを得ません。

朝鮮半島有事のシナリオは、北朝鮮にとってはもちろん、中国にも極めて戦略的な意味を持つ事態となります。それに対処する事態は、特に韓·日·米の抑止戦略に大きく依存していると思います。そのため、韓米間の安全保障関係において、①韓国の防衛費増と在韓米軍駐留経費の分担については、本来、韓国が主体的に取り組むべき課題ですが、米国としてもその戦略的意義を踏まえて柔軟に対応する必要があります。また、②在韓米軍の軍事態勢は現状を維持することが望ましく、今後はその重要性がさらに高まると思います。特に、米海軍·空軍のプレゼンスは地域の安定に不可欠であり、在韓米軍の削減は地域の安定を損なう恐れがあります。ただ、③戦時作戦統制権の返還問題は、米国のインド太平洋軍全体の作戦指揮統制と密接に関わるものと考えます。さらに、④北朝鮮の核保有と韓国の核拡大抑止はすべてが相互に深く関連しており、日米の拡大抑止との連携を視野に入れた包括的な対応が求められます。朝鮮半島における核問題の対応は在韓米軍の任務というよりも、米戦略軍の責務として位置づけられていることに留意すべきです。

今年10月に訪韓したドリスコル米陸軍長官は、在韓米軍の任務は北朝鮮だけでなく中国の脅威にも対応するものだと明言しています。つまり、朝鮮半島有事は台湾有事と並ぶ作戦正面の一つであり、中国軍にとっては台湾と朝鮮半島の二正面作戦が現実の課題として想定されることになります。また、在韓米軍は北朝鮮と軍事協力状態にあるロシア軍への対応を迫られることから、その任務と役割は今後さらに強化されるべきだと考えられます。

いずれにしても、台湾有事と朝鮮半島有事は、ほぼ同時あるいは相互に前後して発生する可能性を想定しておくことが現実的です。その際、韓米間の戦略的柔軟性という問題はロシアと北朝鮮による軍事協力の行方に大きく左右されることになり、ひいては韓･日･米による安全保障体制にも重大な影響を及ぼすことになります。さらに、ロシアが北朝鮮に対し、核開発に不可欠な天然ウランの濃縮技術を供与している可能性がありますが、そもそも北朝鮮の核保有を国際社会が容認するべきではありません。この点については、韓･日･米の強固な結束のもと、断固とした対応を進めることが求められます。その意味でも、北朝鮮とロシアの軍事協力が今後どのように進展していくのかについては注意深く見る必要があります。

(2)

このような状況下において、韓･日･米は北東アジアの平和と安定を維持するために、何が最も重要であるかを真剣に再考する必要があります。まず、北朝鮮による核戦力の保有はいかなる形でも容認されるべきではありません。しかし、現実には北朝鮮が一度でも核兵器を手にした以上、それを完全に放棄する可能性は極めて低いと考えざるを得ません。核開発の凍結、段階的縮小、そして非核化というアプローチは理想論に過ぎないとの指摘もありますが、他に選択肢がないのであれば、たとえ困難であっても現実的な交渉を模索していくしかないと思います。いずれにせよ、韓·日·米は、米国のインド太平洋戦略に基づく域内の平和と安定のため、域内各国の有志国との連携を深めつつ、抑止態勢の強化に努めるべきです。

今般の米韓首脳会談を通じて、米国が韓国側の要請に応じて原子力潜水艦の建造許可を与えたことは新しい進展です。日本も次世代の動力を活用した潜水艦の保有を推進することが高市政権誕生時に自民党と維新の会が交わした連立政権の合意の中で示されています。しかし、現時点ではこの問題はまったく白紙の状態であり、小泉防衛大臣はあらゆる選択肢を排除せず検討すると述べていますが、世界で唯一の被爆国である日本にとって、この問題は極めて難しい政治問題になると考えます。しかし、いずれにしても、韓国が原子力潜水艦を運用することは周辺海域のリスクに直面している日·米·韓にとって、海洋の安定を維持するという観点からも極めて大きな意味を持つことになると思います。

(3)

また、韓日両国のシャトル外交(首脳·外務·防衛·経済産業の大臣·次官並びに参謀長·幕僚長による交流)を一層拡大するべきです。共通課題に対して知恵や経験を活かしつつ、李在明大統領の現実的かつ実用的な外交方針と、日本の新政権が掲げる韓国重視の戦略対話を推進し、未来志向の協力関係を継続していくことが最も重要です。そのためには、韓·日·米3か国の安全保障協力を進める上で、「2+2」協議の枠組みを作ることが重要です。具体的には、外務·防衛大臣だけでなく、経済産業大臣も加えた安全保障関係閣僚協議を設置することが求められます。特に、この3か国で進めるべきことは、防衛安全保障政策にとどまらず、防衛装備や技術開発における協力をさらに発展させていくことです。また、部隊運用上、韓日のACSA(物品役務相互提供協定)の締結は大変重要です。韓日にはACSAが締結されていないため11月初旬、日本側は韓国空軍のブラックイーグルス(曲技飛行隊)が中東に向かう途中、沖縄に立ち寄り給油を受けたいとの要請を受け、自衛隊法に基づく無償貸付の規定を根拠に燃料供給の準備を進めていました。しかし、この給油支援は最終的に中止となりました。これが実現すれば、ACSAを含め、韓日間の防衛協力が進むと期待していただけに日本側としては大変残念なことでした。日本としては領土問題は譲れませんが、韓日の防衛協力はぜひとも進めていきたいと考えています。さらに、韓日両国にある朝鮮国連軍関連施設や基地の活性化を図り、不測の事態に備える準備を進めておくことも重要です。外交面では、近年、米国との関係が疎遠になりつつあるインドとの関係強化を目指し、韓日両国でインドとの政治的·経済的関係の活性化を図ることも必要です。

(4)

さらに、米国の太平洋抑止イニシアティブ(PDI：2026年度米国防予算によれば100億ドル)に基づく各計画の実現に協力するため、西太平洋地域の米軍インフラ整備への協力、共同演習·訓練への参加、米軍に対する造船受注やMRO(整備·修理·オーバーホール)、そして海上輸送路やサプライチェーンの安定確保を目的とした共同活動·演習を推進すべきです。特に、共同訓練には台湾事態シナリオにおける韓·日·米のシミュレーションを含む)総合演習も必要です。

それに加えて、AUKUSのPillar-2やPIPIR(インド太平洋における産業基盤強靭化パートナーシップ)をはじめとする各種の協力枠組みに域内の友好国とともに参加し、AIや量子技術、サイバー、宇宙、情報(GSOMIAや偵察衛星などを含む)で連携を強化することが求められます。

特に、韓日両国は常続不断に情報交換や対話を図り、軍·産業界·専門家レベルでの無人機開発や宇宙通信衛星の開発、さらには人的交流プログラムや研修の企画·実施を積極的に進めるべきだと思います。

また、歴史的な背景を踏まえつつも韓日間での相互研修や文化交流、高等教育課程における卒業旅行や相互訪問などを一層頻繁に行うための総合プログラムを設立することも重要です。歴史·文化·伝統·風習の違いによって時にはいくらかの齟齬が存在するという現実を認識しながら両国の将来を支える若年層を中心に、民族を超えた交流を通じて韓日間の発展と相互関係に寄与する人材育成に努めるべきです。そして、これらの取り組みが韓日両国関係のみならず、将来にわたり北東アジア全体の平和と安定に大きく寄与することを確信しています。

ご清聴いただきまして誠にありがとうございました。

동북아시아가 직면한 과제와 한·일·미 관계

모리모토 사토시 _ 전 방위대신

이번 한일 국교 정상화 60주년 기념 학술회의를 개최함에 있어, 미래 지향적 한일 관계 발전을 목표로, 향후 동북아시아가 직면할 과제 및 한·일·미 관계에 대해 기조 강연을 하게 된 영광을 누리게 되어 매우 기쁘게 생각합니다. 주최자를 비롯한 관계자 여러분께 진심으로 감사드립니다.

오늘날 한일 관계는 양국이 직면한 역사적·정치적 문제들을 극복하고, 과거에 비해 상상 이상으로 많은 진전과 발전을 이루게 되었습니다. 이처럼 한일 관계가 획기적으로 발전한 것은 윤석열 정부의 위대한 업적이며, 이 노선을 이어 한일 관계의 한층 더 발전된 미래를 추진해 온 이재명 정부의 덕분입니다. 이어서 존경하는 스기야마 주미 대사님께서 한일 관계의 성립에 대해 매우 본질적이고 중요한 말씀을 해 주실 예정이니, 우리 모두 그 점을 깊이 이해해 둘 필요가 있다고 확신합니다.

전후 일본은 패전국에서 부흥을 이루었고, 동시에 한국도 독립국으로서 걸음을 시작했습니다. 양국은 국교 정상화를 위한 협의를 진행하여 1965년 한일기본조약이 체결되었습니다. 그러나 한일 양국 사이에는 역사 인식과 국민 정서에 관한 과제가 여전히 존재했습니다. 이러한 배경 속에서 1983년 나카소네 총리가 방한하여 전두환 대통령과의 합의로 한일문화교류기금이 설립되었습니다. 또한 바이든 행정부 시절에 이루어진 한일미 정상회의는 오늘날 한일 관계 발전에 매우 큰 토대가 되었습니다. 아직 한일 관계에는 구 한반도 출신 노동자 문제나 위안부 문제 등이 남아 있습니다. 그러나 중요한 것은 오늘날 한반도를 둘러싼 환경이 중국의 군사 활동과 북한과 러시아의 포괄적 전략적 동반자 관계 조약에 따른 각종 군사 협력, 나아가 북한의 무기 개발·핵 개발 등 동북아 안정을 위협하는 요소를 안고 있다는 점이며, 이러한 불안정 요소에 함께 어떻게 대응하고 안정된 평화로운 동북아를 유지할 것인가에 달려 있다고 생각합니다.

1.

이러한 관점에서 오늘날의 국제 정세를 살펴보면, 지난 80년을 돌아보아도 이처럼 심각하고 혼란스러운 상황은 없었던 것이 아닐까 생각합니다. 그리고 이러한 상황은 앞으로 몇 년간 더욱 심각해질 것으로 예상됩니다.

그 이유는 지난 대전 후 유엔을 제창하고 국제 질서 유지와 평화롭고 안정된 세계 구축을 위해 노력해 온 미국이 최근 MAGA로 상징되는 일국주의적 방향으로 나아가고 있기 때문입니다. 또한 미국의 관세 인상 요구에 따라 많은 국가들이 이에 대한 대응에 불만을 품게 되었습니다. 방위비 증액 요구에는 응하면서도 기존 동맹 관계에는 흔들림이 생기고 상호 관계에는 균열이 생기기 시작했습니다. 이러한 상황을 지켜보며 중국은 러시아나 북한과 협력하여 다극화된 세계 실현을 목표로 권위주의 체제의 확대를 꾀하고, 글로벌 사우스를 비롯한 지역 사회를 끌어들이면서 반미적 움직임을 강화하고 있습니다. 또한 유엔이 거의 기능하지 않는 가운데, 미국은 유엔 예산 분담을 꺼리는 동시에 국제 원조 기관이나 국제 조약에서 탈퇴를 추진하고 있어 많은 국가들이 지금까지 누려온 경제적 혜택에서 멀어지고 있습니다. 또한 PKO 참여 의욕도 저하되고 있으며, 이러한 경향은 앞으로 더욱 확산될 것으로 예상됩니다.

유럽에서는 3년 이상 지속되고 있는 우크라이나 전쟁에 대해 미국이 올해 9월 기존 태도를 전환한 것처럼 보였으나, 이를 위한 예산이나 구체적 수단은 여전히 불투명한 상태이며, 휴전 전망 역시 여전히 가늠하기 어렵습니다. 한편 중동에서는 이스라엘-가자 분쟁에서 휴전과 인질 석방 움직임이 진전되며 희망이 보이기 시작하는 듯하나, 난민의 비참한 상황을 개선하고 동시에 하마스에 어떻게 대응해야 할지에 대해서는 아직 효과적인 수단이 마련되지 못하고 있습니다. 이란과 헤즈볼라 관련 문제도 마찬가지입니다.

우리에게 더 심각하고 중대한 문제는 동북아시아에 있습니다. 대만 위기 사태에 대해 중국의 무력 침공 가능성은 논리적으로 낮을 것으로 예상되지만, 중국이 대만 통일을 포기하는 일은 결코 없을 것입니다. 따라서 중국은 그레이존 사태를 확실히 진전시키고 있으며, 미국은 이를 무력 침공의 리허설로 간주하고 있습니다. 저는 올해 9월 대만을 방문했는데, 일부 사람들 사이에서는 소위 '의미론(疑米論, 미국이 대만을 도와줄지 의심스럽다는 시각·생각)'이 확산되고 있는 듯했습니다. 미국이 대만에 대해 국방 예산을 GDP 대비 10%까지 끌어올릴 것을 요구하고 있는 것에 대해서는, '대만은 자국 스스로 대처해야 한다'는 의지 표명으로 받아들여지고 있는 것이 현실입니다.

그러나 더 심각한 문제는 러시아와 북한의 군사 협력 진전입니다. 북한은 15,000명 이상의 병력과 거의 동수의 노동자를 러시아에 파견하여 많은 사상자를 내고 있지만, 그 대가로 고액의 임금에 더해 석유 등의 에너지 자원, 물자, 그리고 첨단 무기 기술을 확보하고 있는 것으로 보입니다. 러시아로부터 제공된 것으로 추정되는 탄도 미사일·원자력 잠수함·각종 함정의 최신 기술이 북한의 전력을 크게 끌어올렸으며, 최근 신형 함정·잠수함·핵무기 개발 상황을 보면 그 영향의 크기는 명백합니다. 더욱이 북한 전투병들이 현대식 무기를 활용하고 현대전에서의 무기 조작 기술 등을 실전에서 습득함으로써, 북한의 전력에는 뚜렷한 교훈과 실적이 축적되고 있습니다.

어쨌든 중국은 러시아가 우크라이나 전쟁에서 패배하고 그 결과 미국의 공격이 자국을 향할 것을 강력히 경계하고 있다고 생각됩니다. 현재 러시아의 종합적인 전투 능력을 실질적으로 지탱하고 있는 것은 분명히 중국과 북한입니다. 또한 앞으로 북한이 러시아 해군에 대해 자국 내 군항 등의 시설 접근을 허용할 경우, 동북아시아 해양 균형에 어떤 영향을 미칠지에 대해서도 생각해 둘 필요가 있습니다.

2.

이에 따라 향후 한미일 관계 및 한일미 관계를 어떻게 구축해 나가야 할지에 대해 몇 가지 관점을 제시하고자 합니다.

(1)

먼저, 중국이 군사력을 강화하고 인도태평양에서의 군사적 존재감을 확대하는 가운데, 아세안 국가들과 대만, 한국, 일본 등의 해공역에 대해 그레이존 활동을 활발히 전개하며 해상 수송로와 해양·공역에서의 자유로운 활동을 저해하고 있는 것은 매우 심각합니다. 이는 중국이 제2열도선 내에서의 해양 권익을 확보하기 위한 것이며, 현재는 3척의 항공모함을 작전 행동에 투입하는 등 그 움직임이 본격화되고 있습니다. 이러한 중국의 행동은 자유롭고 개방된 해양 질서를 유지하려는 인도태평양 국가들에게 중대한 위협이 되고 있습니다.

또한 유럽에서는 러시아의 무인기 및 전투기에 의한 영공 침범이 지역 내 안정에 큰 우려를 불러일으키고 있으며, EU(의장국 덴마크)와 NATO를 중심으로 각국이 협력 강화에 노력하고 있지만, 미국이 토마호크 순항 미사일을 우크라이나에 제공할지에 대해서는 아직 결정을 내리지 못한 상황으로 보입니다. 한편, 중국이 러시아에 대해 후방 지원과 군수 산업 발전을 광범위하게 지원하고 있는 것은 우크라이나 측이 우세를 점하면 미국의 유럽에 대한 개입이 약화되고, 그만큼 미국이 인도태평양 지역에서의 대중 전략에 집중해 올 것을 경계하고 있기 때문이라고 생각하지 않을 수 없습니다.

한반도 유사사태 시나리오는 북한은 물론 중국에게도 극히 전략적인 의미를 지닌 사태가 될 것입니다. 이에 대처하는 방안은 특히 한·일·미의 억지 전략에 크게 의존하고 있다고 생각합니다. 따라서 한미 간 안보 관계에서 ① 한국의 국방비 증액과 주한미군 주둔 경비 분담은 본래 한국이 주체적으로 해결해야 할 과제이지만, 미국 역시 그 전략적 의미를 고려하여 유연하게 대응할 필요가 있습니다. 또한, ② 주한미군의 군사 태세는 현상을 유지하는 것이 바람직하며, 향후 그 중요성은 더욱 높아질 것으로 생각합니다. 특히 미 해군·공군의 존재감은 지역 안정에 필수적이며, 주한미군 감축은 지역 안정을 해칠 우려가 있습니다. 다만, ③ 전시작전통제권 이양 문제는 미국의 인도태평양군 전체의 작전 지휘통제와 밀접하게 연관된 것으로 봅니다. 더불어, ④ 북한의 핵 보유와 한국의 핵 확대 억제는 모두 상호 깊이 연관되어 있으며, 일미의 확대 억제와의 연계를 시야에 넣은 포괄적인 대응이 요구됩니다. 한반도에서의 핵 문제 대응은 주한미군의 임무라기보다 미 전략군의 책임으로 자리매김되어 있다는 점을 유념해야 합니다.

올해 10월 방한한 드리스콜 미 육군 장관은 주한미군의 임무가 북한뿐만 아니라 중국의 위협에도 대응하는 것이라고 명언했습니다. 즉, 한반도 유사는 대만 유사와 맞먹는 작전 전선 중 하나이며, 중국군에게는 대만과 한반도의 양면 작전이 현실적 과제로 예상된다는 것입니다. 또한 주한미군은 북한과 군사 협력 상태에 있는 러시아군에 대한 대응을 강요받게 되므로, 그 임무와 역할은 앞으로 더욱 강화되어야 한다고 생각됩니다.

어쨌든, 대만 사태와 한반도 사태는 거의 동시에 혹은 상호 앞뒤로 발생할 가능성을 상정해 두는 것이 현실적입니다. 이때 한미 간 전략적 유연성 문제는 러시아와 북한의 군사 협력 향방에 크게 좌우될 것이며, 결국 한·일·미에 의한 안보 체제에도 중대한 영향을 미치게 됩니다. 더욱이 러시아가 북한에 핵 개발에 필수적인 천연 우라늄 농축 기술을 제공하고 있을 가능성이 있으나, 근본적으로 북한의 핵 보유를 국제사회가 용인해서는 안 됩니다. 이 점에 대해서는 한·일·미의 굳건한 결속 아래 단호한 대응을 추진해야 합니다. 그런 의미에서도 북한과 러시아의 군사 협력이 앞으로 어떻게 진전될지 주의 깊게 지켜볼 필요가 있습니다.

(2)

이러한 상황 속에서 한·일·미는 동북아의 평화와 안정을 유지하기 위해 무엇이 가장 중요한지 진지하게 재고해야 합니다. 우선, 북한의 핵전력 보유는 어떠한 형태로도 용인되어서는 안 됩니다. 그러나 현실적으로 북한이 한 번이라도 핵무기를 손에 넣은 이상, 이를 완전히 포기할 가능성은 극히 낮다고 생각하지 않을 수 없습니다. 핵 개발 동결, 단계적 축소, 그리고 비핵화라는 접근법은 이상론에 불과하다는 지적도 있지만, 다른 선택지가 없다면 비록 어렵더라도 현실적인 협상을 모색해 나갈 수밖에 없다고 생각합니다. 어쨌든 한·일·미는 미국의 인도태평양 전략에 기반한 지역 내 평화와 안정을 위해, 지역 내 각국의 의지 있는 국가들과의 협력을 강화하면서 억지 태세 강화에 노력해야 합니다.

이번 한미 정상회담을 통해 미국이 한국 측의 요청에 따라 원자력 잠수함 건조 허가를 부여한 것은 새로운 진전입니다. 일본도 차세대 동력을 활용한 잠수함 보유를 추진하는 것이 다카이치 정권 출범 당시 자민당과 유신회가 맺은 연립 정권 합의에 명시되어 있습니다. 그러나 현 시점에서 이 문제는 완전히 백지 상태이며, 고이즈미 방위대신은 모든 선택지를 배제하지 않고 검토하겠다고 밝혔지만, 세계 유일의 피폭국인 일본에게 이 문제는 극히 어려운 정치적 문제가 될 것으로 생각합니다. 그러나 어쨌든 한국이 원자력 잠수함을 운용하는 것은 주변 해역의 위험에 직면한 일·미·한에게 해양 안정 유지라는 관점에서도 극히 큰 의미를 지닐 것이라고 생각합니다.

(3)

또한 한일 양국의 셔틀 외교(정상·외무·방위·경제산업 장관·차관 및 참모총장·막료장 간 교류)를 더욱 확대해야 합니다. 공통 과제에 대해 지혜와 경험을 살리면서, 이재명 대통령의 현실적이고 실용적인 외교 방침과 일본의 새 정권이 내세우는 한국 중시 전략 대화를 추진하여 미래 지향적 협력 관계를 지속해 나가는 것이 가장 중요합니다. 이를 위해서는 한·일·미 3국의 안보 협력을 추진하는 데 있어 '2+2' 협의 체제를 구축하는 것이 중요합니다. 구체적으로는 외무·방위대신뿐만 아니라 경제산업대신도 포함한 안보 관계 각료 협의를 설치할 필요가 있습니다. 특히 이 3국이 추진해야 할 것은 방위 안보 정책에 그치지 않고 방위 장비 및 기술 개발 분야의 협력을 더욱 발전시키는 것입니다. 또한 부대 운용상 한일 간 ACSA(물품·역무 상호제공협정) 체결은 매우 중요합니다. 한일 간에는 ACSA가 체결되지 않아 11월 초, 일본 측은 한국 공군의 블랙이글스(곡예비행대)가 중동으로 향하는 도중 오키나와에 기착해 급유를 받고 싶다는 요청을 받고, 자위대법에 근거한 무상 대여 규정을 근거로 연료 공급 준비를 진행하고 있었습니다. 그러나 이 급유 지원은 결국 중단되었습니다. 이것이 실현된다면 ACSA를 포함해 한일 간 방위 협력이 진전될 것으로 기대했던 만큼 일본 측으로서는 매우 유감스러운 일이었습니다. 일본으로서는 영토 문제는 양보할 수 없지만, 한일 간 방위 협력은 반드시 추진해 나가고자 합니다. 또한 한일 양국에 있는 유엔군 관련 시설 및 기지의 활성화를 도모하고, 불측의 사태에 대비한 준비를 해 두는 것도 중요합니다. 외교 면에서는 최근 미국과의 관계가 소원해지고 있는 인도와의 관계 강화를 목표로, 한일 양국이 인도와의 정치적·경제적 관계 활성화를 도모하는 것도 필요합니다.

(4)

또한 미국의 태평양 억제 이니셔티브(PDI: 2026년도 미국 국방 예산에 따르면 100억 달러)에 기반한 각 계획의 실현에 협력하기 위해 서태평양 지역의 미군 인프라 구축에 협력하고, 공동 훈련 및 연습에 참여하며, 미군에 대한 조선 수주 및 MRO(정비·수리·오버홀)를 수행하고, 해상 수송로 및 공급망의 안정적 확보를 목적으로 한 공동 활동 및 훈련을 추진해야 합니다. 특히 공동 훈련에는 대만 사태 시나리오에 따른 한·일·미의 시뮬레이션을 포함한 종합 훈련도 필요합니다.

여기에 더해 AUKUS의 Pillar-2나 PIPIR(인도태평양 산업기반 강인화 파트너십)을 비롯한 각종 협력 프레임워크에 지역 내 우호국과 함께 참여하고, AI와 양자기술, 사이버, 우주, 정보(GSOMIA 및 정찰위성 등 포함) 분야에서 협력을 강화해야 합니다.

특히 한일 양국은 지속적으로 정보 교환과 대화를 도모하고, 군·산업계·전문가 수준에서의 무인기 개발 및 우주 통신 위성 개발, 나아가 인적 교류 프로그램 및 연수 기획·실시를 적극적으로 추진해야 한다고 생각합니다.

또한 역사적 배경을 고려하면서도 한일 간 상호 연수 및 문화 교류, 고등교육 과정에서의 졸업 여행 및 상호 방문 등을 더욱 빈번히 진행하기 위한 종합 프로그램을 설립하는 것도 중요합니다. 역사·문화·전통·풍습의 차이로 인해 때로는 어느 정도의 불일치가 존재한다는 현실을 인식하면서 양국의 미래를 지탱할 젊은 세대를 중심으로, 민족을 초월한 교류를 통해 한일 간 발전과 상호 관계에 기여할 인재 양성에 노력해야 합니다. 그리고 이러한 노력들이 한일 양국 관계뿐만 아니라, 장래에 걸쳐 동북아시아 전체의 평화와 안정에 크게 기여할 것임을 확신합니다.

경청해 주셔서 진심으로 감사드립니다.

제1부

한일 양국민의 상호인식 변화와 한일관계 발전방향

박홍규 _ 고려대교수

1. 들어가며

올해는 한일 국교정상화 60주년을 기념하는 역사적인 해이다. 윤석열 정부 출범 이후 양국 관계가 개선되는 추세에 힘입어, 작년부터 한일 양국은 이 뜻깊은 해를 기념하고 상호 교류를 확대하기 위한 다양한 차원의 협력 행사들을 적극적으로 준비해왔다.

그러나 기념의 해가 마무리되기 직전, 한국에서는 12월 3일 비상계엄의 선포와 이어진 탄핵 국면, 그리고 대통령 파면과 정권 교체라는 예상치 못한 정치적 격변이 발생했다. 이러한 국내 정치의 급격한 혼란은 60주년 기념 사업의 추진 동력을 크게 약화시켰다. 나아가 관계 개선에 적극적인 의지를 보였던 일본의 이시바 총리마저 선거 패배의 책임을 지고 조기 퇴임하는 상황으로 이어지면서, 관계 개선에 기대를 품었던 많은 이들에게 큰 아쉬움과 우려를 남겼다. 이 일련의 사건들은 한일관계의 진전이 일직선상의 발전이 아닌, 때로는 급격한 굴곡과 좌절을 겪는 비선형적 과정임을 다시금 실감하게 했다.

이처럼 국내외 정세가 급변하는 가운데, 60주년 기념의 해를 마무리하는 시점에서 개최되는 이번 학술회의는 단순한 과거 회고를 넘어설 필요가 있다. 특히 미중 전략 경쟁 심화, 글로벌 공급망 재편 등 기존의 사고 틀로는 대응하기 어려운 수준으로 국제질서가 격변하고 있는 현 상황은 한일 양국이 나아갈 바람직한 관계 설정에 대한 근본적인 모색을 요구하고 있다.

이에 본 발표는 세 가지 목표를 가지고 연구를 진행한다. 첫째, 한국의 민주화 이후인 김영삼 정부 시기부터 현재에 이르기까지 한일 양국민의 상호인식 변화 추이를 분석하고, 둘째, 그 과정에서 상호인식의 변동에 결정적인 영향을 미친 정치가의 선도적 역할을 확인한다. 마지막으로 이러한 분석을 토대로, 격동하는 동북아시아 질서 속에서 한일관계가 장기적으로 도약할 수 있는 발전 방향을 모색하고 제시하는 것을 최종 목적으로 한다.

2. 상호인식 변화의 추세와 정치가의 역할

2.1. 장기 추세 분석의 중요성과 데이터 활용

한일 양국 국민의 상호인식 변화를 추적하는 것은 양국 관계의 질적 수준을 측정하는 중요한 척도이다. 특히 동아시아연구원(EAI)과 일본의 言論NPO가 매년 공동으로 실시하는 여론조사는 한국 국민의 일본에 대한 호감도 추이를 2013년부터 현재까지 시계열적으로 파악할 수 있게 해주는 가장 신뢰도 높은 자료 중 하나이다([그림 1]).[1]

1 아산정책연구원에서도 2014년부터 2024년까지 한국인의 일본에 대한 호감 및 비호감 비율 변화를 조사한 자료가 있다. [그림 1]과 유사한 비율 변화를 보여준다.

[그림 1] 일본에 대한 인상 추이(2013-2025)

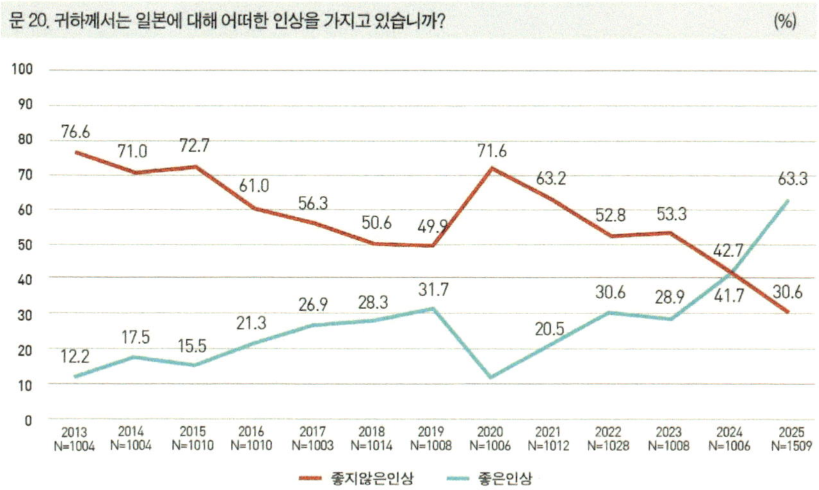

문 20. 귀하께서는 일본에 대해 어떠한 인상을 가지고 있습니까? (%)

연도	2013 N=1004	2014 N=1004	2015 N=1010	2016 N=1010	2017 N=1003	2018 N=1014	2019 N=1008	2020 N=1006	2021 N=1012	2022 N=1028	2023 N=1008	2024 N=1006	2025 N=1509
좋지않은인상	76.6	71.0	72.7	61.0	56.3	50.6	49.9	71.6	63.2	52.8	53.3	42.7	30.6
좋은인상	12.2	17.5	15.5	21.3	26.9	28.3	31.7		20.5	30.6	28.9	41.7	63.3

* 출처: EAI 한일 국민 상호인식조사(2025)

본 발표는 민주화 이후의 장기적인 변화 추세를 확인하기 위해, EAI/言論NPO의 자료를 포함하여 김영삼 정부 시기인 1993년부터 2025년까지 다양한 기관의 여론조사 결과를 통합하고 연도별 변화를 추정하여 [그림 2]를 작성했다. 이 자료를 통해 우리는 한일관계가 단순한 단기적 사건의 영향을 넘어, 장기적인 구조와 정치가의 거시적 정책 방향에 의해 형성되어 왔음을 확인할 수 있다.[2]

2 이 자료를 만드는 과정에서 ChatGPT를 활용했다. 본 연구에서 활용된 [그림 2]의 시계열 데이터는 다양한 기관의 여론조사 결과를 통합 및 가공하여 장기적 추세를 파악하기 위해 추정된 자료이며, 개별 연도의 세부 수치보다는 전반적인 호감도 변화의 흐름과 정권 교체 시기의 변동을 분석하는 데 중점을 두었다.

[그림2] 일본에 대한 인식 추이 추정도(1993-2025)

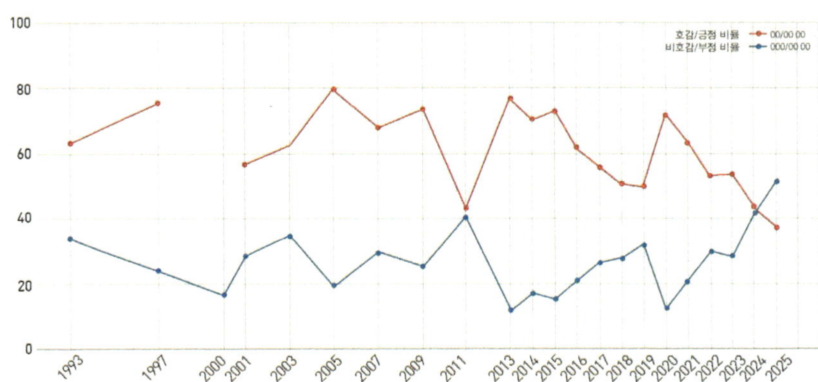

* 집권 연도: 김영삼 정부(1993-1998), 김대중 정부(1998-2003), 노무현 정부(2003-2008), 이명박 정부(2008-2013), 박근혜 정부(2013-2017), 문재인 정부(2017-2022), 윤석열 정부(2022-2025), 이재명 정부(2025-현재)

2.2. 정권별 상호인식 변화와 정치가의 선도적 역할

[그림 2]에 나타난 호감도 변화 추이를 한국 정부의 집권 연도에 따라 분석하면, 한일 양국 관계의 우호적 또는 적대적 흐름이 최고 지도자의 정치적 결단과 정책에 의해 추동되는 경향을 뚜렷이 발견할 수 있다.

① 황금기의 도래와 지도자의 결단 (김대중 정부)

김영삼 정부 시기에 하강 국면을 보이던 호감도는 김대중 정부(1998~2003년) 출범과 함께 상승하며 관계 개선의 황금기를 맞이했다. 이는 1998년 김대중 대통령이 오부치 게이조(小渕惠三) 일본 총리와 '한일 파트너십 공동 선언'을 발표하며 구체적인 정책을 시행한 결과다. 특히 2002년 한일 월드컵 공동 개최는 양국 관계의 우호적 분위기를 상징하는 정점으로 평가된다.

② 악화 국면과 아베 신조의 등장 (노무현~박근혜 정부)

김대중 정부 시기에 최고점을 맞이했던 호감도는 노무현 정부에서 어느 정도 유지되다가 이명박 정부에 이르러 전반적인 하강 국면으로 전환된다.[3] 이명박 대통령의 독도 방문과 같은 대일 강경 발언 및 행동이 영향을 미쳤으나, 그보다 더 구조적이고 장기적인 원인은 아베 신조(安倍晋三) 총리의 재집권(2012년)과 본격적인 우경화 정책 시행이다. 아베 총리의 우경화 발언과 정책은 한일관계 악화의 기본적인 배경이 되었으며, 2015년 박근혜 정부에서 추진된 위안부 합의가 파행하는 결과를 낳기도 했다.

흥미로운 점은 이러한 역사적·외교적 갈등 속에서도 박근혜 정부에서 문재인 정부 초반까지 호감도가 상승하는 흐름이 포착된다는 사실이다. 이는 정치·외교적 문제와는 별개로 경제, 사회, 문화적 측면에서의 한일 교류가 지속적으로 깊어지고 있었기 때문으로 해석된다.

③ 최악의 충돌과 급격한 하락 (문재인 정부)

2020년경 호감도는 급속하게 하락하며 최저점을 기록했다. 결정적인 전환점은 2018년 12월 한국 대법원의 강제징용 배상 판결이었다. 아베 총리의 우경화 정책이 구조적인 배경을 제공한 가운데, 문재인 대통령의 대(對)일본 강경 정책이 정면으로 충돌하면서 한일관계는 걷잡을 수 없는 최악의 국면을 맞이하게 되었다. 이 시기의 호감도는 양국 정치가의 갈등 지향적 정책이 국민 여론을 얼마나 빠르게 악화시킬 수 있는지 보여주는 극명한 사례다.

3 노무현 정부에서 이명박 정부까지는 전반적인 하강 국면이다. 2011년의 호감도 상승은 2011년 발생한 동일본대지진이 미친 일시적 예외 현상으로 그래프상의 2009년에서 2013년까지는 하강하는 것으로 보아도 좋을 것이다.

④ 골든 크로스와 실용주의의 승리 (윤석열~이재명 정부)

2022년 윤석열 정부 출범 후 관계 정상화를 위한 강한 의지가 표명되며 새로운 국면이 시작되었다. 비록 미국의 한·미·일 협력 강화라는 동아시아 정책에 편승하는 측면도 있었지만, 윤 대통령은 2023년 강제징용 문제의 해법으로 제3자 변제 방안을 확정하는 전격적인 결단을 단행했다. 이 정책적 노력의 결과로 2024년 호감도는 다시 상승하는 추세를 보였다.

더욱 주목할 부분은 2024년 말 한국 정치의 격변 이후 등장한 이재명 정부의 행보다. 집권 전 반일적 언행을 보여왔던 이 대통령의 당선에 일본에서는 우려가 표명되었으나, 이 대통령은 '국익 중심의 실용주의'를 내세우며 전임 대통령의 대일 노선과 정책을 유지했다.

이러한 정책적 연속성은 2025년 조사 결과에서 중요한 변화를 이끌어냈다. 이 조사에서 한국 국민의 일본에 대한 긍정 인식(52.4%)이 부정 인식(37.1%)을 처음으로 넘어서는 '골든 크로스' 현상이 나타났다. 이는 단순히 정치가의 개인적 소신을 넘어, 미·중 전략 경쟁 심화와 한국의 전략 환경 변화라는 구조적 요인이 작용한 결과이기도 하다. 중국 의존 리스크와 동맹 불안이 가중되는 상황에서, 한국은 유사 입장국인 일본과의 안보·경제·기술 협력을 우선시하는 전략적 가치를 높게 평가하게 되었고, 이재명 정부는 이러한 '전략적 실용주의'를 정책적으로 구현한 것이다.[4]

2.3. 호감도와 정치가의 선도성: 핵심 논지

일반적으로 양국민의 호감도 상승/하락과 한일관계 개선/악화는 강한 상관관계를 갖는다. 한일관계 상황을 파악하기 위해 호감도 조사가 활용되는 것도 이 때문이다.

---

4 손열, 「한일관계, 역사문제 해결보다 미래지향적 협력을 원한다: 2025 EAI 동아시아 인식조사 결과 분석」, EAI 이슈브리핑(2025년 6월).

그러나 본 분석이 주목하는 것은 이러한 상관관계 이전에 존재하는 정치가의 선도적인 영향력이다. [그림 2]에 대한 설명이 보여주듯이, 호감도의 중요한 변화 지점에서는 정치가의 사고, 언행, 그리고 정책이 국민 여론에 영향을 미치며 독립변수로 작용했다는 점이다.

즉, 정치가가 우호적이고 협력적인 정책을 선택적으로 사용했을 때 호감도가 상승하고, 배타적이고 갈등적인 정책을 선택했을 때 호감도가 하락하는 경향이 명확하게 관찰되었다. 특히 김대중, 윤석열 정부의 사례는 기존의 여론에 반하면서도 상대국과의 관계 개선을 위한 정책을 과감하게 시행하여 호감도 상승을 적극적으로 견인한 대표적인 케이스로 평가된다. 이는 한일관계의 미래를 결정하는 데 있어 정치가의 책임 있는 선도적 역할이 얼마나 결정적인지를 실증적으로 보여주는 대목이다.

3. 단기 전망: 다카이치 정부의 등장과 한일관계의 향방

지난 10월 4일 자민당 총재로 선출된 다카이치 사나에(高市早苗)는 21일 국회에서 제104대 일본 총리로 지명되었다. 이전 이시바 총리 체제 하에서 우호적 소신과 정책 기조에 힘입어 한일관계가 지속적으로 개선되어 왔다는 점을 고려하면, 그의 퇴임과 함께 아베 전 총리의 강경 노선을 계승하는 것으로 알려진 다카이치 총리의 등장은 양국 관계에 새로운 불확실성을 드리우는 변수로 작용하고 있다.

특히 다카이치 총리가 연정 파트너를 온건한 중도 보수 성향의 공명당에서 안보 강화, 개헌, 민족주의적 지향성이 강한 일본유신회(日本維新の會)로 교체한 것은 한국에 대한 외교적 스탠스의 변화 가능성을 높이는 핵심 요인이다. 한국에서 이재명 정부의 출범에 대한 일본의 우려가 일단 '국익

중심의 실용주의 노선'으로 인해 진정되었던 것처럼, 이제 한일관계의 향방을 결정할 공은 다카이치 정부가 어떤 이념적 지향성과 정책적 태도를 취하느냐에 따라 일본 코트로 넘어갔다고 평가할 수 있다.

이러한 상황을 바탕으로 향후 1~2년 이내의 한일관계에 대한 단기 전망을 네 가지 시나리오로 나누어 분석하고, 그중 가장 유력한 시나리오를 도출하고자 한다.

3.1. 네 가지 시나리오 분석

① 시나리오 1: 우경화 회귀와 관계 냉각 (최악의 시나리오)

다카이치 총리가 아베의 우경화 노선을 계승하는 선택을 할 경우이다. 연정 파트너인 일본유신회가 '자학사관 탈피'와 같은 배외주의적 입장을 취하며 역사 문제와 관련하여 한국을 지속적으로 자극할 정치적 동력을 제공한다. 이러한 상황에서 한국 내 여론은 급격히 악화될 것이며, 이재명 정부는 자신의 핵심 지지층의 반발에 직면하여 실용주의 노선을 유지하기 어려운 상황에 놓인다.[5] 결과적으로 이재명 대통령 본인의 과거 대일 비우호적 정치적 정체성이 표면화되면서 한일관계는 다시 냉각기로 접어들게 된다. 이는 윤석열 정부 이래 개선되어 온 관계를 일시에 후퇴시키는 최악의 상황이다.

---

5 지금 여당인 더불어민주당은 지난 문재인 정부 시절에 대일 강경 노선으로 한일관계를 최악의 국면으로 치닫게 했던 장본인이다. 그리고 윤석열 정부의 대일 관계 개선 노력에도 부정적으로 반응했다. 강제동원 해법, 후쿠시마 오염수 방류 대응, 사도 광산의 유네스코 세계문화유산 등재 대응을 굴욕외교 혹은 최악의 외교 참사로 강하게 비판한 바 있다. 비록 이재명 정부가 취하는 실용주의 노선에 대해 지금은 침묵하고는 있지만 진보 진영은 기본적으로 일본에 대해 부정적 인식을 갖고 있다.

② 시나리오 2: 한국의 신중한 대응으로 소극적 현상 유지
(차악의 시나리오)

다카이치 정부가 우경화로 회귀하여 한국을 자극하더라도, 이재명 정부가 이에 감정적으로 맞대응하지 않고 실용주의 노선을 신중하고 절도 있게 유지하는 경우이다. 한국 정부는 국내 보수 진영 및 야당과의 적대적 대결 구도를 완화시키며, 진영 대립이 곧바로 일본에 대한 강경 대응으로 이어지는 고리를 끊어내고자 노력해야 한다. 이 시나리오에서는 관계가 현상 유지되지만, 일본의 지속적인 도발 가능성 속에서 한국 정부의 정치적 부담이 매우 커지며, 사소한 상황 변화에도 취약하여 관계의 안정성을 담보하기 어렵다.

③ 시나리오 3: 구조적 제약에 따른 자제와 안정적 현상 유지
(차선의 시나리오)

다카이치 총리가 개인의 이념적 소신을 억제하고 이시바 정부의 대외 정책 노선을 유지하는 경우다. 일본은 심각한 엔저, 고령화, 에너지 수입 의존도 심화 등의 구조적 위기에 직면해 있어, 지나친 외교적 마찰은 경제·외교적 부담을 극대화할 수 있다. 따라서 자민당 내부의 기시다계나 니카이계 등 온건파의 견제가 작용하며 다카이치-일본유신회 연정이 과도하게 우경화하는 것을 일정 수준 제어할 가능성이 존재한다. 이 경우 다카이치 정부의 제어된 외교 정책이 이재명 정부의 실용주의 노선과 맞물려 상대적으로 안정적인 현상 유지가 지속될 것으로 전망된다.

④ 시나리오 4: 이념적 소신 파기 및 관계의 비약적 발전
(최선의 시나리오)

다카이치 총리가 평소의 소신과는 정반대로 한국에 매우 우호적이고 협

력적인 발언과 정책을 펴는 경우다. 이 경우 이재명 정부는 강제징용 피해자 구제를 위한 특별법을 제정하고, 일본과의 역사화해 프로세스 진행을 가속화하며, 안보·경제 분야의 협력이 더욱 강화되어 한일관계가 한 단계 비약적으로 발전하게 된다. 하지만 다카이치 총리의 정치적 정체성, 핵심 지지 기반, 그리고 일본유신회와의 연정 구성을 고려할 때, 이는 현실적으로 가능성이 가장 낮은 시나리오로 판단된다.

3.2. 가장 유력한 전망: 구조적 제약 하의 현상 유지 (시나리오 3)

상기 시나리오 중 가장 유력한 방향은 시나리오 3이다. 그 근거는 단순히 양국 지도자의 자발적인 선택이 아닌, 양국을 둘러싼 국제질서의 구조적 압력에 기인한다.

① 미국 외교안보 전략의 변화와 동맹국 간 협력의 강제

가장 큰 구조적 제약은 미국의 외교안보 전략 변화다(트럼프 2기 리스크). 트럼프 2기 행정부는 국제 공공재 수요 증가와 중국의 부상에 대응하여 '개입 축소'와 '패권 유지'라는 이중 과제를 병행하는 전략적 조정을 시도하고 있다. 이는 혁명적 단절이라기보다는, 누적된 피로의 폭발적 표출이자 패권의 진화를 위한 고통스러운 조정으로 이해된다.

이 과정에서 동맹국들은 미국의 예측 불가능성(예를 들어 동맹국에 대한 관세 부과)과 신뢰 저하를 경험하게 되었다. 이러한 동병상련(同病相憐)의 처지는 한일 양국이 역사 문제와 같은 민감한 이슈로 갈등을 재점화해서는 안 되는 구조적 상황을 강제한다. 양국은 수동적 대응을 넘어, 미·중 전략경쟁의 비선형 구도 속에서 공동으로 협력적 공간을 확보하기 위해 다층적 안보 협력과 규범 기반 외교를 통해 국제질서 형성의 주체로서 협력해야 하는 상황이다. 이는 궁극적으로 어느 한 국가의 리더십이 아닌, '집합적이고 공동의 리더십'을 요구하는 시대적 흐름과도 일치한다.[6]

② 다카이치 정부의 초기 행보와 외교적 절제

다카이치 총리 자신도 이러한 구조적 압력을 인지하고 있음을 시사하는 초기 행보를 보였다. 총재 임명 직후, 그는 강화된 북·중·러 협력에 대응하기 위해 한·미·일 방위·안보 분야 협력의 중요성을 언급하며 한일관계 심화 의지를 밝혔다.

또한 개인적 소신과 이념적 지향성을 표출하는 장으로 여겨지던 야스쿠니 신사(靖國神社)에 대해서도 매년 추계 예대제 기간에 직접 참배하는 대신 사비로 공물료를 봉납하는 방식으로 절제된 모습을 보였다. 이러한 행보는 다카이치 정부가 이념적 폭주보다는 경제·안보·기후·고령화 등 한일 양국이 공동으로 직면한 현안 해결을 위한 실용 외교를 우선시할 가능성을 높인다.

따라서 다카이치 정부가 총리 취임 이후에도 이처럼 절제된 언행과 외교 정책을 지속하며 이재명 정부의 실용주의와 맞물린다면, 양국 관계는 상대적으로 안정적인 현상 유지(시나리오 3)를 지속하며 순항할 것으로 전망된다. 10월 31일부터 11월 1일까지 경주에서 열리는 APEC 회의 등 양국 정상이 만나는 주요 외교 무대에서의 메시지에 주목할 필요가 있다.

4. 중장기 전망 I : 세대 교체와 협력 강화의 추세

단기적 변수인 트럼프 리스크나 다카이치 리스크가 한일관계에 일시적인

6 전재성, 「국제질서의 변화와 미중 전략 경쟁, 신정부의 외교안보 전략 과제」, EAI 신정부 외교 정책 제언 스페셜리포트(2025년 5월).

불확실성을 가중시킨다 하더라도, 중장기적으로 양국 관계는 협력 이슈가 강화되는 방향으로 나아갈 구조적인 변화를 내포하고 있다. 이는 한국 사회 내부의 근본적인 구조 변화에 기반하며, 기존의 과거사 이슈가 한일관계를 폭발적으로 악화시킬 수 있는 에너지와 동력이 구조적으로 약화되고 있음을 의미한다. 이러한 중장기적 변화의 추세는 크게 두 가지 측면에서 명확히 확인된다.

4.1. 피해 생존자 세대의 소멸과 역사 문제의 비중 약화

한일 간 역사 문제, 특히 위안부 문제와 강제징용 문제는 피해 생존자의 존재 자체가 문제 해결과 책임 추궁의 가장 강력한 도덕적·정치적 동력이 되어왔다. 그러나 안타깝게도 이들 피해 생존자 세대의 고령화는 이미 최종 단계에 진입했으며, 조만간 생존자가 없는 시대가 도래할 것이다.

위안부 피해자의 경우, 대한민국 정부에 등록된 전체 위안부 피해자 240명 중 2025년 5월 기준으로 생존자는 6명에 불과하며, 평균 연령은 95세 이상으로 초고령 상태다. 강제징용 피해자의 경우, 행정안전부 의료지원금 수급자 현황을 통해 추산된 강제징용 피해 생존자 수는 2015년 9,938명에서 2025년 1월 기준 640명으로 급격히 감소했다. 최연소 생존자가 86세일 정도로 이들 역시 급격한 고령화 추세 속에 놓여있다.

한국 사회의 민주화 이후 본격적으로 공론화된 한일 역사 문제는 정부, 시민단체, 학계 등 다양한 주체들의 노력으로 많은 부분이 해소되었고, 이제 역사 문제로 인한 갈등의 정점은 이미 지났다고 평가할 수 있다. 따라서 피해 생존자의 소멸은 역사 문제 중에서도 가장 민감한 위안부와 징용자 문제가 한일 갈등을 폭발적으로 악화시키는 구조적 요인을 감소시킬 것이다. 이는 곧 사죄와 배상을 통한 책임 추궁과 그에 대한 일본의 반발적 반응이라는 악순환의 고리가 약화됨을 의미한다.

이러한 변화는 피해자 지원 단체의 역할에 근본적인 방향 전환을 요구한다. 생존자 중심의 회복적 정의(restorative justice) 운동은 앞으로 생존자에 대한 지원과 배상 중심에서 벗어나, 피해자를 추모하고 기억하며 후세 교육을 위한 장을 마련하는 방향으로 전환이 이루어질 것으로 예상된다. 역사적 상처에 대한 접근 방식이 사법적 해결에서 사회적 치유와 성찰로 변화하고 있는 것이다.

4.2. 새로운 세대의 등장과 인식 전환: '문화적 소비'의 시대

피해 생존자 세대의 소멸과 함께 중장기적으로 한일관계의 추세를 견인할 두 번째 구조적 변화는 바로 새로운 세대, 특히 20~30세대의 등장이다.[7]

[그림 3] 연령에 따른 일본에 대한 호감도 응답 변화 (단위: 점)

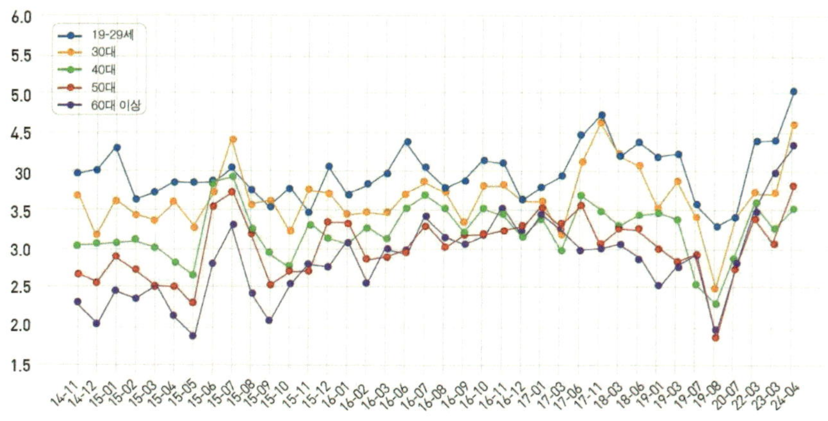

* 출처: 아산정책연구원 여론조사(2014년 11월~2024년 4월)

---

7 이 내용은 다음 두 글을 사용하여 작성했다. 최은미·함건희, 「한국인의 일본 인식(2014~2024): "세대와 이념"을 넘어설 수 있을까?」, 아산정책연구원 보고서(2025년 4월); 최은미, 「20·30세대가 견인하는 한일관계의 미래: 제1회 한미일 국민 상호인식조사로 본 한일관계의 새로운 여론 지형」, EAI 이슈브리핑(2025년 9월).

아산정책연구원에서는 2014년 11월부터 2024년 4월까지 일본에 대한 인식 조사를 시행했다. [그림 3]은 연령에 따른 한국인의 일본에 대한 인식 조사를 분석한 자료다. 그래프를 통해 연령대에 따라 일본에 대한 호감도는 큰 차이가 나타나는 것을 확인할 수 있다. 특히 조사기간 전반에 걸쳐 나타난 20대(19~29세)와 30대의 일본에 대한 높은 호감도가 두드러진다. 20대의 일본에 대한 호감도는 한일관계 악화 속에서 하락했다고는 하나, 여전히 다른 연령대에 비해 가장 높은 호감도를 보였고, 그 수치 또한 한일관계가 악화되기 전 다른 연령대의 호감도보다 높았다.

이러한 한국인의 대일인식의 구조적 변화는 2025년 8월 28일 EAI·API·KEI 공동조사 결과로 발표된 「제1회 한미일 국민 상호인식조사/제12회 한일 국민 상호인식조사」에서도 확인되었다.

[그림 4] 한국인의 일본에 대한 인상 (2025) (연령별)

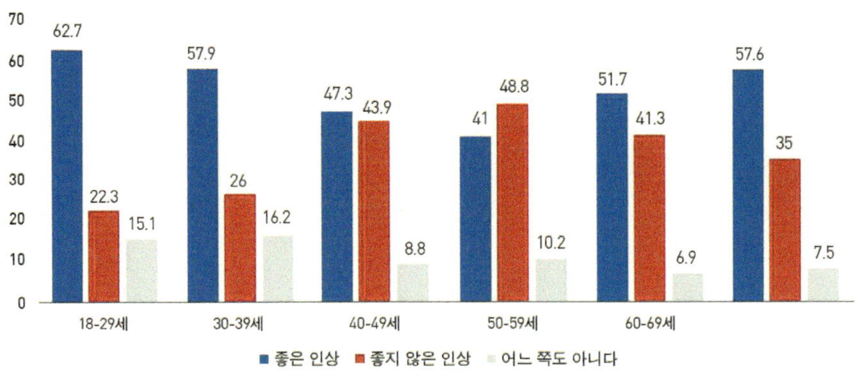

* 출처: EAI 한일 국민 상호인식조사(2025)

[그림 4]는 한국인의 일본에 대한 인상을 연령별로 나누어 살펴본 것인데, 이 조사 결과는 20~30대가 일본에 대한 구조적 변화를 극명하게 보여주는 주체임을 입증한다. 18~29세가 전체 연령대 중에서 가장 높은 호감도

(62.7%)를 보였으며, 30~39세가 그 뒤를 따르고 있다. 주목할 점은 이들이 비호감도 측면에서는 모든 연령대 중 가장 낮은 비율을 보이고 있다는 사실이다.

이러한 젊은 세대의 높은 호감도는 과거의 정치적·이념적 프레임에서 벗어나, 일상적이고 문화적인 영역에서 형성되었다는 점에서 매우 중요하며 구조적인 의미를 갖는다.

우선 문화적 소비와 공감을 바탕으로 한다. 이 세대는 일본을 '역사적 대결의 대상'이 아닌, '문화적 소비와 즐거움의 대상'으로 인식한다. J-Pop, 애니메이션, 게임 등 소프트 파워를 통해 형성된 문화적 공감대가 경제적 호혜주의와 결합하면서, 과거의 정치적 갈등 요소를 상쇄하는 강력한 '대안적 프레임'을 구축하고 있다.

다음으로 실용적 협력 지향성이다. 이 세대는 역사 문제에 대해서도 무관심한 것이 아니라 탈(脫)정치적인 실용주의적 관점을 취하는 경향이 강하다. 그들은 국가 이익과 개인의 삶의 질이라는 렌즈를 통해 양국 관계를 바라보며, 안보 협력 및 경제·기술 협력의 필요성을 기성세대보다 더 높게 평가하는 경향을 보인다.

결론적으로, 20~30대가 견인하는 이러한 '문화적 실용주의' 기반의 여론 지형은 한일관계가 정치적 변동성에 취약한 역사 갈등에서 벗어나, 세대교체라는 안정적 구조 변화에 기반한 미래 협력으로 무게 중심을 이동할 장기적인 토대를 제공한다.

5. 중장기 전망Ⅱ: 역사화해의 길과 정치가의 선도성

5.1. 한일관계의 두 축과 기존 화해론의 한계

해방 이후 한일관계는 구조적으로 두 가지 핵심 축을 중심으로 전개되어 왔다. 하나는 '안보·경제 협력의 축'이며, 다른 하나는 '역사화해의 축'이다. 14년에 걸친 난항 끝에 타결된 1965년 국교정상화는 양국의 불일치를 봉합하고 정치적 타협을 통해 이루어졌다. 이는 현실적 필요성에 따라 안보·경제 협력의 축을 우선시하고, 역사화해의 축은 '청구권 문제 해결'이라는 명분하에 소홀히 취급하거나 수면 아래로 잠재움으로써 가능했다. 이러한 타협의 결과로 '한일화해 1.0 시대'가 열렸으나, 역사 문제는 해결되지 않은 채 갈등의 잠재적 에너지로 남아있었다.

1987년 한국의 민주화와 국제질서의 탈냉전 시대로의 진입은 잠재되어 있던 역사 문제를 다시 수면 위로 부상시켰다. 이로 인해 한일관계는 두 축이 첨예하게 얽히며 전개되었고, 마침내 1998년 김대중·오부치 파트너십 선언을 통해 '한일화해 2.0 시대'를 열게 된다. 이 시기는 2000년대 초반 한일관계의 황금기를 맞이했지만, 김대중 정부 이후에는 역사화해의 축이 점차 강화되면서 안보·경제 협력의 축과 충돌하며 한일 간의 갈등이 깊어져 갔고, 문재인·아베 정부 시기에서 최악의 한일관계에 이르게 되었다.

윤석열 정부와 이재명 정부를 거치면서 역사문제는 갈등의 정점을 지나 해소 과정에 접어들었다. 동시에 안보·경제 협력의 축이 다시 중시되는 시대에 들어섰다. 이로 인해 중장기적으로 '한일화해 3.0 시대'를 전망할 수 있게 되었다. 한일화해 3.0 시대가 열리면 안보·경제 협력은 비약적으로 증대될 것이고, 한일관계는 질적 도약을 이루게 된다. 이 발표에서는 그것을 가능케 하는 기반으로써 역사화해의 철학적 토대를 검토해본다.[8]

5.2. 한일화해 3.0 시대를 위한 '포용론적 화해론'의 정립

한일화해 1.0과 2.0의 철학적 토대가 되었던 것이 '책임론적 화해론'이다. 책임론적 화해론을 구성하는 요소는 정의, 책임, 가해자, 피해자, 반성, 사죄, 용서, 배상, 기억, 추모, 교육 등의 개념이다. 책임론적 화해론은 '가해자의 책임 인정과 사죄→피해자의 용서→양자의 화해'로 도식화할 수 있는데, 역사적 부정의에 대해 가해자가 책임을 지는 행위를 통해 정의가 달성되고 화해가 이뤄진다는 시각이다.

이는 가해자가 먼저 잘못을 저지른 행위와 그러한 행위가 초래한 피해에 대한 인정과 후회를 공개적 사죄를 통해 표현하고, 적절한 처벌이나 배상을 통해 잘못에 따른 책임을 이행하면, 피해자가 그에 대한 반응으로 분노와 적개심을 내려놓고 상대를 용서한다는 '교환적 용서' 개념에 기초하고 있다.

한일 파트너십 선언도 책임론적 화해론에 입각해 있었고, 이것은 실제로 한일 역사문제를 해결하는 데 많은 기여를 했다. 그러나 책임론을 극단적으로 밀고나감으로써 화해에 걸림돌로 작용하게 되어, 오히려 화해를 지체시키는 요인으로 작용하는 현상이 발생했다. 문재인·아베 시기에 한일관계가 최악에 이르게 된 이유다.

한일화해 3.0 시대를 열기 위해서는 역할이 소진된 책임론적 화해론을 넘어서는 새로운 철학적 토대가 필요하다. 용서가 어렵다면 용서하지 않고 포용하는 것이다. 우리는 잘못을 저지른 사람을 완전히 용서하지 않고도 포용할 수 있다. 잘못을 저지른 사람을 나와 다른 존재가 아니라 나와 비슷한 취약성을 지닌 존재로 바라보고, 그러한 잘못을 저지른 것에 안타까운 마음을 갖기 때문이다. 그래서 잘못을 저지른 사람에게 죄를 묻되, 너무 가혹하게 대하지 않고 다시 품어줄 수 있는 것이다.

---

8 이 내용은 박홍규, 『한국, 일본을 포용하다』, 경인문화사, 2025에서 인용하며 서술했다.

포용론적 화해론은 잘못을 저지른 상대에게 무제한적인 책임을 추궁하는 것에서 벗어나, 관계 회복을 위해 공동의 책임을 지면서, 피해자와 가해자 모두의 치유에 대해 관심을 갖고, 진실의 규명과 공식적 기억을 통해 과거사를 교정하고자 한다.

이제 대한민국은 선진국에 진입했다. 한국의 국격은 청구권 협정이 체결되었던 1965년이나, 한일 파트너십 선언을 단행했던 1998년과는 현격히 다르다. 이제 우리는 스스로에 대해 긍지를 가지고 국제사회에서 높아진 국격에 걸맞은 사고와 행위를 해야 한다. 피해자 의식 민족주의에서 벗어나면서도 일본이 과거에 대한 책임을 회피하지 않도록 유도해야 한다.

포용론적 화해론은 상처의 치유가 상대의 사죄와 배상을 통해 이뤄지는 것이 아니라, 우리 '스스로 치유'한다는 관점을 갖는다. 가해자로부터 사죄와 배상을 받고 용서함으로써 피해자의 상처를 치유하는 것이 실현되기 어렵다는 점에서 일본에게 구원을 기대하기보다 우리의 힘으로 피해자의 상처를 치유하는 것이 더 빠르고 확실한 구원의 방식이기 때문이다.

이를 위해서는 정부 차원의 노력이 필요하다. 피해자들의 상처를 어루만지고 희생자를 추모하는 다양한 의식과 행사가 이루어져야 한다. 기념관을 건립하고, 추모 공원을 만들고, 기념비를 세우고, 역사 교육을 실행해야 한다.

5.3. 포용론적 화해론에 토대를 둔 두 가지 방안

포용론적 화해론을 실현하고 한일화해 3.0 시대를 열기 위한 구체적인 두 가지 방안을 제언한다.

① 천황의 방한과 '상징 책임(象徵 責任)'의 수용

포용론적 화해론에 기반한 자력 구원의 원칙에 따라 개선된 한일관계의 공고화를 다져간다 해도 한국만이 언제까지 일방적인 포용의 조치를 지속하기는 어렵다. 포용적 관계를 유지·발전시키기 위해서는 일본의 화답이 필요하다.

그렇다고 제3자 변제안을 도출하는 과정에서 피해자 측이 제시했던 사죄와 배상을 포함한 일본의 '성의 있는 호응'을 다시 요구하여 관철시키자는 것은 아니다. 물론 일본이 자발적으로 그렇게 한다면 그보다 좋은 화답이 없을 것이다. 아무튼 분명한 것은 일본의 책임 문제가 제3자 변제로는 해소되지 않고 여전히 남아 있다는 사실이다.

한일 역사 문제와 관련하여 일본의 책임 문제를 상기해보자. 일본은 총리 수준에서 '도의적 책임'을 인정하는 데 머무른 반면, 이에 만족하지 못하는 한국은 '법적 책임'을 강조했다. 그러나 법적 책임은 현시점에서는 실현하기 어렵다. 이제 도의적 책임과 법적 책임의 대립 구도 속에서는 풀기 어려운 책임 문제에 대한 창의적 해법이 요구된다. 천황 수준에서 '상징 책임'이라는 해법을 구상해 본다. 이것이 포용적 관계를 유지·발전시킬 수 있는 일본의 화답이 될 것으로 기대한다.

천황은 일본헌법 제1장에 규정되어 있다. "천황은 일본국의 상징이고 일본 국민 통합의 상징이며, 이 지위는 주권이 있는 일본 국민의 총의에 기초한다." 통상 전전의 인격신으로서 절대권력을 갖고 있던 천황과 차별하여 상징 천황이라고 한다.

천황이 방한하여 한국인의 과거사 인식에 공감하는 적절한 사죄 표현을 한다면, 우리는 그것을 일본을 상징하는 존재가 표명한 '상징 책임'으로 포용하고 환대하자. 그렇다면 무한 책임 추궁에서 벗어나 미래로 나아가는 한일화해 3.0의 기틀을 마련할 수 있을 것이다.

천황의 상징 책임은 이중의 효과를 기대할 수 있다. 한국인이 품고 있는 마음의 한(恨)을 풀어주어 '반일증(反日症)'을 치유해 줄 것이며, 일본인의 굴절된 심리를 풀어주어 '혐한증(嫌韓症)'을 잠재워줄 것이다. 진심을 담은 천황의 한마디는 길었던 역사 갈등에 종언을 고하고 미래로 향하는 길을 열어줄 것이다.

② 한일 신조약(新條約)의 체결

한일관계를 정치적 변동성으로부터 보호하고 제도화하기 위해 한일 신조약을 체결할 필요가 있다. 한일화해 2.0 시대를 열었던 파트너십 선언은 정치·안보·경제 및 인적·문화 교류 나아가 국제적 이슈에 이르기까지 폭넓은 분야에 걸친 43개 항목의 구체적인 행동 계획을 부속 문서에 담았다. 그러나 그 좋은 내용의 행동 계획들은 흔적조차 찾기 어렵게 되었다. 그 원인은 선언이라는 형식이 갖는 한계 때문이다. 1963년 프랑스와 독일이 체결한 엘리제조약에서 확인할 수 있다.

조약 체결 이후 양국은 통상·안보·유럽 통합 등에 관한 관점에서 달라 대립하기도 했고, 양국 내의 정치적 반발과 변덕스러운 여론에 부딪히면서 정상회담이 여러 차례 위기를 맞기도 했다. 그러나 정권이 바뀌면서도 조약은 유지되었고, 결정적인 국면에서 긴밀한 협조로 상호 신뢰를 축적하며 화해·협력 관계를 발전시켜 나갔다. 그것이 가능했던 것은 조약이 가진 법적 구속력 때문이다. 법적 구속력을 가진 조약과 그렇지 않은 정치적 선언이라는 형식의 차이는 명백하다.

신조약의 내용은 1965년 조약을 인정하고 그 위에 미래로 향하기 위한 것이어야 한다. 한편으로는 지속하고 있는 과거사 문제들이 악화되지 않도록 방안을 모색하고, 다른 한편으로는 새롭게 등장하는 현재적 과제를 협력적으로 대처하는 데 협의를 집중하여 도출된 방안들을 제도화해야 할 것이다. 한일 신조약은 치유를 위한 조약이어야 한다. '기억의 사업'을 최우선의 조항으로 구성해야 한다. '본원적 상처'를 마무리하고 '파생적 상처'가 덧나지 않게 하는 사업에 역점을 두어야 한다. 그 다음은 번영을 위한 조약이어야 한다. 공동 번영을 위한 사업들이 합의되어야 한다. 글로벌 차원의 협력 사업이 포함되면 좋을 것이다. 그리고 그 사업을 추진하기 위한 조직을 제도화해야 한다.

5.4. 결론: 정치가의 선도적 역할 재강조

결론적으로, 포용론적 화해론에 기반한 새로운 역사화해의 길로 나아가기 위해서는 정치가의 선도성이 다시 한번 결정적인 역할을 해야 한다. 2절에서 확인했듯이, 양국 국민의 상호인식은 정치가의 정책과 결단에 의해 추동되는 경향이 강하다. 따라서 이재명 정부와 다카이치 정부, 혹은 그 후임 정부가 포용론적 화해론이라는 철학에 기반한 정치적 결단을 통해 천황의 상징 책임 수용과 신조약 체결이라는 방안을 실행한다면, 한일관계는 비로소 과거의 굴곡진 역사를 넘어선 안정적이고 지속 가능한 한일화해 3.0 시대로 진입할 수 있을 것이다.

6. 나가며: 갈등에서 협력으로, 한일화해 3.0을 향하여

본 발표는 한일 국교정상화 60주년을 맞는 격동의 시기에, 양국민의 상호인식 변화 추이를 분석하고 이를 추동하는 정치가의 선도적 역할을 확인한 후, 지속 가능한 한일관계를 위한 중장기적인 발전 방향을 모색했다.

해방 이후 한일관계는 안보·경제 협력의 축과 역사화해의 축이라는 두 개의 핵심 구조를 중심으로 전개되어 왔다. 1965년 국교정상화 이후의 '한일화해 1.0 시대'는 양국의 이해관계가 부합하여 안보·경제 협력의 축이 중심이 되었으며, 상대적으로 역사화해의 축은 봉합되었다. 반면, 한국 민주화 이후 1998년 한일 파트너십 선언과 함께 열린 '한일화해 2.0 시대'는 봉합되었던 역사 문제가 재부상하면서 역사화해의 축이 관계를 주도했고, 양국 간의 역사인식 차이에 기인하는 대립과 갈등이 빈번하게 부각되었다.

그러나 이제 우리는 이러한 갈등의 시대를 마무리하고 새로운 전환점에 서 있다. 피해 생존자 세대의 소멸과 20·30세대의 '문화적 실용주의'라는 구조적인 변화에 힘입어, 역사인식의 차이로 인한 갈등의 시대는 점차 저물고 있다. 이러한 구조적 변화는 역사화해의 축에서 남겨진 문제들을 이제는 지혜롭고 성숙한 방식으로 해소하고 관리해나갈 것을 요구한다.

나아가 한일 양국이 공동으로 직면한 전 지구적이고 포괄적인 문제를 중심으로 새로운 협력의 필요성이 강력하게 형성되고 있다는 점에 주목해야 한다. 단순한 과거의 경제 협력을 넘어, 고령화, 저출산, 사회안전망 구축, 기후 변화 대응, 에너지 안보 등의 공통된 사회적 과제는 물론, 글로벌 공급망 안정화와 첨단 기술 협력 같은 전략적 현안에 대한 공동 대응의 필요성이 그 어느 때보다 높아졌다. 특히 미·중 전략 경쟁의 장기화와 국제질서의 불확실성 증가는 한일 양국이 규범에 기반한 '공진적 자유주의 질서(co-evolutionary liberal order)'를 설계하고 유지하기 위해 협력을 강화해야 하는 전략적 당위성을 부여하고 있다.

결론적으로 앞으로 한일관계는 갈등 유발 이슈의 비중이 줄고 협력 강화 이슈가 전면에 부각되는 방향으로 무게 중심이 이동할 것이다. 이는 양국이 처한 내부적 변화와 외부적 환경 모두가 가리키는 역사적 추세이자 시대적 요구다. 이러한 중장기적 전환 추세 속에서 정치가의 역할은 다시 한번 그 중요성을 강조하게 된다. 정치가들은 시대적 요구에 맞게 갈등을 줄이고 협력을 강화하는 방향으로 사고하고 언행하며 정책을 실행해야 할 책임을 가진다.

이재명-다카이치 정부에서는 정치가가 '무엇을 할 것인가'만큼이나 '무엇을 하지 말아야 하는가'에 대한 신중한 고려가 더욱 중요해졌다. 지난 정부들의 정책적 공과(功過)를 냉철하게 판단하고, 양국 국민을 자극할 수 있는 언행과 정책을 최대한 절제하며 상호 학습을 통해 성숙한 한일관계를 만들어가도록 노력해야 한다.

궁극적으로는 5절에서 제시된 '포용론적 화해론'의 철학을 바탕으로, 천황의 상징 책임을 수용하고 한일 신조약을 체결하여, 역사화해의 축을 제도적으로 안정화시키는 과감한 선도적 결단이 필요하다. 이 결단이 성공적으로 이루어질 때, 한일관계는 안정적인 역사화해의 축 위에서 미래 지향적인 협력의 축을 강력하게 발전시키는 '한일화해 3.0 시대'로 비약할 수 있을 것이다.

참고문헌

박홍규, 『한국, 일본을 포용하다』, 경인문화사, 2025.

손열, 「한일관계, 역사문제 해결보다 미래지향적 협력을 원한다: 2025 EAI 동아시아 인식조사 결과 분석」, EAI 이슈브리핑(2025년 6월).

전재성, 「국제질서의 변화와 미중 전략 경쟁, 신정부의 외교안보 전략 과제」, EAI 신정부 외교 정책 제언 스페셜리포트(2025년 5월).

최은미·함건희, 「한국인의 일본 인식(2014~2024): "세대와 이념"을 넘어설 수 있을까?」, 아산 정책연구원 보고서(2025년 4월)

최은미, 「20·30세대가 견인하는 한일관계의 미래: 제1회 한미일 국민 상호인식조사로 본 한일 관계의 새로운 여론 지형」, EAI 이슈브리핑(2025년 9월).

韓日両国民の相互認識の変化と韓日関係の発展方向

朴鴻圭 _ 高麗大学教授

1. はじめに

今年は韓日国交正常化60周年を記念する歴史的な年である。尹錫悦政権発足以降、両国関係が改善される趨勢に後押しされ、昨年から韓日両国はこの意義深い年を記念し相互交流を拡大するための様々な次元の協力行事を積極的に準備してきた。

しかし記念の年が終わりを迎える直前に、韓国では12月3日の非常戒厳令の宣言と続く弾劾局面、そして大統領罷免と政権交代という予期せぬ政治的激変が発生した。こうした国内政治の急激な混乱は、60周年記念事業の推進力を大きく弱めた。さらに、関係改善に積極的な意志を示していた日本の石破総理までもが選挙敗北の責任を取って早期退任する状況に至り、関係改善に期待を寄せていた多くの人々に大きな残念さと懸念を残した。この一連の出来事は、韓日関係の進展が一直進線上の発展ではなく、時には急激な曲折と挫折を経験する非線形的な過程であることを改めて実感させた。

このように国内外の情勢が急変する中、60周年記念の年を締めくくる時期に開催される今回の学術会議は、単なる過去回顧を超える必要がある。特に米中戦略競争の深化、グローバルサプライチェーンの再編など、既存の思考枠組みでは対応が困難な水準で国際秩序が激変している現状は、韓日両国が進むべき望ましい関係構築について根本的な模索を求めている。

本発表は三つの目標を掲げて研究を進める。第一に、韓国の民主化後の金泳三政権期から現在に至るまで、韓日両国民の相互認識変化の推移を分析する。第二に、その過程で相互認識の変動に決定的影響を与えた政治家の主導的役割を確認する。最後に、こうした分析に基づき、激動する北東アジア秩序の中で韓日関係が長期的に飛躍できる発展方向を模索し提示することを最終目的とする。

2. 相互認識変化の趨勢と政治家の役割

2.1. 長期趨勢分析の重要性とデータ活用

韓日両国民間の相互認識の変化を追跡することは、両国関係の質的水準を測る重要な尺度である。特に東アジア研究院(EAI)と日本の言論NPOが毎年共同で実施する世論調査は、韓国国民の日本に対する好感度の推移を2013年から現在まで時系列的に把握できる最も信頼性の高い資料の一つである([図1])。[1]

1　峨山政策研究院でも2014年から2024年まで韓国人の日本に対する好感·非好感比率の変化を調査した資料がある。[図1]と類似した比率変化を示している。

[図1] 日本に対する印象の推移(2013-2025)

<問 20. あなたは日本に対してどんな印象をお持っていますか？>

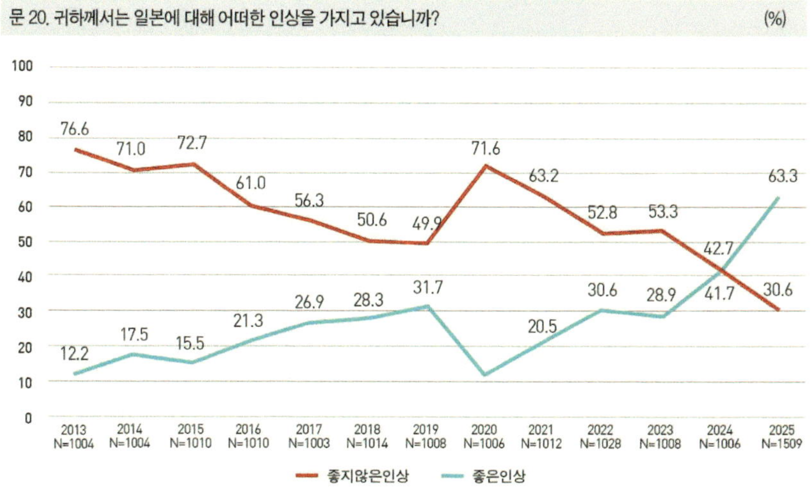

上の赤い線：よくない印象 / 下の青い線：よい印象

＊ 出典：EAI韓日国民相互認識調査(2025)

本発表は民主化以降の長期的な変化傾向を確認するため、EAI/言論NPOの資料を含め、金泳三政権時期である1993年から2025年までの様々な機関の世論調査結果を統合し、年度別変化を推定して[図2]を作成した。この資料を通じて、韓日関係が単純な短期的な事件の影響を超え、長期的な構造と政治家のマクロ的な政策方向によって形成されてきたことを確認できる。[2]

2 この資料作成過程でChatGPTを活用した。本研究で活用された[図2]の時系列データは、様々な機関の世論調査結果を統合･加工し、長期的な趨勢を把握するために推定された資料であり、個別年度の詳細数値よりも、全体的な好感度変化の流れと政権交代時期の変動を分析することに重点を置いた。

[図2] 日本に対する認識の推移推定値(1993-2025)

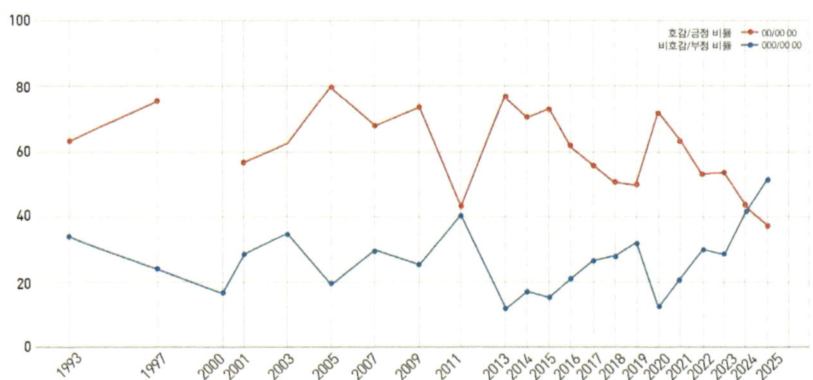

* 政権年次：金泳三政権(1993-1998)′ 金大中政権(1998-2003)′ 盧武鉉政権(2003-2008)′ 李明博政権(2008-2013)′ 朴槿恵政権(2013-2017)′ 文在寅政権(2017-2022)′ 尹錫悦政権(2022-2025)′ 李在明政権(2025-現在)

2.2. 政権別の相互認識の変化と政治家の主導的役割

[図2]に示された好感度変化の推移を韓国政府の政権年次別に分析すると、韓日両国関係の友好的または敵対的な流れが最高指導者の政治的決断と政策によって推進される傾向が明確に確認できる。

① 黄金期の到来と指導者の決断(金大中政権)

金泳三政権期に下降局面を見せていた好感度は、金大中政権(1998～2003年)の発足とともに上昇し、関係改善の黄金期を迎えた。これは1998年に金大中大統領が小渕恵三日本総理と「韓日パートナーシップ共同宣言」を発表し、具体的な政策を実施した結果である。特に2002年の韓日ワールドカップ共同開催は、両国関係の友好的な雰囲気を象徴する頂点と評価されている。

② 悪化局面と安倍晋三の登場(盧武鉉～朴槿恵政権)

金大中政権期に最高点に達した好感度は、盧武鉉政権で一定程度維持されたが、李明博政権に至り全体的な下降局面へと転換する。[3] 李明博大統領の独島訪問のような対日強硬発言·行動が影響したものの、それ以上に構造的かつ長期的な原因は安倍晋三総理の再政権掌握(2012年)と本格的な右傾化政策の実施である。安倍総理の右傾化発言と政策は韓日関係悪化の根本的な背景となり、2015年に朴槿恵政権で推進された慰安婦合意が破綻する結果も招いた。

興味深い点は、こうした歴史的·外交的葛藤の中でも、朴槿恵政権から文在寅政権初期にかけて好感度が上昇する流れが確認される事実である。これは政治·外交的問題とは別に、経済、社会、文化面での韓日交流が持続的に深化していたためと解釈される。

③ 最悪の衝突と急激な下落(文在寅政権)

2020年頃、好感度は急速に下落し最低点を記録した。決定的な転換点は2018年12月の韓国最高裁による強制徴用賠償判決であった。安倍総理の右傾化政策が構造的な背景を提供した中、文在寅大統領の対日強硬政策が正面から衝突し、韓日関係は制御不能な最悪の局面を迎えた。この時期の好感度は、両国政治家の対立指向的政策が国民世論をいかに急速に悪化させ得るかを示す顕著な事例である。

④ ゴールデンクロスと実用主義の勝利(尹錫悦～李在明政権)

2022年、尹錫悦政権発足後、関係正常化への強い意志が表明され新た

---

3 盧武鉉政権から李明博政権までは全体的な下降局面である。2011年の好感度上昇は、同年発生した東日本大震災による一時的な例外現象であり、グラフ上では2009年から2013年までは下降していると見なしても差し支えないだろう。

な局面が始まった。米国の韓米日協力強化という東アジア政策に便乗する側面もあったが、尹大統領は2023年、強制徴用問題の解決策として第三者弁済案を確定する電撃的な決断を断行した。この政策的努力の結果、2024年の好感度は再び上昇傾向を示した。

さらに注目すべきは、2024年末の韓国政界激変後に登場した李在明政権の動向である。政権掌握前に反日的な言動を見せてきた李大統領の当選に日本では懸念が表明されたが、李大統領は「国益中心の実用主義」を掲げ、前任大統領の対日路線と政策を維持した。

このような政策的連続性は、2025年の調査結果において重要な変化をもたらした。この調査では、韓国国民の日本に対する肯定的認識(52.4%)が否定的認識(37.1%)を初めて上回る「ゴールデンクロス」現象が現れた。これは単に政治家の個人的信念を超え、米中戦略競争の深化と韓国の戦略環境変化という構造的要因が作用した結果でもある。中国依存リスクと同盟不安が増大する状況下で、韓国は類似立場国である日本との安保･経済･技術協力を優先する戦略的価値を高く評価するようになり、李在明政権はこうした「戦略的実用主義」を政策的に具現したのである。[4]

2.3. 好感度と政治家の主導性：核心論旨

一般的に両国民の好感度上昇／下降と韓日関係改善／悪化は強い相関関係を持つ。韓日関係状況を把握するために好感度調査が活用されるのもこのためである。

しかし本分析が注目するのは、こうした相関関係以前に存在する政治

4　孫洌、「韓日関係、歴史問題解決より未来志向的協力を望む：2025　EAI東アジア認識調査結果分析」、EAIイシューブリーフィング(2025年6月)。

家の主導的影響力である。[図2]の説明が示すように、好感度の重要な変化点では、政治家の思考、言動、そして政策が国民世論に影響を与え、独立変数として作用した点である。

すなわち、政治家が友好的で協力的な政策を選択的に採用した際には好感度が上昇し、排他的で対立的な政策を選択した際には好感度が低下する傾向が明確に観察された。特に金大中、尹錫悦政権の事例は、既存の世論に反しながらも相手国との関係改善のための政策を大胆に実施し、好感度上昇を積極的に牽引した代表的なケースと評価される。これは韓日関係の未来を決定する上で、政治家の責任ある主導的役割がいかに決定的であるかを実証的に示す点である。

3. 短期展望：高市政権の登場と韓日關係の行方

昨年10月4日に自民党総裁に選出された高市早苗氏は、21日に国会で第104代日本国総理大臣に指名された。以前の石破総理体制下で友好的な信念と政策基調に支えられ、韓日関係が持続的に改善されてきた点を考慮すると、彼の退任とともに安倍前総理の強硬路線を継承するとされる高市総理の登場は、両国関係に新たな不確実性を投げかける変数として作用している。

特に高市総理が連立パートナーを穏健な中道保守傾向の公明党から、安保強化·改憲·民族主義的指向性が強い日本維新の会に交代させたことは、韓国に対する外交的スタンスの変化可能性を高める核心的要因である。韓国で李在明政権の発足に対する日本の懸念が一旦「国益中心の実用主義路線」によって沈静化していたように、今や韓日関係の行方を決定する主導権は、高市内閣がどのような理念的指向性と政策的態度を取るかによって日本のコートに移ったと評価できる。

こうした状況を踏まえ、今後1～2年以内の韓日関係に関する短期展望を四つのシナリオに分けて分析し、その中で最も有力なシナリオを導き出したい。

3.1. 四つのシナリオ分析

① シナリオ1：右傾化回帰と関係冷却化（最悪のシナリオ）

高市総理が安倍の右傾化路線を継承する選択をする場合である。連立パートナーである日本維新会が「自虐史観脱却」のような排外主義的立場を取り、歴史問題に関連して韓国を継続的に刺激する政治的動力を提供する。このような状況で韓国国内の世論は急激に悪化し、李在明政権は自身の核心支持層の反発に直面し、実用主義路線を維持しにくい状況に置かれる。[5] 結果として、李在明大統領本人の過去の対日非友好的な政治的アイデンティティが表面化し、韓日関係は再び冷却期に入る。これは尹錫悦政権以来改善されてきた関係を一気に後退させる最悪のシナリオである。

② シナリオ2：韓国の慎重な対応による消極的現状維持（次悪のシナリオ）

高市政権が右傾化に回帰し韓国を刺激しても、李在明政権がこれに感情的に対抗せず、実用主義路線を慎重かつ節度を持って維持する場合で

5　現在の与党である共に民主党は、文在寅政権時代に対日強硬路線で韓日関係を最悪の局面へと追い込んだ張本人である。そして尹錫悦政権の対日関係改善努力にも否定的に反応した。強制動員解決策、福島汚染水放出対応、佐渡鉱山のユネスコ世界文化遺産登録対応を屈辱外交あるいは最悪の外交惨事として強く批判したことがある。李在明政権が取る実用主義路線については今は沈黙しているが、進歩陣営は基本的に日本に対して否定的な認識を持っている。

ある。韓国政府は国内保守陣営及び野党との敵対的対決構図を緩和し、陣営対立が直ちに日本に対する強硬対応につながる連鎖を断ち切るよう努めなければならない。このシナリオでは関係は現状維持されるが、日本の継続的な挑発可能性の中で韓国政府の政治的負担が非常に大きくなり、些細な状況変化にも脆弱で関係の安定性を担保しにくい。

③ シナリオ3：構造的制約による自制と安定的な現状維持(次善のシナリオ)

高市総理が個人の理念的信念を抑え、石破政権の対外政策路線を維持する場合である。日本は深刻な円安、高齢化、エネルギー輸入依存度深化などの構造的危機に直面しており、過度な外交的摩擦は経済・外交的負担を最大化する可能性がある。したがって、自民党内部の岸田派や二階派などの穏健派の牽制が作用し、高市・日本維新の会連立政権が過度に右傾化するのを一定程度抑制する可能性がある。この場合、高市政権の抑制された外交政策が李在明政権の実用主義路線と噛み合い、比較的安定した現状維持が継続されると予想される。

④ シナリオ4：イデオロギー的信念の放棄及び関係の飛躍的発展(最善のシナリオ)

高市総理が平素の信念とは正反対に、韓国に対して非常に友好的かつ協力的な発言と政策を展開する場合である。この場合、李在明政権は強制徴用被害者救済のための特別法を制定し、日本との歴史和解プロセスの進行を加速化させ、安保・経済分野の協力がさらに強化され、韓日関係が一段階飛躍的に発展することになる。しかし、高市総裁の政治的アイデンティティ、中核的支持基盤、そして日本維新会との連立政権構築を考慮すると、これは現実的に可能性が最も低いシナリオと判断される。

3.2. 最も有力な展望：構造的制約下での現状維持(シナリオ3)

上記シナリオの中で最も有力な方向性はシナリオ3である。その根拠は、単に両国指導者の自発的な選択ではなく、両国を取り巻く国際秩序の構造的圧力に起因する。

① 米国外交安保戦略の変化と同盟国間協力の強制

最大の構造的制約は米国の外交安保戦略の変化である(トランプ2期リスク)。トランプ2期政権は国際公共財需要の増加と中国の台頭に対応し、「介入縮小」と「覇権維持」という二重課題を並行する戦略的調整を試みている。これは革命的断絶というより、蓄積された疲労の爆発的表出であり、覇権の進化のための苦痛を伴う調整と理解される。

この過程で同盟国は米国の予測不可能性(例：同盟国への関税賦課)と信頼低下を経験することになった。こうした同病相憐れみの立場は、韓日両国が歴史問題のような敏感な課題で対立を再燃させてはならない構造的状況を強いる。両国は受動的対応を超え、米中戦略競争の非線形構図の中で共同で協力的な空間を確保するため、多層的な安全保障協力と規範に基づく外交を通じて、国際秩序形成の主体として協力すべき状況にある。これは究極的には、いずれか一国のリーダーシップではなく、「集合的かつ共同のリーダーシップ」を求める時代の流れとも合致する。[6]

② 高市内閣の初期の動きと外交的節度

高市総理自身もこうした構造的圧力を認識していることを示唆する初期

6　チョン・ジェソン、「国際秩序の変化と米中戦略競争、新政府の外交安保戦略課題」、EAI新政府外交政策提言スペシャルレポート(2025年5月)。

の動きを見せた。総裁任命直後、彼は強化された北･中･露協力に対応するため、韓･米･日防衛･安全保障分野協力の重要性に言及し、韓日関係深化の意志を表明した。

また、個人的な信念やイデオロギー的指向性を示す場と見なされてきた靖国神社についても、毎年秋の例大祭期間に直接参拝する代わりに私費で供物を捧げるという抑制的な姿勢を示した。こうした動きは、高市内閣がイデオロギー的な暴走よりも、経済･安全保障･気候･高齢化など韓日両国が共同で直面する懸案解決のための実用外交を優先する可能性を高める。

したがって、高市内閣が総理就任後もこのように抑制された言動と外交政策を継続し、李在明政権の実用主義と連動すれば、両国関係は比較的安定した現状維持(シナリオ3)を継続し、順調に進展すると予想される。10月31日から11月1日まで慶州で開催されるAPEC会議など、両国首脳が会う主要な外交舞台でのメッセージに注目する必要がある。

4. 中長期展望Ⅰ：世代交代と協力強化の趨勢

短期的な変数であるトランプリスクや高市リスクが韓日関係に一時的な不確実性を増幅させるとしても、中長期的には両国関係は協力課題が強化される方向へ進む構造的変化を内包している。これは韓国社会内部の根本的な構造変化に基づくものであり、従来の歴史問題が韓日関係を爆発的に悪化させるエネルギーと動力が構造的に弱まっていることを意味する。このような中長期的な変化の趨勢は、大きく二つの側面から明確に確認される。

4.1. 被害生存者世代の消滅と歴史問題の比重弱化

韓日間の歴史問題、特に慰安婦問題と強制徴用問題は、被害生存者の存在そのものが問題解決と責任追及の最も強力な道徳的･政治的動力となってきた。しかし残念ながら、これらの被害生存者世代の高齢化はすでに最終段階に入り、間もなく生存者がいない時代が到来するだろう。

慰安婦被害者の場合、大韓民国政府に登録された全慰安婦被害者240名のうち、2025年5月基準で生存者はわずか6名であり、平均年齢は95歳以上という超高齢状態である。強制徴用被害者の場合、行政安全部の医療支援金受給者現況を通じて推計された強制徴用被害生存者数は、2015年の9,938人から2025年1月基準で640人に急激に減少した。最年少生存者が86歳であるほど、彼らもまた急激な高齢化傾向の中に置かれている。

韓国社会の民主化以降、本格的に公論化された韓日歴史問題は、政府、市民団体、学界など多様な主体の努力により多くの部分が解消され、今や歴史問題による葛藤の頂点は既に過ぎたと評価できる。したがって被害生存者の消滅は、歴史問題の中でも最も敏感な慰安婦と徴用工問題が韓日葛藤を爆発的に悪化させる構造的要因を減少させるだろう。これはすなわち、謝罪と賠償を通じた責任追及と、それに対する日本の反発的反応という悪循環の連鎖が弱まることを意味する。

このような変化は、被害者支援団体の役割に根本的な方向転換を求める。生存者中心の回復的正義(restorative justice)運動は、今後、生存者への支援と賠償中心から脱却し、被害者を追悼し記憶し、後世教育のための場を設ける方向へ転換が進むと予想される。歴史的傷痕へのアプローチが、司法的解決から社会的癒しと省察へと変化しつつあるのだ。

4.2. 新世代の登場と認識転換：「文化的消費」の時代

被害生存者世代の消滅とともに、中長期的に韓日関係の趨勢を牽引する第二の構造的変化は、まさに新たな世代、特に20～30代の登場である。[7]

[図3] 年齢別日本に対する好感度回答の変化 (単位: 点)

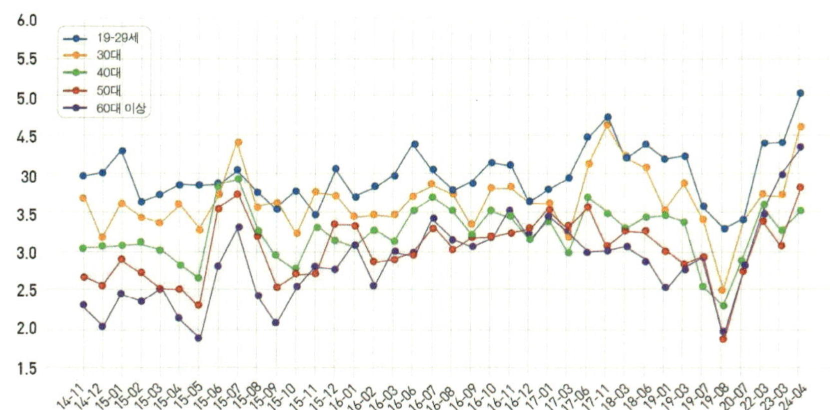

＊ 出典：峨山政策研究院世論調査(2014年11月～2024年4月)

峨山政策研究院では2014年11月から2024年4月まで日本に対する認識調査を実施した。[図3]は年齢層別韓国人の日本に対する認識調査を分析した資料である。グラフから年齢層によって日本に対する好感度に大きな差が生じていることが確認できる。特に調査期間全体を通じて顕著だったのは、20代(19～29歳)と30代の日本に対する高い好感度である。20代の日本

7　この内容は以下の二つの文献を用いて作成した。チェ・ウンミ・ハム・ゴンヒ、「韓国人の日本認識(2014～2024): “世代とイデオロギー”を超えられるか?」、峨山政策研究院報告書(2025年4月);　チェ・ウンミ、「20・30世代が牽引する韓日関係の未来：第1回韓米日国民相互認識調査から見る韓日関係の新たな世論地形」、EAIイシューブリーフィング(2025年9月)。

に対する好感度は、韓日関係悪化の中で低下したとはいえ、依然として他の年齢層に比べて最も高い好感度を示しており、その数値も韓日関係が悪化する前の他の年齢層の好感度よりも高かった。

このような韓国人の対日認識の構造的変化は、2025年8月28日にEAI·API·KEI共同調査結果として発表された「第1回韓米日国民相互認識調査／第12回韓日国民相互認識調査」でも確認された。

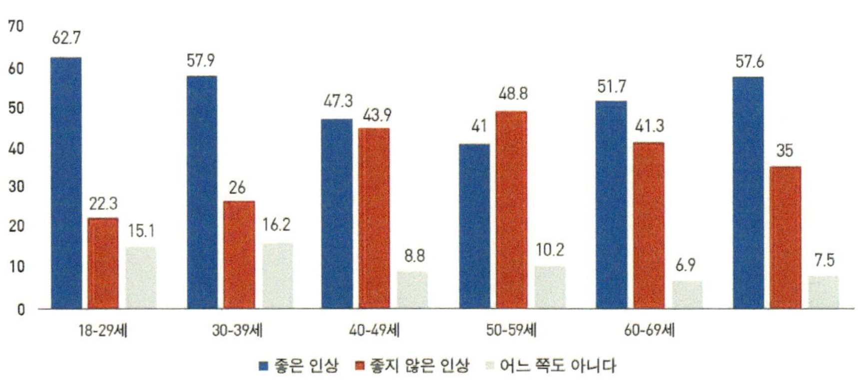

青色：よい印象' 赤色：よくない印象' 灰色：どちらでもない
* 出典：EAI韓日国民相互認識調査(2025)

[図4]は韓国人の日本に対する印象を年齢別に分析したもので、この調査結果は20～30代が日本に対する構造的変化を最も顕著に示す主体であることを 証明している。18～29歳が全年齢層の中で最も高い好感度(62.7%)を示し、30～39歳がそれに続いている。注目すべき点は、彼らが非好感度面では全年齢層中最も低い比率を示しているという事実である。

こうした若い世代の高い好感度は、過去の政治的·イデオロギー的枠組みから脱却し、日常的·文化的な領域で形成された点で非常に重要であり、構造的な意味を持つ。

まず文化的消費と共感に基づく。この世代は日本を「歴史的対決の対象」ではなく、「文化的消費と楽しみの対象」として認識する。J-Pop、アニメ、ゲームなどのソフトパワーを通じて形成された文化的共感基盤が経済的互恵主義と結びつき、過去の政治的葛藤要素を相殺する強力な「代替的枠組み」を構築している。

次に実用的な協力志向性である。この世代は歴史問題に対しても無関心というわけではなく、脱政治的な実用主義的視点を取る傾向が強い。彼らは国家利益と個人の生活の質というレンズを通じて両国関係を見つめ、安全保障協力及び経済·技術協力の必要性を既成世代よりも高く評価する傾向を示す。

結論として、20～30代が牽引するこうした「文化的実用主義」に基づく世論の地形は、韓日関係が政治的変動性に脆弱な歴史的葛藤から脱却し、世代交代という安定的な構造変化に基づく未来協力へ中心を移す長期的な基盤を提供する。

5. 中長期展望Ⅱ：歴史和解の道と政治家の先導性

5.1. 韓日関係の二つの軸と既存和解論の限界

解放後、韓日関係は構造的に二つの核心軸を中心に展開されてきた。一つは「安保·経済協力の軸」であり、もう一つは「歴史和解の軸」である。

14年にわたる難航の末に妥結した1965年の国交正常化は、両国の不一致を縫合し、政治的妥協を通じて実現された。これは現実的必要性に基づき、安保·経済協力の軸を優先し、歴史和解の軸は「請求権問題解決」という名分のもとで軽視したり水面下に潜ませたりすることで可能となった。このような妥協の結果、「韓日和解1.0時代」が開かれたが、歴史問題は解決されないまま、葛藤の潜在的エネルギーとして残っていた。

1987年の韓国の民主化と国際秩序の脱冷戦時代への移行は、潜在化していた歴史問題を再び水面上に浮上させた。これにより韓日関係は二つの軸が鋭く絡み合いながら展開し、ついに1998年の金大中・小渕パートナーシップ宣言を通じて「韓日和解2.0時代」を開くことになる。この時期は2000年代初頭の韓日関係の黄金期を迎えたが、金大中政権以降は歴史和解の軸が次第に強化され、安保・経済協力の軸と衝突しながら韓日間の葛藤が深まり、文在寅・安倍政権期には最悪の韓日関係に至った。

尹錫悦政権と李在明政権を経て、歴史問題は葛藤の頂点を過ぎ、解消過程に入った。同時に、安保・経済協力の軸が再び重視される時代に入った。これにより、中長期的には「韓日和解3.0時代」を展望できるようになった。韓日和解3.0時代が開かれれば、安保・経済協力は飛躍的に増大し、韓日関係は質的飛躍を遂げる。本発表では、それを可能にする基盤として歴史和解の哲学的土台を検討する。[8]

5.2. 韓日和解3.0時代のための「包容論的和解論」の確立

韓日和解1.0と2.0の哲学的基盤となっていたのが「責任論的和解論」である。責任論的和解論を構成する要素は、正義、責任、加害者、被害者、反省、謝罪、許し、賠償、記憶、追悼、教育などの概念である。責任論的和解論は「加害者の責任承認と謝罪→被害者の許し→双方の和解」と図式化でき、歴史的不正に対して加害者が責任を負う行為を通じて正義が

8　この内容は、朴鴻圭『韓国、日本を包容する』京仁文化社、2025年より引用し記述した。

達成され和解が実現するという視点である。

これは、加害者がまず過ちを犯した行為と、その行為が招いた被害に対する認識と後悔を公的な謝罪を通じて表明し、適切な処罰や賠償を通じて過ちに伴う責任を履行すれば、被害者がそれに対する反応として怒りと敵意を捨てて相手を許すという「交換的許し」の概念に基づいている。

韓日パートナーシップ宣言も責任論的和解論に基づいており、これは実際に韓日歴史問題の解決に大きく貢献した。しかし責任論を極端に押し進めることで和解の妨げとなり、かえって和解を遅らせる要因として作用する現象が発生した。文在寅・安倍時代に韓日関係が最悪に至った理由である。

韓日和解3.0時代を開くためには、役割を終えた責任論的和解論を超える新たな哲学的基盤が必要である。許すことが難しいなら、許さずとも包容するのだ。私たちは過ちを犯した人を完全に許さずとも包容できる。過ちを犯した人を自分とは異なる存在ではなく、自分と似た脆弱性を持つ存在として見なし、そのような過ちを犯したことに対して残念な気持ちを持つからだ。だからこそ過ちを犯した人に罪を問うが、過度に苛烈に扱わず再び受け入れることができるのだ。

包容論的和解論は、過ちを犯した相手に無制限な責任を追及することから脱却し、関係回復のために共同の責任を担いながら、被害者と加害者双方の癒しに関心を持ち、真実の究明と公式的記憶を通じて過去を正そうとする。

今や大韓民国は先進国に進入した。韓国の国格は、請求権協定が締結された1965年や、韓日パートナーシップ宣言を断行した98年とは著しく異なる。今や我々は自らに対して誇りを持ち、国際社会で高まった国格にふさわしい思考と行為をすべきである。被害者意識の民族主義から脱却しつつも、日本が過去に対する責任を回避しないよう誘導しなければならない。

包容論的和解論は、傷の癒しが相手の謝罪と賠償を通じて成し遂げられるのではなく、我々「自ら癒す」という観点を持つ。加害者から謝罪と賠償を受け、許すことによって被害者の傷を癒すことが実現しにくいという点で、日本に救済を期待するよりも、我々の力で被害者の傷を癒す方がより迅速で確実な救済の方法だからである。

そのためには政府レベルの努力が必要である。被害者の傷を癒やし、犠牲者を追悼する様々な儀式や行事が実施されなければならない。記念館を建立し、追悼公園を作り、記念碑を建立し、歴史教育を実行すべきである。

5.3. 包容論的和解論に基づく二つの方策

包容論的和解論を実現し、韓日和解3.0時代を開くための具体的な二つの方策を提言する。

① 天皇の訪韓と「象徴的責任」の受容

包容論的和解論に基づく自助努力の原則に従い、改善された韓日関係の強化を図っていくとしても、韓国だけがいつまでも一方的な包容措置を継続することは難しい。包容的な関係を維持･発展させるためには、日本の応答が必要である。

とはいえ、第三者弁済案を導出する過程で被害者側が提示した謝罪と賠償を含む日本の「誠意ある応答」を再び要求し貫徹させようというわけではない。もちろん日本が自発的にそうするなら、それ以上の応答はないだろう。いずれにせよ明らかなのは、日本の責任問題が第三者弁済では解消されず依然として残っているという事実である。

韓日の歴史問題に関連し、日本の責任問題を想起しよう。日本は総理レベルで「道義的責任」を認めるにとどまった一方、これに満足しない韓国は「法的責任」を強調した。しかし法的責任は現時点では実現が難しい。今や道義的責任と法的責任の対立構図の中では、解決困難な責任問題に対する創造的な解決策が求められる。天皇レベルでの「象徴責任」という解決策を構想してみる。これが包容的な関係を維持·発展させ得る日本の応答となることを期待する。

天皇は日本国憲法第1章に規定されている。「天皇は、日本国の象徴であり、日本国民統合の象徴であり、この地位は、主権を有する日本国民の総意に基づく。」通常、戦前の人格神として絶対権力を持っていた天皇と区別して象徴天皇という。

天皇が訪韓し、韓国人の過去史認識に共感する適切な謝罪表現を行うならば、我々はそれを日本を象徴する存在が表明した「象徴責任」として包容し歓待しよう。そうすれば無限責任追及から脱し、未来へ進む韓日和解3.0の基盤を整えられるだろう。

天皇の象徴責任は二重の効果を期待できる。韓国人が抱える心の恨みを解きほぐし「反日症」を癒し、日本人の歪んだ心理を解きほぐし「嫌韓症」を鎮めるだろう。真心を込めた天皇の一言は、長きにわたる歴史的葛藤に終止符を打ち、未来へ向かう道を開くだろう。

② **韓日新条約の締結**

韓日関係を政治的変動性から保護し制度化するため、韓日新条約を締結する必要がある。韓日和解2.0時代を開いたパートナーシップ宣言は、政治·安保·経済及び人的·文化交流、さらに国際的課題に至るまで幅広い分野にわたる43項目の具体的な行動計画を付属文書に盛り込んだ。しかし、その優れた内容の行動計画は、痕跡すら見つけ難い状況となった。

その原因は、宣言という形式が持つ限界にある。1963年にフランスとドイツが締結したエリゼ条約からも確認できる。

条約締結後、両国は通商・安全保障・欧州統合などに関する見解の相違から対立することもあり、両国内の政治的反発や気まぐれな世論に直面し、首脳会談が幾度となく危機に陥った。しかし政権が交代しても条約は維持され、決定的な局面では緊密な協力で相互信頼を蓄積し、和解・協力関係を発展させていった。それが可能だったのは条約が持つ法的拘束力のためである。法的拘束力を持つ条約とそうでない政治的宣言という形式の差は明らかだ。

新条約の内容は、1965年の条約を認め、その上に未来へ向かうためのものとしなければならない。一方では持続している過去の問題が悪化しないよう方策を模索し、他方では新たに現れる現在の課題を協力的に対処することに協議を集中し、導き出された方策を制度化すべきである。韓日新条約は癒しのための条約でなければならない。「記憶の事業」を最優先の条項として構成すべきである。「本源的な傷」を癒やし、「派生的な傷」が重ならないようにする事業に重点を置くべきである。次に、繁栄のための条約でなければならない。共同繁栄のための事業が合意されるべきである。グローバル次元の協力事業が含まれると望ましい。そして、その事業を推進するための組織を制度化すべきである。

5.4. 結論：政治家の主導的役割の再強調

結論として、包容論的和解論に基づく新たな歴史和解の道へ進むためには、政治家の先導性が再び決定的な役割を果たさねばならない。第2節で確認したように、両国国民の相互認識は政治家の政策と決断によって推進される傾向が強い。したがって、李在明政権と高市政権、あるいはその後継政権が包容論的和解論という哲学に基づく政治的決断を通じて、天皇の象徴責任受容と新条約締結という案を実行すれば、韓日関係はようやく過去の曲折した歴史を超えた安定的で持続可能な韓日和解3.0時代へ突入できるであろう。

6. 結び：葛藤から協力へ、韓日和解3.0に向けて

本発表は、韓日国交正常化60周年を迎える激動の時期に、両国民の相互認識変化の推移を分析し、これを推進する政治家の先導的役割を確認した後、持続可能な韓日関係のための中長期的な発展方向を模索した。

解放後の韓日関係は、安保·経済協力の軸と歴史和解の軸という二つの核心構造を中心に展開されてきた。1965年の国交正常化以降の「韓日和解1.0時代」は、両国の利害が合致し安保·経済協力の軸が中心となり、相対的に歴史和解の軸は封じ込められた。一方、韓国の民主化後、1998年の韓日パートナーシップ宣言とともに始まった「韓日和解2.0時代」は、封じ込められていた歴史問題が再浮上し、歴史和解の軸が関係を主導し、両国間の歴史認識の相違に起因する対立と葛藤が頻繁に顕在化した。

しかし今、我々はこうした葛藤の時代を締めくくり、新たな転換点に立っている。被害生存者世代の消滅と20·30世代の「文化的実用主義」という構造的変化に支えられ、歴史認識の相違による葛藤の時代は次第に終焉を迎えつつある。こうした構造的変化は、歴史和解の軸で残された問題群を、今や賢明かつ成熟した方法で解決·管理していくことを求めている。

さらに、韓日両国が共同で直面する地球規模的かつ包括的な問題を中

心に、新たな協力の必要性が強く形成されている点に注目すべきである。単純な過去の経済協力を超え、高齢化、少子化、社会安全網構築、気候変動対応、エネルギー安全保障などの共通の社会的課題はもちろん、グローバルサプライチェーンの安定化や先端技術協力といった戦略的懸案への共同対応の必要性が、これまで以上に高まっている。特に米中戦略競争の長期化と国際秩序の不確実性増大は、韓日両国が規範に基づく「共進的自由主義秩序(co-evolutionary liberal order)」を設計し維持するために協力を強化すべき戦略的必然性を付与している。

結論として、今後の韓日関係は、紛争誘発要因の比重が減少し、協力強化の課題が前面に浮上する方向へ重心が移行するだろう。これは両国が直面する内部的変化と外部的環境の双方が示す歴史的趨勢であり、時代の要請である。こうした中長期的な転換趨勢の中で、政治家の役割は改めてその重要性を強調されることになる。政治家たちは時代的要請に沿って、対立を減らし協力を強化する方向で思考し、言動し、政策を実行する責任を負っている。

李在明·高市政権では、政治家が「何をすべきか」と同様に「何をしてはならないか」についての慎重な考慮がより重要となった。過去の政権の政策的功過を冷静に判断し、両国国民を刺激し得る言動と政策を最大限に抑制し、相互学習を通じて成熟した韓日関係を築くよう努めなければならない。

究極的には第5節で提示された「包容論的和解論」の哲学に基づき、天皇の象徴責任を受け入れ、韓日新条約を締結し、歴史和解の軸を制度的に安定化させる大胆な先導的決断が必要である。この決断が成功裏に実現された時、韓日関係は安定した歴史和解の軸の上に、未来志向的な協力の軸を強力に発展させる「韓日和解3.0時代」へと飛躍することができるであろう。

参考文献

朴鴻圭、『韓国、日本を包容する』、京仁文化社、2025年。

孫洌、「韓日関係、歴史問題解決より未来志向的協力を求める：2025EAI東アジア認識調査結果分析」, EAIイシューブリーフィング(2025年6月).

チョン･ジェソン、「国際秩序の変化と米中戦略競争、新政府の外交安保戦略課題」、EAI新政府外交政策提言スペシャルレポート(2025年5月)。

チェ･ウンミ、ハム･ゴンヒ、「韓国人の日本認識(2014～2024)：「世代とイデオロギー」を超えられるか？」、峨山政策研究院報告書(2025年4月)

チェ･ウンミ、「20･30世代が牽引する韓日関係の未来：第1回日米韓国民相互認識調査から見る韓日関係の新たな世論地形」, EAIイシューブリーフィング(2025年9月).

海洋国家日米韓と
トランプ大統領時代の日韓関係
-日韓米の連帯についての一つの試論-

杉山 晋輔 _ 元 駐米日本大使

<序>

しばらく前に、日韓米の連帯の必要性について一文執筆されることを依頼されたことがあった。これから紹介する私のペーパーは、その時に私が執筆したものを元にしているが、現在の“トランプのアメリカ”をふまえた一つの試論である。

あの論文を記してから少し日時がたったが、私が日ごろから考えてきた、日韓関係の一つの本質、更には、なぜ日韓米の連帯がきわめて重要かの原点についての考え方の基本は、今でも変わらない。それこそ、日韓国交正常化60周年記念学術会議の際に発表するに適したものかもしれない、と思った。

ただ、この原文を執筆した時と大きく変わった点がある。それは、言うまでもなく、アメリカのトランプ大統領の登場、特に今年に入ってからのトランプ第二期政権の誕生とそのあらゆる意味でのスピード感あふれる政策展開、である。昔から日韓関係は、双方にとっての同盟国であるアメリカとの関係を考えずに語れないと言われてきた。しかし、“トランプのアメリカ”の今こそ、改めてやや本質的視点からの論考をする必要がある。

また、日韓国交正常化の原点は何かを改めて見る事は、必須と思われる。それなくしては日韓国交正常化60周年のお祝いがきちんと出来ないからである。

そこでこのペーパーでは、まず海洋国家日米韓の本質を再度検討したあと、“トランプのアメリカ”とそれがどう結びつくのかを考察して、また、改めて日韓国交正常化の原点がどこにあったかを振り返って、我々がアメリカにどう対応すべきか考える一つの助けを提供することにしたい。

1. 一つの試論＝海洋国家米国とその同盟国日本、韓国(この部分は､筆者が少し前に執筆した論文に若干の加筆をしたものである)

(1) アメリカ合衆国は、北米大陸の真中にある大きな“合衆国”である。東海岸から西海岸まで、飛行機でも約6時間、時差も3時間。立派な大陸である。しかし、米国のことを、“大陸国家”だけと考える人は、いないといってよい。それは、米国が大陸だけではなく、多くの島々も領有しているという事だけからではない。北のカナダ、南のメキシコなどの重要な隣国を抱えてはいるが、地政学的に、東は大西洋、西は太平洋に面し、世界で唯一空母機動部隊を3の大洋におそらくそれぞれに3打撃軍を展開できるくらいの”外洋海軍(blue water navy) “を有する、殆ど唯一の国家である。もちろん、全米軍の兵力は、陸、海、空、海兵隊、宇宙軍に加えて、有事には兵力となる沿岸警備隊の六軍からなっていて、全兵力に占める数値は、陸軍が大きい。それは、広大な領域防衛などから当然であろうが、国際的視点から見れば、海に関する兵力が重要といってよい。だから、アメリカは、海洋国家である、と言って良い。この本質は、トランプ大統領でも変わらない。

(2) 日本は、どう見ても、海洋国家であることに異論はあるまい。自衛隊の戦力構成から見ると、これも米国と同様、陸上自衛隊の数が大きいが、これは日本の領域防衛という観点からすれば当然である。同時に、国際的にみれば、日本は海洋の自由、航行の自由という国際法の大原則に基礎をおいて自由貿易により国家の存立を図るわけであるから、海洋国家の典型といってよい。自衛隊の構成、兵力をどうするかにかかわらず、日本はこの原点を忘れてはいけない。

(3) 韓国は、どうか。

①

単純に地理的にみれば、韓国は広大なユーラシア大陸の一番東に存在する半島の先端にある。将来北朝鮮を統一して韓半島が何らかの形で一つの国家となれば、その全体は、アジアの大陸地域と直接地理的に接することになる。残念ながら、今は韓半島の統一がなされてはいないので、韓国の実際の施政の及ぶ地域は、広大なアジア大陸と地続きというわけではない。ただ、いずれにせよ、現在の韓国が、半島に位置する国家であることは、疑いがない。

②

それでは、韓国は、米国、日本についてみてきたような観点からすると、海洋国家と規定しうるか。半島全体を考えたときには、海洋国家というより、大陸国家という位置づけの方が適切、ないし現実的か。

その答えを大胆に単純化して言えば、答えは、否、である。もとより、米国にしても、また日本にしても、その国家としての性格付けをどうするかは、本質的には、それぞれの国家、国民が規定づけるべき事であって、他国がとやかく言うべきことではない、という原則論は、当然存在する。しかし、米国の位置づけにおのずと大方の見方というのがあり、また、日本についても海洋国家であるとの性格付けがと良いというのは、少なからずの識者が賛成すると思われる、というように、韓半島、あるいは現在の韓国について、大方の見方、いわば、コモンセンスのようなとらえ方があっても、おかしくはない。ただ、その地理的、あるいは地政学的位置からして、米国と日本ほど、当然視される度合いは、少ないのかもしれない。

③

そのように記述したうえで、筆者の考えは、韓半島全体、実際にここでの考察の対象である現在の韓国は、大陸国家というよりは、海洋国家としての性格付けの方が、はるかに強いというのがある意味での客観的な立ち位置ではあるまいか、と言うものである。そもそも韓国も、海洋の自由、航行の自由という国際法の大原則にのっとり自由貿易により国の存立の基礎を形作るという点において、日本の立ち位置に近いのではないか。そして現実にそのような政策の方向付けを行ってきたからこそ、今の韓国が世界のなかで主要な経済力を持った民主国家として成功してきたのではあるまいか。韓国は、海洋国家であるとの基本的位置づけに立脚して、同じ海洋国家である米国との同盟関係を維持、発展させ、また、やはり同じ海洋国家として米国と同盟関係にある日本との関係を規定するというのが、合理的、かつ、それぞれの利益にも合致し、そのうえで地域の安定、いや、国際社会全体の平和と発展に資するといえまいか。

日韓関係、そして日米韓の連帯の重要性の奥にある基本的な本質についての試論を提供することは、問題の本質から目をそらすどころか、やや異なる、かつ事柄の原点に迫ることではないだろうかというのが、筆者の長年の確信である。

④

もしそうであれば、日韓米の連帯の根本は、同じ海洋国家として、日米同盟、韓米同盟に基づき、米国をいわば"ピポッド"として強い連帯関係を構成する、というのがきわめて自然であり、かつ、それぞれの国、更には地域、国際社会の安定に資する基本的な形ではないか。

- これが、このペーパーのはじめの基本的結論である。

2. "トランプのアメリカ"と海洋国家アメリカ

(1) 米国の軍事的ポスチュアは、全体の数で見ると、圧倒的に陸軍が多い。ペンタゴンやタンパの中央軍においても、ウェストポイント出身者を中核とする陸軍が数の上では、大きい。しかし、1990年代初めまでの冷戦構造にあった欧州シアターの歴史がどうであったかはともかく、現在の国際環境の中では、おそらく圧倒的に、アジア太平洋、あるいはインド太平洋という、トランスアトランテックではない、トランスパシフイックの観点の重要性が増している。そうなれば、米国から見ても、日本の横須賀に"家族居住計画"を持つハワイのインドPACOMのもとの第7艦隊、インド洋で特定の“母港”を持たない第5艦という現実を考えると、米国の、インド太平洋重視の姿勢は、増大することはあっても、近い将来に減じることはないといえる。実際、先に訪日されたトランプ大統領は高市総理とともに横須賀の米空母　“ジョージ・ワシントン”を訪問したのは、この象徴と言って良い。だからこれは、おそらく、ある部分の米国の本質、である。

(2)　しかし、米国は最近まで、どうきれいごとを言おうと、この米国の本質を、やや影に隠れさせていた。米国は、トランスアトランテックの国家、国際関係の第一は、ソ連、ロシア、そしてその関係を中心とする欧州シアター、次が中東、そしてすぐ近くのラテンアメリカ。アジアは経済的にも台頭著しいから、勿論重要だけれど、まあ、これらの次というのが本音であった。米ソ冷戦という一時代の大きな骨格が、米国をしてそのようにさせざるを得なかった要素が大きい。米国の対外政策は、どうしても欧州方面を中心として、そこから発生するものとして様々な国際問題をとらえざるを得なかった、のである。

(3)　そのような米国の対外政策の構造は、すでに米ソ冷戦の終了により大きく変化した、いや、これまで見てきた議論からすれば本来の海洋国家を基軸とする対外政策に戻っていた。そこへ、“トランプのアメリカ”の登場である。もはやアメリカは世界の警察官はしない。アメリカ第一で同盟国により大きな負担の分担を求める。多角的自由貿易も今までの様には推進しない。

勿論、米国に肩を並べる核兵力を持ったソ連との対立よりも、現代国際関係史上例をみないほど、核兵力を含む軍事力、そして今や世界のGDP　の20%近くを占めるに至った経済力、先端技術の力、14億人ともいわれる人口、何千年にわたる歴史と文化、それらを基礎とした大きな政治的、経済的、文化的、社会的そして軍事的影響力を、世界の各地で増大させている中国の際立った台頭という事を抜きに今の国際情勢は語れないのであるから、米国の対外政策の大きな”シフト“もその要素を論ずることなしには、分析はできない。“トランプのアメリカ”に始まったわけではなく、最近のアメリカの対外関係にとって中国との関係は一丁目一番地である。

確かにトランプ大統領の直感は米国の対外関係に根本的見直しにある。“トランプのアメリカ”は、少なくとも戦後のアメリカの大きな変遷の中での歴史的変革を示している。それは、トランプ大統領と言う強い個性的指導者がもたらしているだけでなく、アメリカの10年単位での大きな流れの結果として出現していると見るべき変革である。

まずはアメリカ国内の大きな変化がある。これまでアメリカ全人口の大部分を占めてきた白人の人口が2040年代には過半数を割ると言う。世界における　GDPの大きさも2032年には中国に抜かれて圧倒的な経済大国の立場を降りざるを得ない。

国際社会全体をみても、第二次世界大戦後の大きな枠組みはもはや機能しなくなっている。多角的自由貿易体制、ブレトンウッズ体制、そして戦勝5大国の拒否権を伴う国連安保理の集団的安全保障システムとそれを作り出した“ヤルタ1.0.体制”。この全てではないにしても、“トランプのアメリカ”はそれを否定しているのかもしれない。

しかしそれでもトランプ大統領は、もともと日本が主導した概念であった”自由で開かれたインド太平洋“という考え方を積極的に主導するようにもなった。トランプ政権もまた、米国の海洋国家としての本質を顕在化させていると言う面から捉えられるかもしれない。3つの大洋に3空母機動打撃力を保持する外洋海軍国家が、海洋の自由、航行の自由という国際法の大原則を自ら維持しようとするのは、海洋国家米国として、きわめてその本質にかなっているから、当然の成り行きとも考えられる。

だから、確かに“トランプのアメリカ”は第二次世界大戦後の秩序そのものへの挑戦をしているのかもしれないが、同時にトランプ大統領の本質を単なる一国主義とだけ捉えるのはあまりに一面的にすぎるのではなかろうか。“トランプのアメリカ”の歴史的意味を受け止めるとともに、海洋国家アメリカの本質も見失ってはなるまい。特に、アメリカを唯一の同盟国とする日本と韓国にとってすれば、この点は忘れてはならない視点と思われる。

3、日韓国交正常化の真の意味

さて海洋国家の本質を論じた上で、ここで、改めて日韓国交正常化60周年にあたり、1965年の日韓国交正常化の真の意味がどこにあったかを振り返って見たい。それは、最近の日韓関係でつねに問題になるいわゆる“歴史問題”の本質が60年前にどう扱われたかを見ることが、60周年を祝うにあたり不可欠だと考えるからである(以下は、筆者が別途の論考で記したものが元に若干の加筆をしたものである)。

言うまでもなく、1965年の日韓国交正常化の大きな基礎は、日韓基本条約で規定された。

(1) 日韓国交正常化交渉の最大の論点は、なんと言っても1910年の日韓併合条約の意味をどう考えてそれを国交正常化の基礎を作る日韓基本条約でどの様に規定するかという点にあった。この点は、現在に至る日韓関係を語るときに必ず正確に理解しなければならない論点である。

日本と韓国は、“韓国併合ニ関スル条約”を締結して(1910年8月22日署名、同年8月29日発効)、日本は韓国を併合し植民地とした。現代の国際法では、植民地主義は認められない。そこからすれば、この様な植民地化をする条約の正当性はないし、国際法上の有効性はない、ということになる。そして、日本政府は植民地支配について、「痛切な反省と心からのおわび」を表明している("小渕ーキムデジュン"パートナーシップ宣言)。しかし、あくまで当時の国際法に照らせば、この条約は今から見れば正当性はないものではあっても、当時は法律的には成立していた。条約法に関するウイーン条約の規定に照らしても、当時の条約としては、有効に成立していた。これが日本側の考えである。

しかし、韓国側は、一貫してこの考えとは異なる立場をとっている。つまり、この条約は、そもそも不当、違法な植民地主義を実現したものであって、その根底からして合法性はない。手続的にも当時の韓国政府は、日本の軍事的威嚇によってその意に反してこの条約の署名を強要されたものであって、有効には成立していない、と。

この両者の基本的な立場の違いは、長い年月をかけた日韓交渉の中でも、決してその差が埋まることはなかった。この違いは本質的な違いであって、条約論としていかに交渉をしても、埋めることのできない違いであった。日本には日本の法的な立場があり、それを譲ることはできない。他方、だからと言って韓国もその立場を譲ることはない。そうなると、この違いは違いとして先に進む様な"知恵"を見つけるか、交渉を決裂させるか、この問題に触れずに済ます道を見つけるかと言った何らかの道を選ばなければいけないことになる。この選択は簡単ではない。だから日韓国交正常化交渉には長い年月がかかったということもできる。日本も韓国もアメリカの同盟国。東アジアの国際情勢からしても、また日韓関係の本質からしても、日韓が永遠に正式の国家同士の関係を構築しないで良いと言うことにはならない。だから、交渉の決裂で済ませることのできる問題ではない。同時に、この本質的論点に触れずに済ますこともできない。となると、違いは違いとして、何らかの方法で日韓国交正常化を成し遂げて、先に進める様な“知恵”を見出す以外に道はない、ことになる。この“知恵”。これが、最終的に妥結した日韓基本条約第2条の規定である。

(2) その第2条に曰く、“1910年の日韓併合条約は「もはや無効である(are already null and void)」「ことが確認される(It is confirmed)」“、と。第2条の前の第1条で、日韓両国間に「外交及び領事関係が開設される」とされた(まさに「国交正常化」である)あとである。この意味するところは、何か。

つまり、この日韓基本条約が発効すれば、1910年併合条約は無効、それも「もはや無効」であるから、日韓基本条約発効より前に無効になっていることが「確認される」。日本の考え方は、政治的な当、不当はともかく純粋な法律論からすれば一度は有効に成立したものが無効になった、いつ無効になったかといえば韓国が独立を達成して大韓民国が樹立された1948年の時に併合条約はその意味を失ったのでその時点で失効して無効になった、というのである。1951年9月8日に署名して1952年4月28日に発効したサンフランシスコ平和条約第2条(a)で、「朝鮮の独立を承認して」「すべての権利、権原及び請求権を放棄する」前、である。この様な考え方は日本側の基本的立場にそっている。

では、韓国側から見れば、どうか。韓国側は一貫して1910年併合条約はその当初から無効だというのであるから、日韓基本条約の締結時に「もはや無効」となっているのは当然で、「もはや無効」とはもともと無効という意味である、と解することができる。確かに「もはや(already)」というと一度は有効であったというニュアンスはあるかもしれないが、併合条約は初めは有効であったとまで確定的に言ってはいないので、韓国側の基本的立場に背馳するものではなく、この表現であれば最初から無効であったという主張を通すことができる。

このようにすることによって、決して交わることのない、この根本的な日韓の立場の違いに“ブリッジ”をかけて、互いの立場を害することなく「合意」に持っていった。「agree to disagree」である。両当事者が、互いに立場は譲らないが、どこについて合意していないかをはっきり理解した上で「合意」する。これこそ外交の妙味ではないか。いや、およそ人間の行う交渉ごとにおいては、最後はこのような“知恵”により問題を乗り越えて先に進む「勇気」と「覚悟」が求められるのではないか。日韓国交正常化の本質がここにある、と考える。

(3)　ただし、ここでこの点に関しては、一つ重要なことを指摘しておかなければならない。それは、この様な「agree to disagree」をして「合意」に到達したとしても、その事自体は決して公に説明はしないし、また、事柄の性格上それはできない、ということである。つまり、あくまで「agree to disagree」は外交交渉の責任当事者間で行うものであって、それぞれの国内での公の説明ではそのまま言うことではない。逆にいえば、だからこそ決して交わらない点についての妥協が成立可能になるのである。それぞれの国内の説明は、あくまで自らの立場は確保された、相手の主張に屈したことはない、と言うのだから。そして、この様な「agree to disagree」は、時としてあうんの呼吸で行われることさえありうる。難しい点になればなるほどどこでそれを行ったかは明確にして、できれば文書に残すくらいのclarityがないと交渉成立の後で揉めることになるけれど、そこは交渉責任者同士、最終的には国と国との信頼関係の強さによっている。これも外交交渉の妙味である。いや、これこそが、最も肝心な点かもしれない。

また、ここで外交交渉の責任当事者とは、普通の民主国家では政府である。議会や裁判所ではない。そして、政府の中では、政府の長、大統領とか首相、そして政府の中での担当責任者たる外務大臣である。日本を含めた民主国家で、外交は内閣の権限とされているのはこのようなことによる。外交に対する民主的統制の問題と、外交交渉に必然的に伴う極秘の部分とをどう調和させるかは、どの民主国家のシステムでも大きな問題であるが、だからといって外交交渉に政府の責任による極秘の部分があることを否定することにはならない。そこまで一般論として議論を拡大させなくても、日韓国交正常化の原点にこの様な事があったと言う点は、60周年を記念する今、決して忘れてはならない点であると考える。

実は、今述べた点は、最近の日韓関係でも大きな論点になっているいわゆる「徴用工」に関わる問題、日本政府の言うところの旧朝鮮半島出身労働者に関する問題、特にその関係での韓国の大法院判決に関わる問題にダイレクトに関連している。しかし、その点はこのペーパーでは紙面の制限から詳しくは扱わない。ただ、一番肝心の、日韓併合条約についての日韓の合意は、決して交わることのできない双方の立場を踏まえて双方が「合意できない、合意しないこと」に「合意」して、それぞれが説明できる方法を見つけた、と言うことを繰り返すにとどめる。第2条の表現はきちんとした「合意」であるので、そこにある表現以上にこの本質はあえて強調はしない、つまり再度「パンドラの箱は開けない」ことに暗黙の「合意」をした、それが双方の外交交渉に責任ある当事者同士の理解であった、と言うことではないか。この話を延々と続けても交われないし、そうなると日韓の国交正常化もできない。だからこの問題は第2条の表現に「合意」したら、それ以上の双方の議論はしないことに「合意」した、と言う意味である。言葉を変えれば、自らの立場については決して妥協しないと同時に相手の立場を全面的に否定することまではしないことに「合意」した、と考えるべきものということもできる。外交は国を代表して政府が行うものであり、外交交渉の結果であれば、それは政府の責任において行われた「合意」と捉えるべきものであって、これが外交と言うべきものであろう。

だからといって、この本質的な問題を一切議論してはならないと言っているのではない。60年前に、この点はどれだけ議論しても“交わらない2本の線だ”と認識して先に進んだ事を、忘れてはなるまい、と言っているのである。

4. “トランプのアメリカ”に日本と韓国はどう対応すべきか。

(1) 冒頭、米国が基本的には強大な海洋国家であること、日本もまた海洋国家であり日米同盟は海洋国家同志の同盟であること、韓米同盟もまた、海洋国家米国とやはり海洋国家としての性格を強く持っている韓国との同盟という側面が強いことを、改めて指摘した。

(2) その上で、確かに“トランプのアメリカ”はこれまでにない歴史的変革であるが、海洋国家アメリカの本質はそこでも変わってはいないから、トランプ大統領の政策を単なる一国主義だけと捉えるのは、あまりに短絡である事を強調した。特に中国の台頭という現実の中で、日本も韓国も“トランプのアメリカ”(トランプ的なアメリカ)にどう向き合うか、真剣に考える必要がある。

(3) その時に、日韓国交正常化60周年記念にあたり、1965年の原点がどこにあったかを今一度思い起こす必要性をのべた。その様な基礎にたって、日韓が協調しながら、しかしそれぞれが自らの考えでこの様なアメリカとの同盟関係を一層深化させる努力をすべき時ではなかろうか。この様な現実的な日韓の協力が今まさに求められている。60年前の日韓の合意の本質をよく思い出しながら、新たなアメリカの姿、変わりつつあるアメリカと変わらぬアメリカの本質を日韓双方で共に、そして独自に理解し対応する事が、強く求められている。

これこそ筆者が日韓国交正常化60周年のお祝いに送りたいメッセージである。

해양 국가 일미한과 트럼프 대통령 시대의 일한 관계

- 일한미 연대에 관한 하나의 시론 -

스기야마 신스케 _ 전 주미일본대사

<서문>

얼마 전, 일한미 연대의 필요성에 관한 글을 써 달라는 요청을 받은 적이 있다. 이번에 소개하는 나의 논문은 그때 내가 쓴 글을 바탕으로 한 것이지만, 현재의 '트럼프의 미국'을 고려한 하나의 시론이다.

그 논문을 쓴 지 어느 정도 시간이 흘렀지만, 내가 평소 생각해 온 일한 관계의 하나의 본질, 나아가 왜 일한미 연대가 극히 중요한지에 대한 원점의 사고방식 기본은 지금도 변함없다. 바로 그 점이 일한 국교 정상화 60주년 기념 학술회의에서 발표하기에 적합한 내용일지도 모른다고 생각했다.

다만, 이 원고를 집필했을 때와 크게 달라진 점이 있다. 그것은 물론 미국의 트럼프 대통령 등장, 특히 올해 들어 트럼프 2기 정권의 탄생과 그 모든 면에서 속도감 넘치는 정책 전개이다. 예로부터 일한관계는 양측 모두의 동맹국인 미국과의 관계를 고려하지 않고는 논할 수 없다고 여겨져 왔다. 그러나 '트럼프의 미국'인 지금이야말로 다시금 다소 본질적인 시각에서 논고할 필요가 있다.

또한 일한 국교 정상화의 원점이 무엇인지 다시 살펴보는 것은 필수라고 생각된다. 그렇지 않으면 일한 국교 정상화 60주년을 제대로 축하할 수 없기 때문이다.

따라서 본 논문에서는 먼저 해양국가인 일본·미국·한국의 본질을 재검토한 뒤, "트럼프의 미국"과 그것이 어떻게 연결되는지를 고찰하고, 또한 다시 한번 일한국교정상화의 원점이 어디에 있었는지를 되돌아보며, 우리가 미국에 어떻게 대응해야 할지 생각하는 데 하나의 도움을 제공하고자 한다.

1. 하나의 시론=해양국가 미국과 그 동맹국 일본, 한국(이 부분은 필자가 조금 전에 집필한 논문에 약간의 가필을 한 것이다)

(1) 미국은 북미 대륙 한가운데 위치한 거대한 '연합국'이다. 동해안에서 서해안까지 비행기로도 약 6시간, 시차도 3시간이다. 훌륭한 대륙이다. 그러나 미국을 '대륙 국가'로만 생각하는 사람은 없다고 해도 과언이 아니다. 이는 미국이 대륙뿐만 아니라 수많은 섬들도 영유하고 있기 때문만은 아니다. 북쪽의 캐나다, 남쪽의 멕시코 등 중요한 이웃 국가들을 안고 있기는 하지만, 지정학적으로 동쪽은 대서양, 서쪽은 태평양에 면해 있으며, 세계에서 유일하게 항공모함 기동 부대를 3대양에 각각 3개의 타격군을 전개할 수 있을 정도의 '외양 해군(blue water navy)'을 보유한 거의 유일한 국가이다. 물론, 전미군의 병력은 육군, 해군, 공군, 해병대, 우주군에 더해, 유사시 병력이 되는 해안경비대까지 여섯 군으로 구성되어 있으며, 전체 병력에서 차지하는 수치로는 육군이 크다. 이는 광대한 영토 방어 등 때문에 당연하겠지만, 국제적 시각에서 보면 해상에 관한 병력이 중요하다고 할 수 있다. 따라서 미국은 해양 국가라고 말할 수 있다. 이 본질은 트럼프 대통령에서

도 변하지 않는다.

(2) 일본은 어떻게 보더라도 해양 국가라는 데 이견이 없을 것이다. 자위대의 전력 구성으로 보면, 이 또한 미국과 마찬가지로 육상자위대의 수가 크지만, 이는 일본의 영토 방어라는 관점에서 보면 당연하다. 동시에 국제적으로 보면, 일본은 해양의 자유, 항행의 자유라는 국제법의 대원칙에 기초하여 자유 무역으로 국가의 존립을 도모하는 것이므로 해양 국가의 전형이라 할 수 있다. 자위대의 구성, 병력을 어떻게 하느냐에 관계없이 일본은 이 근본을 잊어서는 안 된다.

(3) 한국은 어떠한가.

① 단순히 지리적으로 보면, 한국은 광대한 유라시아 대륙의 가장 동쪽 끝에 위치한 반도의 최선단에 있다. 장래 북한을 통일하여 한반도가 어떤 형태로든 하나의 국가가 된다면, 그 전체는 아시아 대륙 지역과 직접 지리적으로 접하게 될 것이다. 아쉽게도 지금은 한반도의 통일이 이루어지지 않았기에, 한국의 실제 치정이 미칠 지역은 광대한 아시아 대륙과 육지로 연결되어 있다고 할 수 없다. 다만, 어쨌든 현재 한국이 반도에 위치한 국가라는 점은 의심의 여지가 없다.

② 그렇다면 한국은 미국, 일본에 대해 살펴본 관점에서 해양국가로 규정할 수 있을까? 반도 전체를 고려할 때 해양국가라기보다 대륙국가라는 위치가 더 적절하거나 현실적일까?

그 답을 대담하게 단순화하여 말하자면, 답은 '아니오'이다. 물론 미국이든 일본이든 그 국가로서의 성격 부여를 어떻게 할지는 본질적으로 각 국가와 국민이 규정해야 할 일이며, 타국이 참견할 일이 아니라는 원칙론은 당연히 존재한다. 그러나 미국의 위치에 대해 자연스럽게 대다수의 견해가 존재하고, 일본에 대해서도 해양국가라는 성격 부여가 바람직하다는 데 상당수의 지식인이 동의할 것으로 여겨지는 것처럼, 한반도 또는 현재의 한국에 대해서도 대다수의 견해, 즉 상식적인 이해가 존재하는 것은 이상하지 않다. 다만 그 지리적 또는 지정학적 위치상 미국과 일본만큼 당연시되는 정도는 적을지도 모른다.

③ 그렇게 서술한 뒤, 필자의 생각은 한반도 전체, 실제로 여기서 고찰의 대상인 현재의 한국은 대륙 국가라기보다는 해양 국가로서의 성격 부여가 훨씬 강하다는 것이 어떤 의미에서는 객관적인 입장일 수 있지 않겠는가, 라는 것이다. 근본적으로 한국 역시 해양의 자유, 항행의 자유라는 국제법의 대원칙에 따라 자유무역으로 국가 존립의 기초를 형성한다는 점에서 일본의 입장과 가깝지 않은가. 그리고 현실적으로 그러한 정책 방향을 추진해 왔기에 지금의 한국이 세계 속에서 주요 경제력을 가진 민주국가로 성공해 온 것이 아닐까. 한국은 해양국가라는 기본적 위치에 서서, 같은 해양국가인 미국과의 동맹 관계를 유지·발전시키고, 또한 역시 같은 해양국가로서 미국과 동맹 관계에 있는 일본과의 관계를 규정하는 것이 합리적이며, 각자의 이익에도 부합하고, 나아가 지역 안정, 아니 국제사회 전체의 평화와 발전에 기여한다고 할 수 있지 않을까.

일한 관계, 그리고 일한미의 연대 중요성 뒤에 숨겨진 근본적 본질에 대한 시론을 제시하는 것은 문제의 본질에서 눈을 돌리는 것이 아니라 오히려 다소 다르게 사물의 근원에 다가가는 것이 아닐까 하는 것이 필자의 오랜 확신이다.

④ 만약 그렇다면, 일한미 연대의 근본은 같은 해양 국가로서, 일미 동맹, 한미 동맹을 기반으로, 미국을 이른바 '피봇'으로 삼아 강한 연대 관계를 구성하는 것이 지극히 자연스럽고, 각국은 물론 지역, 국제 사회의 안정에 기여하는 기본적인 형태가 아닐까.

- 이것이 본 논문의 시작 부분에 제시된 기본적인 결론이다.

2. "트럼프의 미국"과 해양 국가 미국

(1) 미국의 군사적 포스처는 전체 수로 보면 압도적으로 육군이 많다. 펜타곤이나 탬파의 중앙군에서도 웨스트포인트 출신자를 핵심으로 하는 육군이 수적으로 크다. 그러나 1990년대 초까지의 냉전 구조에 있던 유럽 전선의 역사가 어땠는지는 차치하고, 현재의 국제 환경에서는 아마도 압도적으로 아시아 태평양, 혹은 인도 태평양이라는, 트랜스아틀란틱이 아닌 트랜스퍼시픽 관점의 중요성이 증가하고 있다. 그렇다면 미국 입장에서도 일본의 요코스카에 '가족 거주 계획'을 가진 하와이의 인도태평양사령부(PACOM) 산하 제7함대, 인도양에서 특정 '모항'을 가지지 않은 제5함대의 현실을 고려할 때, 미국의 인도태평양 중시 자세는 커질 뿐 가까운 미래에 줄어들 일은 없다고 할 수 있다. 실제로, 앞서 방일하신 트럼프 대통령이 다카이치 총리와 함께 요코스카의 미 항공모함 '조지 워싱턴'을 방문한 것은 이를 상징한다고 할 수 있다. 따라서 이는 아마도 미국 본질의 일부일 것이다.

(2) 그러나 미국은 최근까지, 아무리 아름다운 말을 늘어놓으려 해도, 이 미국의 본질을 다소 그림자 속에 숨겨왔다. 미국은 대서양을 가로지르는 국가로서, 국제관계의 최우선 순위는 소련, 러시아, 그리고 그 관계를 중심으로 한 유럽 전구, 다음이 중동, 그리고 바로 인근의 라틴 아메리카였다. 아시아는 경제적으로도 급부상하고 있으니 물론 중요하지만, 이들의 다음 순위가 본심이었다. 미소 냉전이라는 한 시대의 큰 골격이 미국으로 하여금 그렇게 할 수밖에 없게 만든 요소가 컸다. 미국의 대외 정책은 어쩔 수 없이 유럽 방면을 중심으로, 거기서 발생하는 것으로서 다양한 국제 문제를 파악할 수밖에 없었던 것이다.

(3) 그런 미국의 대외 정책 구조는 이미 미소 냉전 종식으로 크게 변화했다. 아니, 지금까지 살펴본 논의를 보면 본래의 해양 국가를 기축으로 하는 대외 정책으로 돌아가고 있었다. 여기에 '트럼프의 미국'이 등장한 것이다.

더 이상 미국은 세계의 경찰관 역할을 하지 않는다. 미국 제일주의로 동맹국에 더 큰 부담 분담을 요구한다. 다각적 자유 무역도 지금까지처럼 추진하지 않는다.

물론, 미국과 어깨를 나란히 하는 핵전력을 가진 소련과의 대립보다, 현대 국제관계사상 유례를 찾기 어려울 정도로 핵전력을 포함한 군사력, 그리고 이제 세계 GDP의 20%에 육박하는 경제력, 첨단 기술의 힘, 14억 명에 달하는 인구, 수천 년에 걸친 역사와 문화, 이를 바탕으로 한 거대한 정치적·경제적·문화적·사회적·군사적 영향력을 세계 각지에서 확대하고 있는 중국의 두드러진 부상을 빼놓고는 현재의 국제 정세를 논할 수 없기에, 미국의 대외 정책의 큰 '변화' 역시 그 요소를 논하지 않고서는 분석할 수 없다. "트럼프의 미국"에서 시작된 것이 아니라, 최근 미국의 대외 관계에서 중국과의 관계는 가장 중요한 핵심이다.

확실히 트럼프 대통령의 직감은 미국의 대외 관계에 근본적인 재검토를 요구한다. '트럼프의 미국'은 적어도 전후 미국의 큰 변천 속에서의 역사적 변혁을 보여주고 있다. 이는 트럼프 대통령이라는 강한 개성적 지도자가 가져온 것뿐만 아니라, 미국의 10년 단위의 큰 흐름의 결과로 나타난 것으로 봐야 할 변혁이다.

우선 미국 내부의 큰 변화가 있다. 지금까지 미국 전체 인구의 대부분을 차지해 온 백인 인구가 2040년대에는 과반수를 밑돌 것이라고 한다. 세계 GDP 규모 또한 2032년에는 중국에 추월당해 압도적인 경제 대국의 지위를 내려놓을 수밖에 없다.

국제 사회 전체를 보더라도 제2차 세계대전 이후의 큰 틀은 더 이상 기능하지 못하고 있다. 다각적 자유 무역 체제, 브레튼우즈 체제, 그리고 전승 5대국의 거부권을 동반한 유엔 안보리의 집단적 안보 시스템과 이를 만들어낸 '얄타 1.0 체제'. 이 모든 것은 아니더라도 '트럼프의 미국'은 이를 부정하고 있을지도 모른다.

그러나 그럼에도 트럼프 대통령은 원래 일본이 주도한 개념이었던 '자유롭고 개방된 인도-태평양'이라는 사고방식을 적극적으로 주도하게 되었다. 트럼프 정권 역시 미국의 해양 국가로서의 본질을 표면화시키고 있다고 볼 수 있다. 세 개의 대양에 세 개의 항공모함 기동 타격력을 보유한 외양 해군 국가가 해양의 자유, 항행의 자유라는 국제법의 대원칙을 스스로 유지하려는 것은 해양 국가 미국으로서 그 본질에 매우 부합하므로 당연한 흐름이라고도 생각된다.

따라서 확실히 '트럼프의 미국'은 제2차 세계대전 이후 질서 그 자체에 도전하고 있을지도 모르지만, 동시에 트럼프 대통령의 본질을 단순한 일국주의로만 보는 것은 지나치게 일면적이지 않을까? '트럼프의 미국'의 역사적 의미를 받아들이는 동시에 해양 국가 미국의 본질도 놓쳐서는 안 될 것이다. 특히 미국을 유일한 동맹국으로 하는 일본과 한국에게 있어서는 이 점을 잊어서는 안 될 시각으로 보인다.

3. 일한 국교 정상화의 진정한 의미

해양 국가의 본질을 논한 뒤, 여기서 다시 한 번 일한 국교 정상화 60주년을 맞아 1965년 일한 국교 정상화의 진정한 의미가 어디에 있었는지 되돌아보고자 한다. 최근 일한 관계에서 항상 문제가 되는 이른바 '역사 문제'의 본질이 60년 전에 어떻게 다루어졌는지를 보는 것이 60주년을 기념하는 데 필수적이라고 생각하기 때문이다(이하 내용은 필자가 별도의 논고에서 기록한 것을 바탕으로 약간 보완한 것이다).

말할 필요도 없이, 1965년 일한 국교 정상화의 큰 기초는 일한 기본 조약에서 규정되었다.

(1) 일한 국교 정상화 협상의 최대 쟁점은 무엇보다도 1910년 일한합병 조약의 의미를 어떻게 해석하고 이를 국교 정상화의 기초를 마련하는 일한 기본조약에 어떻게 규정할 것인가에 있었다. 이 점은 현재에 이르는 일한 관계를 논할 때 반드시 정확히 이해해야 할 쟁점이다.

일본과 한국은 '한국병합에 관한 조약'을 체결하여(1910년 8월 22일 서명, 같은 해 8월 29일 발효), 일본은 한국을 병합하여 식민지로 삼았다. 현대 국제법에서는 식민지주의가 인정되지 않는다. 그런 점에서 볼 때, 이와 같은 식민지화를 하는 조약의 정당성은 없으며, 국제법상 유효성도 없다고 할 수 있다. 그리고 일본 정부는 식민지 지배에 대해 "통렬한 반성과 진심 어린 사과"를 표명하고 있다("오부치-김대중" 파트너십 선언). 그러나 어디까지나 당시 국제법에 비추어 볼 때, 이 조약은 지금 보면 정당성이 없다고 할지라도 당시에는 법률적으로 성립되어 있었다. 조약법에 관한 빈 협약의 규정에 비추어 보더라도 당시의 조약으로서 유효하게 성립되어 있었다. 이것이 일본 측의 입장이다.

그러나 한국 측은 일관되게 이 생각과는 다른 입장을 취해왔다. 즉, 이 조약은 근본적으로 부당하고 불법적인 식민지주의를 실현한 것이며, 그 근저부터 합법성이 없다고 본다. 절차적으로도 당시 한국 정부는 일본의 군사적 위협에 의해 의사에 반해 이 조약 서명을 강요당한 것이므로 유효하게 성립되지 않았다고 주장한다.

이 양측의 기본적 입장 차이는 오랜 세월을 거친 일한 협상 속에서도 결코 좁혀지지 않았다. 이 차이는 본질적인 차이로서, 조약론으로 아무리 협상해도 메울 수 없는 차이였다. 일본에는 일본의 법적 입장이 있으며, 이를 양보할 수 없다. 반면, 그렇다고 해서 한국도 그 입장을 양보하지는 않는다. 그렇게 되면, 이 차이를 차이로 인정하고 앞으로 나아갈 수 있는 '지혜'를 찾거나, 협상을 결렬시키거나, 이 문제를 건드리지 않고 넘어갈 길을 찾는 등 어떤 길을 선택해야만 한다. 이 선택은 쉽지 않다. 그래서 일한 국교 정상화 협상에 오랜 세월이 걸렸다고도 할 수 있다. 일본도 한국도 미국의 동맹국이다. 동아시아의 국제 정세로 보아도, 또 일한 관계의 본질로 보아도, 일한이 영원히 정식 국가 간 관계를 구축하지 않아도 된다는 것은 아니다. 따라서 협상 결렬로 끝낼 수 있는 문제가 아니다. 동시에, 이 본질적 논점을 건드리지 않고 넘어갈 수도 없다. 그렇다면, 차이는 차이로 두고, 어떤 방법으로든 일한 국교 정상화를 이루어내고 앞으로 나아갈 수 있는 '지혜'를 찾아내는 것 외에는 길이 없다. 이 '지혜'. 이것이 최종적으로 타결된 일한기본조약 제2조의 규정이다.

(2) 그 제2조는 "1910년 일한합병조약은 '이미 무효이다(are already null and void)'라는 것이 확인된다(It is confirmed)"고 말한다. 제2조 앞의 제1조에서 일한 양국 사이에 '외교 및 영사 관계가 개설된다'고 규정된(바로 '국교 정상화'이다) 이후의 일이다. 이것이 의미하는 바는 무엇인가.

즉, 이 일한기본조약이 발효되면 1910년 합병조약은 무효, 그것도 '이미 무효'이므로 일한기본조약 발효 이전에 무효가 되었음이 '확인된다'. 일본의 입장은 정치적 당부(當否)는 차치하고 순수한 법률론으로 볼 때 한때 유효하게 성립된 것이 무효가 된 것이며, 언제 무효가 되었는가 하면 한국이 독립을 달성하고 대한민국이 수립된 1948년에 합병조약은 그 의미를 상실했으므로 그 시점에서 실효되어 무효가 되었다는 것이다. 1951년 9월 8일 서명하여 1952년 4월 28일 발효된 샌프란시스코 평화조약 제2조 (a)항에서 "조선의 독립을 인정하고" "모든 권리, 권원 및 청구권을 포기한다"는 조항 이전의 일이다. 이러한 입장은 일본 측의 기본적 입장에 부합한다.

그렇다면 한국 측의 입장은 어떠한가. 한국 측은 일관되게 1910년 합병조약은 그 초창기부터 무효라고 주장해 왔기에, 일한기본조약 체결 시점에 '이미 무효'가 된 것은 당연하며, '이미 무효'란 원래부터 무효였다는 의미로 해석할 수 있다. 확실히 '이미(already)'라고 하면 한때는 유효했다는 뉘

앙스가 있을 수 있으나, 합병조약이 처음에는 유효했다고까지 확정적으로 말하고 있지는 않으므로 한국 측의 기본적 입장에 반하는 것이 아니며, 이 표현이라면 처음부터 무효였다는 주장을 관철할 수 있다.

이렇게 함으로써 결코 겹치지 않는 이 근본적인 일한 입장의 차이에 '다리'를 놓아 서로의 입장을 해치지 않으면서 '합의'에 이르렀다. 'agree to disagree'이다. 양 당사자가 서로 입장을 양보하지 않으면서도 어디에 대해 합의하지 않았는지를 분명히 이해한 상태에서 '합의'한다. 이것이 바로 외교의 묘미가 아닐까. 아니, 인간이 행하는 협상이라는 것에는 결국 이러한 '지혜'로 문제를 극복하고 앞으로 나아갈 '용기'와 '각오'가 요구되는 것이 아닐까. 일한 국교 정상화의 본질이 여기에 있다고 생각한다.

(3) 다만, 여기서 이 점에 관해 한 가지 중요한 사항을 지적하지 않을 수 없다. 그것은 이러한 'agree to disagree'를 통해 '합의'에 도달했다 하더라도, 그 사실 자체는 결코 공개적으로 설명하지 않으며, 또한 사안의 성격상 그럴 수 없다는 점이다. 즉, 어디까지나 'agree to disagree'는 외교 협상의 책임 당사자 간에 이루어지는 것이지, 각자의 국내에서의 공개 설명에서 그대로 말할 수 있는 것이 아니다. 반대로 말하면, 바로 그렇기 때문에 결코 타협할 수 없는 점에 대한 양보가 가능해지는 것이다. 각자의 국내 설명은 어디까지나 자신의 입장은 확보되었다. 상대의 주장에 굴복한 것은 없다고 말할 수 있기 때문이다. 그리고 이러한 '합의하지 않기로 합의하기'는 때로는 암묵적인 호흡으로 이루어지기도 한다. 어려운 사항일수록 어디서 합의했는지를 명확히 하고, 가능하다면 문서로 남길 정도의 명확성이 없다면 협상 성립 후 분쟁이 발생할 수 있지만, 그 부분은 협상 책임자들끼리, 궁극적으로는 국가 간 신뢰 관계의 강도에 달려 있다. 이것 또한 외교 협상의 묘미이다. 아니, 이것이 가장 핵심적인 점일지도 모른다.

또한 여기서 외교 협상의 책임 당사자는 보통 민주 국가에서는 정부이다.

의회나 법원이 아니다. 그리고 정부 내에서는 정부의 수장인 대통령이나 총리, 그리고 정부 내 담당 책임자인 외무대신이다. 일본을 포함한 민주 국가에서 외교가 내각의 권한으로 규정되는 것은 이러한 이유 때문이다. 외교에 대한 민주적 통제의 문제와 외교 협상에 필연적으로 수반되는 극비 부분을 어떻게 조화시킬 것인가 하는 것은 어느 민주 국가의 시스템에서도 큰 문제이지만, 그렇다고 해서 외교 협상에 정부의 책임에 따른 극비 부분이 있다는 사실을 부정하는 것은 아니다. 그 정도로 일반론으로 논의를 확대하지 않더라도, 일한 국교 정상화의 원점에 이러한 일이 있었다는 점은 60주년을 기념하는 지금, 결코 잊어서는 안 될 점이라고 생각한다.

사실, 방금 언급한 점은 최근 일한 관계에서도 큰 논점이 되고 있는 이른바 '징용공' 관련 문제, 일본 정부가 말하는 구 조선반도 출신 노동자 관련 문제, 특히 그와 관련된 한국 대법원 판결과 직접적으로 연관되어 있다. 그러나 그 점은 이 논문에서는 지면 제한으로 자세히 다루지 않겠다. 다만 가장 중요한, 일한합병조약에 관한 일한 양국의 합의는 결코 맞닿을 수 없는 양측의 입장을 감안하여 양측이 '합의할 수 없다' '합의하지 않기로' '합의'하고, 각각이 설명할 수 있는 방법을 찾았다는 점을 반복하는 데 그친다. 제2조의 표현은 제대로 된 '합의'이므로, 거기에 있는 표현 이상으로 이 본질을 굳이 강조하지는 않는다. 즉 다시 한번 '판도라의 상자는 열지 않는다'는 데 암묵적인 '합의'를 한 것이, 그것이 양측 외교 협상에 책임 있는 당사자 간의 이해였다는 것이 아닐까. 이 이야기를 끝없이 이어가도 타협할 수 없으며, 그렇게 되면 일한 국교 정상화도 불가능하다. 그러므로 이 문제는 제2조 표현에 '합의'한 이상, 그 이상의 상호 논의는 하지 않기로 '합의'했다는 의미이다. 달리 말하면, 자신의 입장에 대해서는 결코 타협하지 않으면서도 상대방의 입장을 전면 부정하기까지는 하지 않기로 '합의'했다고 볼 수 있다. 외교는 국가를 대표하여 정부가 수행하는 것이며, 외교 협상의 결과라면 그것은 정부의 책임 하에 이루어진 '합의'로 받아들여야 하며, 이것이 바로 외교라 할 수 있을 것이다.

그렇다고 해서 이 본질적인 문제를 일체 논의해서는 안 된다는 뜻은 아니다. 60년 전, 이 점은 아무리 논의해도 "교차하지 않는 두 선"이라고 인식하고 앞으로 나아갔던 사실을 잊어서는 안 된다는 것이다.

4. '트럼프의 미국'에 일본과 한국은 어떻게 대응해야 하는가

(1) 서두에서 미국이 기본적으로 강대한 해양 국가라는 점, 일본 또한 해양 국가이며 한미 동맹은 해양 국가 간의 동맹이라는 점, 한미 동맹 또한 해양 국가 미국과 역시 해양 국가로서의 성격을 강하게 지닌 한국과의 동맹이라는 측면이 강하다는 점을 다시 한번 지적했다.

(2) 그 위에, 확실히 "트럼프의 미국"은 지금까지 없던 역사적 변혁이지만, 해양 국가 미국의 본질은 거기서도 변하지 않았기에, 트럼프 대통령의 정책을 단순한 일국주의만으로 보는 것은 지나치게 단편적임을 강조했다. 특히 중국의 부상이라는 현실 속에서, 일본도 한국도 "트럼프의 미국"(트럼프적인 미국)에 어떻게 맞설지 진지하게 고민할 필요가 있다.

(3) 그때, 일한 국교 정상화 60주년을 맞아 1965년의 원점이 어디에 있었는지를 다시 한번 떠올릴 필요성을 언급했다. 그러한 기초 위에 일한이 협력하면서도 각자 자신의 생각으로 이러한 미국과의 동맹 관계를 더욱 심화시키기 위해 노력해야 할 때가 아닐까. 이러한 현실적인 일한 협력이 지금 바로 요구되고 있다. 60년 전 일한 합의의 본질을 잘 떠올리면서, 새로운 미국의 모습, 변해가는 미국과 변하지 않는 미국의 본질을 일한 양측이 함

께, 그리고 독자적으로 이해하고 대응하는 것이 강력히 요구되고 있다.

이것이 바로 필자가 일한 국교 정상화 60주년을 축하하며 전하고 싶은 메시지이다.

제2부

트럼프 2기 행정부 시기 한미일 협력

김호섭 _ 중앙대 명예교수

Ⅰ. 트럼프 2기 행정부의 세계 전략

2025년 1월 20일 46대 대통령으로 두번째 취임한 트럼프 대통령은 자유주의적 세계관과 다른 안보정책과 무역정책을 통해서 세계질서를 개편하고 있다. 자유주의적 세계질서에서는 유엔이나 WTO 같은 국제기구를 중시하며 소프트 파워를 국력의 중요한 요소로 본다. 자유주의 경제질서는 상호의존과 자유롭고 개방된 무역이 모든 국가의 복지를 증진시킨다고 주장한다.

트럼프 행정부는 안보 질서에 있어서 미국 우선(America First) 정책과 "힘을 통한 평화" (Peace through Strength)라는 슬로건을 사용하고 있다.[1] 트럼프2기 안보전략은 2018년 국방전략(U.S. National Defense Strategy, NDS) 작성을 주도했으며, 2025년 3월 국방부 정책차관(Under Secretary of Defense for Policy: USDP)으로 취임한 Colby(Elbridge A. Colby)가 큰그림을 그리는 인물로 주목받고 있다.[2] 세계 경제질서에 관련해서는 트럼프 행정부는 관세부과 정책을 통해서 세계무역질서를 개편하고자 한다. 위 정책은 2025년 9월 트럼프 대통령이 지명하여 연방준비이사회 이사(Federal Reserve Board of Governors)로 취임했으며, 2025년 3월부터 미국 경제자문

1 White House, *America First Foreign Policy*, 2017; Donald J. Trump, speeches.

2 U.S. Senate, *Confirmation Hearing for Elbridge A. Colby as Under Secretary of Defense for Policy*, March 4, 2025. Official Transcript.

위원회(US Council of Economic Advisors) 위원장을 역임한 스테펀 마이란(Stephen Miran)이 큰 그림을 그리는 인물로 주목받고 있다.

(1) 안보전략

Colby 국방부 정책차관은 현실주의적 안보관을 지닌 전략가로, 21세기 미국 안보정책의 중심 과제를 미·중 전략경쟁에서 찾으며, 중국의 부상과 아시아·태평양 지역에서의 영향력 확대를 미국의 가장 중대한 도전으로 본다. 그의 전략적 구상은 중국을 억제하고, 특히 타이완을 둘러싼 군사적 충돌을 방지하는 데 맞추어져 있다. Colby가 제시하는 핵심 개념은 '거부 전략(strategy of denial)'이다.[3] 이는 중국이 타이완이나 인도·태평양 지역에서 패권을 확립하려는 시도를 사전에 차단하여 지역의 세력 균형을 유지하려는 전략적 접근이다.

Colby는 2025년판 국가안보전략(NDS) 수립을 총괄하는 과정에서 전략 구상을 구체적인 정책으로 제도화시킬 전망이다. 그는 유럽 방면의 병력 조정, 중동 개입 축소 등 논란이 될 수 있는 방안을 검토하면서, 중국 억제를 최우선 과제로 삼고 있다. 향후 미국의 방위 정책은 '중국 중심 축소판 세계 전략'으로 압축될 가능성이 높다. 또한, 동맹국들이 미국의 기대에 부응하여 안보 부담을 어느 정도 분담 하느냐가 전략의 성패를 좌우하게 될 것이다.

Colby는 세계 여러 지역에서 발생하는 군사적 분쟁에 관련해서 미국이 전면적인 군사적 개입은 더 이상 없으며 우선순위를 정해서 집중적으로 개입해야 한다고 주장한다. 미국의 군사자산을 아시아에 집중시키고, 유럽이

---

3 Elbridge A. Colby, *The Strategy of Denial: American Defense in an Age of Great Power Conflict* (Yale University Press, 2021): 송승종, "트럼프 2기 행정부 대중국 전략의 요체는 「거부전략」."

나 중동에서 과도한 개입을 줄여야 한다는 것이다. 한정된 자원과 군사력을 세계 곳곳에 분산하기보다는, 미군의 전력 구조를 재편성해 중국 견제에 적합한 형태로 전환해야 한다는 것이다. 이는 해군과 공군 중심의 첨단 역량 강화, 미사일 방어 및 사이버 전력의 증대, 그리고 본토 방위와 국경 안보 강화라는 우선순위로 나타난다. 동시에 그는 핵 억지력을 재평가하며, 제한적인 핵충돌 가능성까지 대비할 수 있는 체계를 유지해야 한다고 강조한다.

Colby는 동맹 및 파트너 국가의 역할을 중시한다. 미국이 전 세계에서 모든 안보 부담을 떠맡을 수 없기 때문에 동맹국들이 지금까지보다 더 큰 책임을 지고 자율적으로 방위 능력을 강화해야 한다고 요구한다. 미국의 요구에 상대 국가가 긍정적으로 대응하지 않으면 관세 부과 등 경제적 보복을 가할 수 있다고 주장한다. 특히 타이완해협이나 남중국해와 같이 미국 단독으로 대응하기 어려운 지역에서는 한국, 일본, 호주 등 주요 동맹국의 협력이 절대적으로 필요하다는 입장이다. 이는 미국의 자원 배분을 보다 효율적으로 하면서도, 동맹 네트워크를 통해 중국을 견제하려는 전략이라고 볼 수 있다.

이러한 미국의 안보전략 하에서 동맹국도 자기 국가의 방어를 위해서는 스스로 국방비 부담을 늘려야 한다. 미국은 NATO 국가에 국방비를 GDP 5% 수준까지 올리도록 요구한바 있다. Colby는 중국의 침략 위협 하에 처해있는 타이완도 유사사태가 발생하면 미국이 돕겠지만, 평상시에 스스로가 방어에 더 큰 책임을 져야한다고 요구했다. 트럼프 행정부는 타이완 방위에 관해서도 명시적 군사개입 약속 대신 타이완에게 기존 관세에 더해서 20% 관세를 부과하였다. 러트닉 (Howard Lutnick) 상무장관은 타이완 TSMC의 반도체 50%를 미국으로 이전하여 생산하면 타이완을 미국이 효과적으로 더 잘 지켜줄 수 있다고 발언하였다.

미국은 동맹국과 아시아 국가들에게 안미경중(安美經中) 즉, 안보는 미국과 같이 가며 경제에 관련해서는 중국과 같이 가는 노선을 용납하지 않겠다는 의지를 보였다. 미 국방장관 Pete Hagseth는 2025년 5월 31일 싱가포르에서 개최된 아시아안보회의(샹그릴라 대화) 연설에서 많은 국가가 중국과 경제협력, 미국과 안보협력의 유혹에 빠져있으나, 중국에 경제를 의존하면 “갈등 시기에 중국의 악의적 영향력을 심화시키고 결정 공간을 어렵게 한다”고 발언하여 안미경중 노선을 채택하면 안된다고 경고했다. (조선일보, 2025.6.2.)

(2) 경제전략

Stephen Miran은 트럼프 2기 행정부 경제정책의 핵심 경제학자다.[4] 그는 현 글로벌 무역질서가 미국 경제, 특히 제조업 기반을 붕괴시키고 있다고 진단한다. 세계경제질서 재편에 관련하여 Miran은 현재의 세계 경제질서는 미국의 재화와 제조업 산업기반 등 경제자원을 약탈하는 구조(Triffin World)이며 이 구조를 혁파하기 위해서 관세부과라는 정책수단을 통해서 세계무역질서를 근본적으로 개편해야 한다고 주장한다. 이 주장은 2차대전 이후 자유주의적 세계관 즉, 상호의존(interdependence)과 비교우위(comparative advantage)에 근거한 자유롭고 개방된 무역질서를 부정하는 새로운 중상주의적 세계관을 표현하는 것이다. Miran의 무역질서 재편 구상은 미국 경제에 초점을 두고 있지만, 그 파급효과는 전세계 경제로 퍼지고 있다.

미국 경제를 약화시키는 문제를 바로잡기 위해 Miran은 무역정책, 환율정책, 안보전략을 결합한 새로운 구상을 제시한다. 그는 관세를 단순한 보호주의 수단이 아니라 전략적 도구로 바라본다. 상대국의 무역 관행이나 환율정책을 바꾸도록 압박하는 협상 수단이 될 수 있다는 것이다. 관세를 부과하면 수입(revenue)을 올릴 수 있을 뿐만 아니라, 협상의 지렛대

4 Stephen Miran, “A User’s Guide to Restructuring the Global Trading System.” Hudson Bay Capital, Nov. 2024.

(negotiation leverage)로 사용할 수 있다고 한다. 관세 인상이 물가 상승을 자극할 수 있다는 우려에는 환율과 금리 조정을 통해서 일부 상쇄할 수 있다는 논리를 내세운다. 즉, 달러가 일정 수준 약세로 돌아선다면, 관세 부담이 물가에 전가되는 폭을 줄일 수 있다는 것이다.

Miran은 중국을 미국의 제조업 쇠퇴에 결정적인 원인이라고 지적하였다. 중국은 막대한 대미 무역흑자뿐만 아니라 스파이 행위, 정보 해킹 등을 통해서 미국익을 침탈한다고 주장한다. 즉, FBI 조사를 인용하여 중국이 국가적으로 육성한 중국인 해커들이 26만 디바이스를 해킹했으며, 중국제 항만 크레인을 통해서 중국이 미국의 물동량을 통제할 수도 있다고 우려하였다.

Miran은 경제와 안보가 상호연관(intertwined)되어 있으며 미국이 유일한 강대국였던 탈냉전시기는 산업 기반이 쇠퇴해도 큰 문제가 없었으나, 21세기 들어와서 미국에게 중국과 러시아가 통상 측면의 위협뿐만 아니라, 안보 측면에서 위협이 되었으며, 여기에 대응하기 위해서는 건실하고 다변화된 제조업 분야가 새롭게 긴요하게 되었다는 것이다. 제조업 기반은 안보와 연결되며 무기와 방어 체계를 생산하는 공급망이 없다면 국가 안보의 미래는 없으며, 미국의 제조업 기반을 재건해야 하기 위해서 첫째, 관세 정책, 둘째, 달러 절하 통화 정책, 셋째, 투자 강요 정책이 필요하다는 것이다. 보고서에 의하면 지구상의 국가를 우방국, 적국, 중립적 무역국 (friend, foe, neutral trading partner)등 세가지로 분류하여 미국의 "안보 및 경제적 우산" 하에 있는 국가들에게 점진적이며 반복적인 관세압박을 진행하고 있다. 관세부과 대상인 우방국 입장에서는 일방적이고 경우에 따라서는 약탈적인 통상조치나 협상을 강요당하는 상황이다.

Miran은 무역정책을 단순히 경제 영역에 국한하지 않고 안보와 직결시키려 한다. 미국의 군사적 보호를 받는 동맹국이라면 무역이나 환율 정책에서도 미국의 전략적 목표에 부응해야 한다는 것이다. 다시 말해, 미국이 제공하는 안보 우산과 시장 접근성을 서로 연계시키겠다는 발상이다. 이를 통해 동맹국들은 안보 혜택과 맞바꾸어 무역·환율에서 미국에 유리한 조건을 받아들일 수밖에 없게 된다는 것이다.

Miran의 구상은 미국 중심의 새로운 경제질서를 재편하려는 시도라고 보인다. 그는 기존의 자유무역·다자주의 질서가 미국의 비용 부담만 늘렸다고 보고, 이제는 동맹국과 비동맹국을 구분하여 무역 접근성을 차등화해야 한다고 주장한다. 미국과 전략적으로 가까운 국가는 낮은 관세와 유리한 무역조건을 제공받고, 그렇지 않은 국가는 더 높은 장벽과 제약을 감수해야 하는 구조다. 이는 곧 안보와 무역의 연계를 제도화하는 것이기도 하다. 미국이 안보와 경제를 통합해 새로운 규칙을 짜려 한다면, 이는 글로벌 공급망과 동맹 네트워크, 더 나아가 세계 경제질서 전체에 큰 변화를 예고하는 움직임이 될 것이다.

Ⅱ. 한미관계

(1) 관세협상

2025년 10월 현재 한미관계에서 가장 중요한 현안은 미국의 3,500억달러 규모 대미투자 요구 및 한국에게 25%로 책정된 관세율 인하 협상이다. 이재명 대통령은 2025년 6월 4일 취임후 미국 트럼프 대통령과 8월 27일 워싱턴에서 회담을 가졌다. 회담후 한국측은 3,500억불 규모의 대미투자 약속과 함께 15%관세율을 약속받았다고 발표했다. 9월 들어 미국측은 3,500억불을 모두 현찰로 투자하기를 원하며, 선불(up front)로 지불하여야 한다고 트럼프 대통령은 발언했다. 러트닉 상무장관은 이 조건을 받아들이기 어려우면 한국은 25% 관세율이 부과된다고 했다. 3,500억블 현금투자는 현재 한국의 외환보유고가 약4,200억 달러인 상황을 고려하면 한국 정부로서는 매우 실행하기 어려운 제안이다.

관세협상이 진행되는 중인 9월4일 조지아주에서 현대자동차용 배터리 생산 공장의 설비 시공 및 시운전 작업을 하던 300여명의 엘지에너지솔류션(LG Energy Solution) 관련 한국 기술자들을 미국 입국 비자규정 위반 혐의로 ICE (Immigration and Customs Enforcement) 요원들이 출동하여 체포 구금하는 사태가 발생했다. 체포 사건 8일 후 구금되었던 한국 기술자 전원이 한국에 귀국했으나, 한국내 대미투자 분위기가 극도로 나빠졌다. 한국 기업 입장에서는 앞으로 한국의 기술자나 근로자들의 신분 안전이 확보되지 않으면 대미 투자를 적극적으로 하기 어렵기 때문이다.

미국은 관세율을 협상지렛대 삼아서 한국에게 대규모 투자, 특히 3,500억 달러에 이르는 현금 투자를 요구했고, 투자 대상 선정은 미국이 하고 투자 후 수익 배분 구조도 미국에 유리하게 운영하려는 의사를 표명했다. 즉, 미국 측이 수익을 초기에는 절반, 이후에는 90%까지 가져가는 구상을 언급했다. 한국은 사업성 검토를 기반으로 한 기업 투자, 혹은 보증 중심의 방식을 제안하며 미국의 요구를 전면적으로 수용하기는 어렵다는 입장을 밝혔다. 미국은 한국에게 일본과 유사한 협상 타결 방식을 기대하며 미국 내 제조·투자 확대를 논의 중이다.

현재 한국과 미국의 관세 협상은 무역, 투자, 안보가 얽혀 있는 복합적 국면에 놓여 있다. 양국은 2012년 발효된 한미 자유무역협정(KORUS FTA) 이후에는 대체로 무관세 체제를 유지해 왔으나, 2025년 들어 미국이 '상호관세' 를 일방적으로 적용하면서 상황이 바뀌었다. 무역상대국이 비관세장벽을 미국에게 불리하게 작동시키는 상황을 시정한다는 명분으로 한국을 비롯한 주요 교역국들에게 관세에 관해서 재협상을 요구하고 있으나, 미국이 부과한 관세율이 일방적으로 제시되며 관세율 수준도 매우 높기 때문에 불만을 표시하고 있다.

미국과 관세협상이 지지부진한 가운데 자동차 등 일부 산업에서 과거 무관세 혜택을 누리던 품목이 관세 적용을 받게 되면서 한국은 일본, 유럽연합에 비해 상대적으로 불리한 조건이 되었다. 한국은 품목별 관세 조정 협상에는 응하지 않겠다는 방침을 유지하고 있지만, 이 역시 미국의 압박이 강하면 받아들일 수 밖에 없으며, 한국의 대미 수출은 더큰 어려움을 겪게 될 것이다.

한국과 일본의 통화관련 비교

	韓國	日本
外貨保有額	4220億弗 (2025. 9)	1兆2532億弗 (2025. 2)
GDP (IMF, U$)	1兆7609億 (2024)	4兆1104億 (2024)
對美 무역수지 (U$)	444億 (2023)	640億 (2024)
通貨 status	Non 基軸通貨	IMF 基軸通貨
Dollar swap	없음	無制限

관세 협상은 안보·외교 요소와도 결합되어 진행되고 있다. 한미 협상은 안보 프레임워크와 투자 및 관세 협상이 병행하여 추진되고 있으며, 한국은 통화스와프 체결 요청을 했기 때문에 단순한 무역 분쟁을 넘어 금융 안정성까지 포함하는 국면으로 확장되고 있다. 또한, 한국은 미국과 협상을 통해 2015년 체결된 한미원자력협정을 개정하여 우라늄 농축과 사용후핵연료의 재처리 권한을 확보하고자 한다. 한국은 10월말 경주에서 개최되는 APEC에 참석하는 트럼프 대통령과 정상회의에서 타결되도록 노력하고 있다. 향후 협상의 방향은 미국이 요구하는 투자 방식과 규모에 한국이 얼마나 대응할 수 있는지, 그리고 미국의 법원 판결이 관세 제도의 정당성에 영

향을 미칠지에 달려 있다.

Miran은 관세부과 자체가 목적이 아니며 미국의 제조업 기반을 재건하기 위한 정책수단이라고 주장했다. 미국 무역에 관련하여 환율과 관세율 조정만으로는 제조업 재건은 할 수 없으며, 외국으로부터 미국 제조업에 대한 투자가 필요하다고 한다. 즉, 반도체, 첨단 제조업, 에너지 등 전략 산업에 대한 투자를 확대하고 규제를 완화해 내수 산업 경쟁력을 회복해야 한다고 주장한다. 이런 산업정책이 병행되어야만 무역질서 재편이 실제 성과로 이어질 수 있다고 본다.

미국 제조업 기반의 재건 필요성 이라는 관점에서 한국 정부가 생각하는 협상의 지렛대는 미국 제조업 재건에 도움을 줄 수 있는 경쟁력 있는 산업부문과 기업이 한국에 몇 개 있다는 점이다. 미국의 어려운 제조업 기반 특히, 해상안보에 직접적으로 관계되는 조선업 투자를 위해서 1,500억불 규모의 MASGA(Make American Shipbuilding Great Again) 프로젝트를 미국에 제안했다. 한·미 간 조선 및 함정 분야 협력이 진행 중으로, 한국의 조선 경험을 미국에 이전하여 인프라 현대화 및 서비스 역량 강화에 활용하고자 하는 제안이다. 미래산업인 인공지능에 관련해서도 산업발전에 필수인 반도체칩의 공급과 생산 일부를 미국에 이전하는 투자를 진행하고 있다.

Miran이 제시한 산업정책 강화는 한국에게 기회이자 압박이다. 미국이 반도체, 에너지, 첨단 기술 분야를 전략 산업으로 육성하면서 동맹국의 참여를 요구한다면, 한국 기업들은 글로벌 공급망 재편에서 파트너가 될 수 있다. 그러나 이는 동시에 미국 정책의 변동성, 보호주의 강화, 기술 규제 등 외부 리스크에 노출될 수 있다.

관세와 무역 접근성의 차등화에 관련하여 미국이 동맹국과 비동맹국을 구분하여 무역 조건을 차별화할 경우, 한국은 동맹국으로서 유리한 지위를 얻을 수 있다. 그러나 미국은 동맹국에게 "안보와 무역의 연계"를 요구할 가능성이 크다. 2024년도 전체 무역액에서 중국 비중이 약 20%인 한국 경제에 선택의 압력을 가할 수 있다. 미국의 공급망 관련 대중 봉쇄에 참여하면 미국 시장에서 혜택을 얻는 대신 중국 시장에서 제재나 보복을 받을 위험이 존재한다.

Miran은 중국을 견제하고 미국 중심의 무역질서를 강화하는 데 방점을 두고 있다. 이는 동북아 무역망의 재편을 촉진할 수 있으며 한국은 중국 의존도를 줄이는 방향으로 공급망을 다변화하거나 구조조정이 불가피하다. 특히 반도체, 배터리, 첨단 제조업 등 전략산업은 미국의 보호 및 지원 대상이 될 수 있지만, 동시에 중국과의 마찰이 심화될 가능성이 높다. 한국은 미국과 중국이라는 두 초강대국 사이에 놓여 있는 만큼, 새로운 무역질서의 변화에 직접적인 영향을 받을 수밖에 없다. 한국은 미국과 동맹의 이익을 활용해 미국 시장에서 경쟁 우위를 확보할 수 있지만, 동시에 중국과의 경제관계 악화, 수출 구조 변화, 전략적 선택 압력이라는 도전에 직면하게 된다.

이재명 정권은 미국과 중국 사이에서 균형을 취하려는 입장이다. 지정학적 부담과 중국과의 밀접한 교역 관계를 명분으로 전략적 모호성을 유지하려고 하나, 미중 대립이 격화된다면 모호성을 유지할 수 없으며 선택해야 할 것이다. 전략적 모호성을 견지한다면 미국이 일본을 더 신뢰할 수 있는 파트너로 간주하는 반면, 한국에 대해서는 더 명확한 선택과 기여를 요구할 가능성이 크다.

(2) 한미 안보관계: 동맹 현대화

"동맹 현대화"라는 개념은 2002년, 미국 국무부 문서에서 "modernize our 50 year old military partnership"이라는 표현을 통해 처음 언급됐다. 트럼프 2기 행정부 하에서 동맹현대화에 관련해서는 한국 외교부와 국방부는 '미래지향적·포괄적 전략동맹'이라는 기존 프레임 속에서 대응하고 있다. 방위비 협상에서는 합리적 수준의 인상을 수용하되, 주한미군의 안정적 주둔과 임무 범위의 과도한 확대에는 신중한 입장을 취한다. 첨단 기술 협력과 경제안보 분야에서 미국과의 협력을 강조함으로써, '현대화'의 의미를 비용 분담에서 가치·이익 확대 쪽으로 전환하려는 시도를 하고 있다.

'동맹 현대화'라는 용어는 트럼프 2기에서 방위비 증가 및 역할 재조정의 명분으로 쓰이고 있으며, 한국은 군사안보 측면에서 재조정해야 하는 부담이 있다. 한국은 미·중 경쟁 속에서 동맹 현대화의 범위를 안보·경제·가치의 균형 속에 설계해야 하며, 방위비 및 역할 확대 요구를 국내 여론과 조율할 필요가 있다.

트럼프 대통령은 '상호성(reciprocity)'을 전면에 내세우며, 주한미군 운영비와 전략자산 배치 비용에 대한 한국의 부담 확대를 요구했다. 트럼프 2기의 현대화는 군사기술 업그레이드보다 비용 증가 및 역할 재배분이 핵심이며, 동맹을 거래의 틀 안에서 재정립하려는 의도가 뚜렷하다. 현대화는 세 가지 특징을 가진다.

첫째, 방위비에 관련하여 첨단 전력 도입과 훈련 강화를 이유로 한국의 재정 기여 증대를 압박한다. Colby는 미국이 전 세계 안보를 단독으로 감당할 수 없다고 강조하며, 동맹국들의 자율적 책임 강화를 요구한다. 이는 곧 한국이 자체 방위력 강화와 더불어, 미국이 주도하는 지역 안보 구상에 적극적으로 기여하라는 압박으로 이어질 것이다.

둘째, 역할 재조정 즉, 한국이 자국 방어뿐 아니라 역내(인도·태평양) 안보에 더 적극적으로 참여할 것을 요구받는다. 미국의 전략적 우선순위가 중국 견제와 타이완 방어에 맞춰져 있다는 점에서, 한국은 미·중 경쟁의 전선에서 역할 확대가 요구된다. 미국이 자원을 집중적으로 투입하는 인도·태평양 지역의 핵심 거점 가운데 하나가 한반도이기 때문이다. 한국의 방위 역할 확대에 관련하여, 이재명 정권은 전시작전통제권 (OPCON)을 회복하는 명분으로 삼고 있다. 즉, OPCON 회복이 되면 북한의 군사적 위협을 직접 방어하고 유사사태가 발생하면 스스로 군사작전을 실시하겠다는 명분이다. 그러나 북한 위협에 대응에 관련하여 미군 역할의 감소라는 군사적 관점보다 이 정권은 군사적 주권 회복이라는 정치적 명분을 사용하여 국내 정치적으로 이용하고 있다. 군사적 주권 확보라는 관점에서 이재명 정권은 Colby가 <The Strategy of Denial>에서 언급한 '우호적인 핵확산' (friendly proliferation) 맥락에서 핵 주권이라는 명분으로 자체 핵무장 가능성을 미국 측에 타진할 수도 있다.

셋째, 전략적 유연성 확대 즉, 주한미군을 특정 지역 방어에만 한정하지 않고, 다른 지역으로 신속 전개할 수 있도록 하는 것이다. 미국은 전략적 유연성을 확대해 주한미군을 인도태평양 지역내 기동성있는(Mobile) 자산으로 만들고자 한다. 한국 입장에서는 북한 억지를 위해서 주한미군의 안정적 주둔을 기대한다. 트럼프 2기의 대중 정책은 1기보다 더욱 강경하다. 미국은 한미동맹 현대화를 '중국 견제망'의 일부로 설계하고 있다. 무역 불균형 시정, 첨단 기술 차단, 남중국해 군사 견제, 타이완 문제에서의 군사적 경고가 병행된다. 중국 역시 이에 대응해 군사력 현대화와 역내 영향력 확대를 가속화하고 있다. 이 구도 속에서 즉, 주한미군의 임무가 북한의 군사적 위협에 대한 억지를 넘어, 남중국해·타이완해협 상황에 연계될 가능성이 커진다.

타이완해협 유사시 미국은 일본뿐 아니라 한국에도 일정한 역할을 기대할 수 있고, 이는 한국의 전략적 선택을 어렵게 만든다. 미국 요구에 대한 협조의 적극성이라는 관점에서 한국이 머뭇거리면 한국의 중요성이 일본에 비해 약해질 수 있다. 일본은 이미 자위대의 역할 확대와 헌법 해석 변화를 통해 타이완해협 사태에 적극적으로 개입할 태세를 보이고 있다. 반면 이재명 정권은 지정학적 이해관계와 국내 정치적 지지세력을 고려하여 소극적 태도를 유지할 가능성이 높다. 이 차이는 미국이 동북아 안보 전략을 설계하는 과정에서 일본을 더 핵심적 파트너로 간주하게 만들 수 있으며, 한미동맹의 위상에도 미묘한 균열을 초래할 수 있다.

한미동맹의 현대화가 현실화되면, 북한의 군사적 위협 변수에 대한 우선순위가 조정될 수 있다. 미국이 중국 견제에 집중할수록, 북한 문제는 미국 입장에서 상대적으로 후순위로 밀릴 가능성이 있다. 그러나 한국 입장에서는 북한의 군사적 도발과 핵 위협이 여전히 안보의 최우선 과제다. Colby식 전략이 중국 억제에 치우칠 경우, 한미 간 안보 우선순위의 불일치가 확대될 수 있으며, 한국은 스스로 대북 억지력을 강화해야 하는 부담에 직면할 수 있다.

Colby의 전략은 단순히 미국의 국방 구상일 뿐 아니라, 동북아 전체 세력 균형을 재편하는 새로운 안보 질서의 출발점이 될 수 있다. 한국은 미국의 대중국 억제 전략에 편승하여 동북아 안보 안정에 기여할 수 있는 기회가 되지만, 다른 한편으로는 타이완해협이나 남중국해 등 한국의 직접적 이해관계 밖의 분쟁이 발생하면 어려운 전략적 선택을 해야한다. 한국이 단순한 동맹국을 넘어 전략적 전진기지로 자리매김할 가능성이 높아지는 한편, 동시에 중국과의 경제·안보 마찰이 더욱 심화될 것이며, 한국 외교는 선택의 압력을 더욱 강하게 받을 것이다.

Ⅲ. 미일관계

(1) 무역 협상과 투자

2025년 7월 22일, 미국과 일본은 5,500억 달러 규모의 무역·투자 협정을 타결했다. 일본산 자동차 및 부품에 대한 미국의 관세는 25%에서 15%로 인하되었으며, 일본은 미국산 농산물 수입 확대, 일본 내 미국 자동차 진입 장벽이 완화되었다. 미국은 이를 통해 자국 내 일자리 창출과 농업·제조업 기반 강화를 노리고 있으며, 일본은 대외적으로 협력 이미지를 유지하는 동시에 과도한 무역 마찰을 피하려는 의도를 드러냈다. 트럼프는 일본과 무역 합의를 "사상 최대 규모"라고 자평하며, 타 국가들도 유사한 협상 기회를 얻을 수 있음을 시사했다. 특히 한국에 대해서 일본과 같은 방식으로 관세 협상이 이뤄지기를 요구하고 있다.

합의 이후에도 세부 조항을 둘러싼 이견은 여전히 존재한다. 특히 '15% 관세'의 의미를 두고 일본은 이를 기존 관세율을 대체하는 것으로 이해했지만, 미국 측이 법령화 과정에서 기존 관세에 추가로 15%를 더 부과하는 방식으로 해석하고 있다. 일본 정부는 즉각적으로 수정 요구를 제기했으며, 양국은 관련 조항의 재조정 가능성을 열어두고 있다. 미일 합의는 실제 이행 단계에서 일본이 약속한 투자와 수입 확대 조치가 얼마나 실현될지, 미국이 추가 관세나 새로운 규제 조치 시행 여부 등이 향후 협상의 핵심 쟁점으로 부상할 가능성이 크다. 또한 일본 내에서는 미국 요구에 대한 양보가 과도했다는 비판 여론이 존재하고, 미국 내부에서도 관세 정책이 국내 물가와 소비자 부담으로 이어질 수 있다는 우려가 제기되고 있다.

(2) 미일안보 협력

트럼프는 선거 유세 과정에서 미일 안보조약으로부터 일본이 일방적으로 혜택을 받는다고 비판하며, 일본에 방위비 증액을 요구했다. Colby는 동맹국의 방위비 증액과 역할 강화를 강조한다. 그는 일본이 이미 국내총생산(GDP) 대비 2% 수준까지 국방비를 늘리겠다고 약속했음에도 불구하고, 이를 넘어 방위비 3% 이상까지 확대해야 한다는 주장을 공개적으로 제기했다. 이는 일본이 자위대 증강을 통해 미국과의 협력에서 보다 적극적인 역할을 수행해야 한다는 요구로 연결된다. 또한 그는 단순히 미국이 일본을 방어하는 구조를 넘어서, 일본 스스로가 억지력을 갖추고 미국은 이를 지원하는 방식으로 동맹 구조가 재편되기를 원하는 듯하다. 일본은 방위비 증액 및 자국 방위역량 강화와 함께 미일 간 통합 지휘체계·군사 연합 훈련을 확대하고 있으며, 자위대 해외 유사사태 개입 가능성 등을 전략적으로 검토하고 있다.

"거부 전략(strategy of denial)"에 의하면, 적의 공격을 단순히 막아내는 수준이 아니라, 애초에 공격을 감행하지 못하도록 능동적인 억제력을 강화하는 개념이다. 미사일 방어망, 합동 감시체계, 우주와 사이버 영역에서의 협력 확대는 이러한 전략적 사고가 반영될 수 있는 분야다. 일본의 영토 방어 강화와 미군 자산의 아시아 집중 배치 역시 Colby의 구상과 같은 맥락이다. Colby와 같은 대중 강경론 입장은 미국의 안보 자원을 유럽이나 중동보다 인도·태평양 지역에 집중해야 한다는 입장을 지속적으로 강조해 왔다. 일본을 포함한 동아시아 동맹국들과의 안보 협력 구상 속에는 Colby의 아이디어가 상당 부분 반영될 가능성이 크다.

Colby는 미일 안보협력을 더 적극적이고 공세적인 성격으로 끌어올리려는 방향을 제시한다. 일본의 방위비 증액, 미일 합동 억지력 강화, 첨단 기술 분야 협력 확대 등이 구체적 협력 방안이다. 이러한 비전이 실제 정책으로 추진되려면 일본 국내 정치, 동맹 내 신뢰 문제, 비용과 역량의 현실적 한계 등에 관해서 논의가 필요할 것이다. 트럼프 2기 하에서 미일 안보협력이 확대될 가능성은 높지만, 그 과정은 미국측의 강경한 요구와 현실적 제약 사이의 긴장 속에서 조정될 전망이다. 일본은 헌법 제9조와 평화주의적 여론이라는 정치적 제약을 안고 있으며, 국방비 증액과 미군 기지 분담 확대는 국내 반발을 불러일으킬 수 있다. 미국 내부에서도 트럼프 행정부 특유의 변덕스러운 정책 기조와 무역 갈등 요소가 안보 협력의 신뢰성을 흔드는 변수로 작용할 수 있다.

Ⅳ. 한미일협력

트럼프 2기 행정부에서 한일 협력은 경제와 안보라는 두 축에서 생각할 수 있다. 경제적으로 트럼프 행정부가 제기하는 관세 부과에 관련하여 한일간 협력은 쉽지 않다. 한국과 일본은 외환보유고 등 경제적 능력의 차이에 의해서 미국이 요구하는 직접투자의 규모와 그 구성에서 다른 입장을 갖고 있다. 산업구조 측면에서 한일이 세계적 경쟁력 있는 산업 부문이 다르다. 미국이 품목별 관세율을 차등 적용한다면 한일간 협력의 여지를 찾기가 쉽지 않을 것이다.

안보적으로는 미국은 중국의 패권 장악을 저지하기 위해 동맹국 간의 억지력을 강조했으며, 일본과 한국 같은 동맹국의 기여를 요구해왔다. 타이완해협 유사사태를 가정할 때, 일본은 지리적·군사적 특성상 적극적인 개입이 불가피하고, 한국은 후방 기지 제공이나 군수지원 등에서 보다 명확한 기여를 하라는 압력을 받을 수 있다. 이러한 맥락에서 한일이 북한 억제를 넘어 중국 견제라는 공동 이익을 명확히 하고, 미·일동맹과 한·미동맹을 삼각으로 연결하는 전략이 필요하다. 사이버, 우주, 해양 안보 등 새로운 영역에서의 연합 훈련과 정보 공유를 확대하는 것도 협력의 방향이 될 수 있다. 이 과정에서 한국은 일본과의 역사·정치적 갈등을 최소화하면서 '경제 협력+안보 분담'을 하나의 패키지로 묶어내야 한다.

한미 동맹과 미일 동맹이 강화되면 한·미·일 3각 협력이 요구된다. Colby가 강조하는 억지 전략은 타이완해협, 동중국해, 한반도 안보를 하나의 연속선상에서 다루기 때문에, 일본이 적극적으로 전면에 나서면 미국은 한국에도 일본과의 정보 공유, 합동훈련, 미사일 방어망 연계에 더 깊이 참여할 것을 요구할 수 있다. 이는 한국이 일본과의 안보 공조를 어떻게 수용할지 전략적 판단을 불가피하게 만든다.

일본의 국방비 증액 역시 한국에 압박으로 다가온다. 일본은 이미 GDP

대비 2% 이상 국방비를 책정했으며, Colby는 이를 더 높여야 한다고 주장한다. 이는 동북아에서 군사력 균형의 변화를 가져오고, 한국 역시 국방비를 더 늘리지 않을 수 없는 환경에 놓이게 된다. 한국 재정에 상당한 부담이 되겠지만, 북한의 군사적 위협이 상존하는 한 감수할 수밖에 없다.

한미일 협력의 과정에서 동맹의 딜렘마가 나타날 수 있다. 미국의 요구를 적극 수용해 일본과 함께 안보 공조를 확대한다면, 미국의 안보 공약을 더욱 확실히 보장받을 수 있다. 하지만 국방비 증액 및 대중 외교적 부담을 지게 될 가능성이 있다. 반대로 일정한 선을 긋고 독자적 방위 역량을 강화한다면, 자율성은 확보할 수 있으나 미국의 압박과 갈등을 감수해야 한다.

한미일 협력에서 타이완 해협 유사 사태에 한국과 일본의 대응의 적극성에서 차이가 있다. 일본은 타이완해협 사태에 보다 적극적으로 관여할 가능성이 높지만, 한국은 북한이라는 직접적 위협을 안고 있어 타이완 문제에 깊게 개입하는 것을 부담으로 생각한다. 우선 지정학적·안보적 측면에서 한국 안보 정책의 최우선 과제는 여전히 북한의 핵·미사일 위협 억제와 한반도 방위이다. 만약 한국이 타이완 문제에 지나치게 관여할 경우 북한이 이를 기회로 군사적 공세를 취할 수 있어, 전략적 선택 폭이 크게 제한된다. 또한 한국은 중국과 지리적으로 인접해 있을 뿐 아니라 경제·안보적 연계도 밀접하다. 따라서 중국의 직접적인 압박 가능성을 고려해 타이완 사태 개입에는 신중할 수밖에 없다.

경제적 요인으로 한국은 무역에서 대중 의존도가 2024년도 20% 정도를 차지하며, 특히 반도체·배터리·소재 산업의 공급망이 중국과 긴밀히 연결되어 있다. 만약 한국이 적극적 군사 개입에 나설 경우, 과거 사드(THAAD) 사태와 같은 경제 보복이 재현될 위험이 높다. 일본이 상대적으로 경제 구조의 다변화를 추진한 것과 달리, 한국은 여전히 대중 시장 의존도가 높아 외교적 균형을 유지하려는 성향이 강하다.

외교적으로 이재명 정권의 경우 미·중 경쟁 구도 속에서 어느 한쪽에 전면적으로 서는 것에 부담을 느끼며, 전략적 균형외교를 추구하고 있다. 중국과 관계가 단절될 경우 남북 대화와 동북아 다자외교에서 중재자 역할을 할 공간이 축소될 것을 우려하는 듯하다.

반면 일본은 타이완 해협 사태에 보다 적극적으로 개입할 수 있는 구조적 배경이 있다. 일본은 '제1도련선(First Island Chain)' 상 핵심 위치에 있으며, 타이완과 일본 남서부 연안은 미국의 인도·태평양 전략에서 중국 해양 진출을 견제하는 중요한 방어선으로 기능한다. 실제로 일본은 요나구니섬(與那國島) 등 남서부 지역에 미사일 부대를 배치하고, 공항·항만 확충, 지하 대피소 건설 등을 추진하며 전략적 전진기지화에 나서고 있다.

중국에 대한 안보적 위협 인식이 적극성을 강화하는 요인이다. 중국의 군사력 증강, 타이완 주변 활동 증가, 러시아와의 합동훈련은 일본에게 직접적인 위협으로 다가온다. 특히 중국이 극단적 행동을 취할 경우 일본 본토가 직접적인 공격 대상이 될 수 있다는 우려가 확산되고 있다.

마지막으로 미국과의 동맹 압박이 일본의 입장을 규정한다. 미국은 일본에게 미사일 방어, 연합훈련, 물류 지원 등 적극적 참여를 기대하고 있다. 이에 따라 일본은 미국과의 협력을 강화하는 방향으로 전략적 선택을 하고 있다. 법적 기반 역시 정비하고 있으며, 2014~2015년 헌법 해석 변경을 통해 집단적 자위권을 인정했고, 이어 제정된 평화안전법제는 동맹국 지원, 호위, 탄도미사일 대응 등을 법적으로 뒷받침한다.

일본의 최근 국내정치 변화가 새로운 고려요소로 등장했다. 2025년 10월 4일 자민당은 다카이치(高市早苗) 중의원을 새로운 총재로 선출했다. 다카이치 신임 총재는 최초 여성 자민당 총재로서 여자 아베(安倍)라는 평을 듣고 있다. 10월 10일 연립정권을 구성하던 공명당이 연립을 해소했기 때문에 중의원에서 새롭게 다수를 형성하는 정파가 총리로 선출될 예정이다.

만약 다카이치가 새로운 총리로 선출된다면 아베정권의 대외정책을 답습할 가능성이 크다. 즉, 인도태평양 전략에서 미국과 한국의 협력관계를 강조할 것이며, 한미일 협력관계는 더욱 강화될 가능성이 있다. 한편, 다카이치 신임 총재를 정치적으로 지지하는 일본 국내세력은 군국주의 역사를 긍정하고 찬양하는 세력이기 때문에 이러한 정치적 지향이 역사현안에서 현실 정치에 나타난다면 한국과 갈등이 발생할 가능성이 높다. 한국의 이재명 정권은 진보이념 정권으로 일본의 군국주의에 의해서 희생을 당한 사람들에게 매우 동정적이며, 위 희생을 부정하는 일본의 움직임에는 정면에서 대응할 가능성이 높다. 역사문제에 의해서 한일간 갈등이 발생하면 한일 안보협력에 부정적 영향을 미칠 가능성이 높다.

トランプ第2期政権下の韓米日協力

金浩燮 _ 中央大学 名誉教授

Ⅰ. トランプ2期政権の世界戦略

2025年1月20日、第46代大統領として二度目の就任を果たしたトランプ大統領は、自由主義的世界観とは異なる安全保障政策と貿易政策を通じて世界秩序を再編している。自由主義的世界秩序では、国連やWTOのような国際機関を重視し、ソフトパワーを国力の重要な要素と見なす。自由主義的経済秩序は、相互依存と自由で開放された貿易が全ての国家の福祉を促進すると主張する。

トランプ政権は安全保障秩序において「アメリカ第一主義」(America First)政策と「力による平和」(Peace through Strength)というスローガンを掲げている。[1] トランプ第2期政権の安全保障戦略は、2018年の国防戦略 (U.S. National Defense Strategy, NDS)策定を主導し、2025年3月に国防政策次官(Under Secretary of Defense for Policy: USDP)に就任したColby (Elbridge A. Colby)が全体像を描く人物として注目されている。[2] 世界経済秩序に関しては、トランプ政権は関税賦課政策を通じて世界貿易秩序を再編しよう

---

1 White House, *America First Foreign Policy*, 2017; Donald J. Trump, speeches.

2 U.S. Senate, *Confirmation Hearing for Elbridge A. Colby as Under Secretary of Defense for Policy*, March 4, 2025. Official Transcript.

としている。この政策は、2025年9月にトランプ大統領が指名し連邦準備理事会理事(Federal Reserve Board of Governors)に就任し、2025年3月から米国経済諮問委員会(US Council of Economic Advisors) 委員長を務めたスティーブン·Miran(Stephen Miran)が全体像を描く人物として注目されている。

(1) 安保戦略

Colby国防政策次官は現実主義的な安全保障観を持つ戦略家であり、21世紀の米国安全保障政策の中心課題を米中戦略競争に見出し、中国の台頭とアジア·太平洋地域における影響力拡大を米国の最も重大な挑戦と捉えている。彼の戦略的構想は中国を抑制し、特に台湾をめぐる軍事的衝突を防止することに焦点を当てている。Colbyが提示する核心概念は「拒否戦略(strategy of denial)」である。[3] これは中国が台湾やインド·太平洋地域で覇権を確立しようとする試みを事前に遮断し、地域の勢力均衡を維持しようとする戦略的アプローチだ。

Colbyは2025年版国家安全保障戦略(NDS)策定を統括する過程で、戦略構想を具体的な政策として制度化する見通しだ。彼は欧州方面の兵力調整、中東介入縮小など論争の余地がある案を検討しつつ、中国抑止を最優先課題としている。今後、米国の防衛政策は「中国中心の縮小版世界戦略」に集約される可能性が高い。また、同盟国が米国の期待に応え、安全保障負担をどの程度分担するかが戦略の成否を左右することになるだろう。

Colbyは、世界各地で発生する軍事紛争に関して、米国は全面的な軍事

---

3 Elbridge A. Colby, *The Strategy of Denial: American Defense in an Age of Great Power Conflict* (Yale University Press, 2021): ソン·スンジョン,「トランプ第2期政権の対中戦略の要点は「拒否戦略」である。」

介入をこれ以上行わず、優先順位を定めて集中的に介入すべきだと主張する。米国の軍事資産をアジアに集中させ、欧州や中東での過度な介入を減らすべきだというのである。限られた資源と軍事力を世界各地に分散させるよりも、米軍の戦力構造を再編成し、中国牽制に適した形態へ転換すべきだという。これは海軍と空軍中心の先端能力強化、ミサイル防衛及びサイバー戦力の増強、そして本土防衛と国境保安強化という優先順位として表れる。同時に彼は核抑止力を再評価し、限定的な核衝突の可能性まで備えられる体制を維持すべきだと強調する。

Colbyは同盟国及びパートナー国の役割を重視する。米国が全世界の安全保障負担を全て引き受けることは不可能であるため、同盟国はこれまで以上に大きな責任を担い、自律的に防衛能力を強化すべきだと要求する。米国の要求に相手国が前向きに対応しない場合、関税賦課などの経済的報復措置を講じ得ると主張する。特に台湾海峡や南シナ海のように米国単独での対応が困難な地域では、韓国、日本、オーストラリアなどの主要同盟国の協力が絶対的に必要だという立場だ。これは米国の資源配分をより効率化しつつ、同盟ネットワークを通じて中国を牽制しようとする戦略と見ることができる。

このような米国の安全保障戦略の下では、同盟国も自国の防衛のためには自ら国防費負担を増やさなければならない。米国はNATO加盟国に対し、国防費をGDPの5%水準まで引き上げるよう要求したことがある。Colbyは、中国の侵略脅威に晒されている台湾についても、有事には米国が支援するが、平時には自ら防衛に大きな責任を負うべきだと要求した。トランプ政権は台湾防衛に関しても、明示的な軍事介入の約束ではなく、台湾に対し既存の関税に加えて20%の関税を課した。ハワード･ラトニック商務長官は、台湾TSMCの半導体の50%を米国に移転して生産すれば、米国が台湾をより効果的に守れると発言した。

米国は同盟国とアジア諸国に対し、「安美経中」(安保は米国と共に行動し、経済に関しては中国と共に行動する)という路線を容認しない意志を示した。米国防長官Pete　Hagsethは2025年5月31日、シンガポールで開催されたアジア安全保障会議(シャングリラ対話)での演説で、多くの国が中国との経済協力と米国との安全保障協力の誘惑に陥っているが、中国に経済を依存すれば「紛争時に中国の悪意ある影響力を深化させ、意思決定の余地を狭める」と発言し、安美経中路線を採用すべきでないと警告した。(朝鮮日報、2025年6月2日)

(2) 経済戦略

Stephen　Miranはトランプ政権第2期の経済政策の中核をなす経済学者である。[4]　彼は現在のグローバル貿易秩序が米国経済、特に製造業基盤を崩壊させていると診断する。世界経済秩序の再編に関して、Miranは現在の世界経済秩序は米国の財貨や製造業の産業基盤といった経済資源を略奪する構造(Triffin　World)であり、この構造を打破するためには関税賦課という政策手段を通じて世界貿易秩序を根本的に再編すべきだと主張する。この主張は、第二次世界大戦後の自由主義的世界観、すなわち相互依存(interdependence)と比較優位(comparative advantage)に基づく自由で開かれた貿易秩序を否定する新たな重商主義的世界観を表現している。Miranの貿易秩序再編構想は米国経済に焦点を当てているが、その波及効果は全世界経済に広がっている。

4 Stephen Miran, "A User's Guide to Restructuring the Global Trading System." Hudson Bay Capital, Nov. 2024.

米国経済を弱体化させる問題を是正するため、Miranは貿易政策、為替政策、安全保障戦略を組み合わせた新たな構想を提示する。彼は関税を単なる保護主義的手段ではなく戦略的手段と捉える。相手国の貿易慣行や為替政策を変更させるよう圧力をかける交渉手段となり得るというのだ。関税を課せば収入(revenue)を増やせるだけでなく、交渉のてこ(negotiation　leverage)として使用できるという。関税引き上げが物価上昇を刺激する懸念に対しては、為替レートと金利調整を通じて一部相殺できるという論理を提示する。つまり、ドルが一定水準で弱含みに転じれば、関税負担が物価に転嫁される幅を縮小できるというのだ。

Miranは中国を米国製造業衰退の決定的要因と指摘した。中国は巨額の対米貿易黒字に加え、スパイ活動や情報ハッキングを通じて米国利益を侵害していると主張する。すなわちFBI調査を引用し、中国が国家的に育成した中国人ハッカーが26万台のデバイスをハッキングした事実や、中国製港湾クレーンを通じて中国が米国の貨物量を制御する可能性を懸念した。

Miranは、経済と安全保障が相互に関連(intertwined)しており、米国が唯一の超大国であった脱冷戦期は産業基盤が衰退しても大きな問題にならなかったが、21世紀に入り、米国にとって中国とロシアが通商面での脅威だけでなく、安全保障面でも脅威となり、これに対応するためには健全で多様化した製造業分野が新たに不可欠になったと指摘している。製造業基盤は安全保障と結びついており、武器や防衛システムを生産するサプライチェーンがなければ国家安全保障の未来はなく、米国の製造業基盤を再建するためには、第一に関税政策、第二にドル安誘導の通貨政策、第三に投資強制政策が必要だという。報告書によれば、地球上の国家を友好国、敵国、中立的貿易国(friend, foe, neutral trading partner)の三つに分類し、米国の「安全保障及び経済的傘」下にある国々に対して漸進的かつ反復的な関税圧迫を進めている。関税賦課対象である友好国の立場では、一方的で場合によっては略奪的な通商措置や交渉を強要される状況である。

Miranは貿易政策を単に経済領域に限定せず、安全保障と直結させようとしている。米国の軍事的保護を受ける同盟国であれば、貿易や為替政策においても米国の戦略的目標に応えるべきだというのである。言い換えれば、米国が提供する安全保障の傘と市場アクセスを相互に連動させるという発想だ。これにより同盟国は、安全保障上の利益と引き換えに、貿易·為替において米国に有利な条件を受け入れざるを得なくなるというのである。

Miranの構想は、米国中心の新たな経済秩序を再編しようとする試みと見られる。彼は既存の自由貿易·多国間主義秩序が米国の負担増だけをもたらしたと指摘し、今後は同盟国と非同盟国を区別して貿易アクセスを差別化すべきだと主張する。米国と戦略的に近い国は低い関税と有利な貿易条件を提供され、そうでない国はより高い障壁と制約を甘受しなければならない構造だ。これはすなわち安全保障と貿易の連携を制度化するものでもある。米国が安全保障と経済を統合して新たなルールを構築しようとするなら、これはグローバルサプライチェーンと同盟ネットワーク、さらに世界経済秩序全体に大きな変化を予告する動きとなるだろう。

Ⅱ. 韓米関係

(1) 関税交渉

2025年10月現在、韓米関係における最重要懸案は、米国による3,500億ドル規模の対米投資要求及び韓国に25%と設定された関税率の引き下げ交渉である。李在明大統領は2025年6月4日の就任後、米国のトランプ大統領と8月27日にワシントンで会談を行った。会談後、韓国側は3,500億ドル規模の対米投資約束とともに15%の関税率を約束されたと発表した。9月に入り米国側は3,500億ドルを全額現金で投資することを望み、前払い(up front)で支払わなければならないとトランプ大統領は発言した。ラトニック商務長官は、この条件を受け入れられない場合、韓国には25%の関税率が課されると述べた。3,500億ドルの現金投資は、現在の韓国の外貨準備高が約4,200億ドルである状況を考慮すると、韓国政府としては非常に実行困難な提案である。

関税交渉が進行中の9月4日、ジョージア州で現代自動車向けバッテリー生産工場の設備施工及び試運転作業を行っていた約300名のLGエナジーソリューション(LG Energy Solution)関連韓国人技術者らが、米国入国ビザ規定違反の容疑でICE(移民税関捜査局)職員が出動し逮捕･拘束される事態が発生した。逮捕事件から8日後、拘束されていた韓国人技術者全員が韓国に帰国したが、韓国内の対米投資環境は極度に悪化した。韓国企業としては、今後韓国の技術者や労働者の身分安全が確保されなければ、対米投資を積極的に行うことが困難だからである。

米国は関税率を交渉の梃子として韓国に大規模投資、特に3,500億ドルに及ぶ現金投資を要求し、投資対象選定は米国が行い、投資後の収益分配構造も米国に有利に運営しようとする意思を表明した。すなわち、米国側が収益を初期には半分、その後は90%まで持ち帰る構想に言及した。韓国は事業性審査に基づく企業投資、あるいは保証中心の方式を提案し、米国の要求を全面的に受け入れるのは難しいとの立場を明らかにした。米国は韓国に対し、日本と同様の交渉妥結方式を期待し、米国内での製造･投資拡大を議論中である。

現在、韓国と米国の関税交渉は貿易、投資、安全保障が絡み合った複合的な局面にある。両国は2012年に発効した韓米自由貿易協定(KORUS FTA)以降、概ね無関税体制を維持してきたが、2025年に入り米国が「相互関税」を一方的に適用したことで状況が変わった。貿易相手国が非関税障壁を米国に不利に運用する状況を是正するという名目で、韓国をはじめとする主要貿易国に関税の再交渉を要求しているが、米国が課した関税率が一方的に提示され、関税率水準も非常に高いため、不満を示している。

米国との関税交渉が停滞する中、自動車など一部産業で過去に無関税の恩恵を受けていた品目が関税適用を受けることになり、韓国は日本や欧州連合(EU)に比べて相対的に不利な条件となった。韓国は品目別関税調整交渉には応じない方針を維持しているが、これも米国の圧力が強まれば受け入れざるを得ず、韓国の対米輸出はさらに大きな困難に直面することになるだろう。

韓国と日本の通貨関連の比較

	韓國	日本
外貨保有額	4220億ドル (2025. 9)	1兆2532億ドル (2025. 2)
GDP (IMF, U$)	1兆7609億 (2024)	4兆1104億 (2024)
對米 貿易收支 (U$)	444億 (2023)	640億 (2024)
通貨 status	Non 基軸通貨	IMF 基軸通貨
Dollar swap	ない	無制限

関税交渉は安全保障･外交要素とも結びついて進められている。韓米交渉は安全保障枠組みと投資･関税交渉が並行して推進されており、韓国は通貨スワップ締結を要請したため、単純な貿易紛争を超え金融安定性までを含む局面へと拡大している。また韓国は米国との交渉を通じ、2015年に締結された韓米原子力協定を改正し、ウラン濃縮と使用済み核燃料の再処理権限を確保しようとしている。韓国は10月末に慶州で開催されるAPECに参加するトランプ大統領との首脳会談で合意がまとまるよう努力している。今後の交渉の方向性は、米国が要求する投資方式と規模に韓国がどれだけ対応できるか、そして米国の裁判所判決が関税制度の正当性に影響を与えるかどうかにかかっている。

Miranは関税賦課自体が目的ではなく、米国の製造業基盤を再建するための政策手段だと主張した。米国貿易に関しては、為替レートと関税率の調整だけでは製造業の再建は不可能であり、外国からの米国製造業への投資が必要だとされる。すなわち、半導体、先端製造業、エネルギーなどの戦略産業への投資を拡大し、規制を緩和して内需産業の競争力を回復すべきだと主張する。こうした産業政策が並行して進められて初めて、貿易秩序の再編が実際の成果につながるという見方だ。

米国製造業基盤の再建必要性という観点から、韓国政府が考える交渉の梃子は、米国製造業再建に貢献できる競争力のある産業部門と企業が韓国にいくつか存在するという点である。米国の脆弱な製造業基盤、特に海上安全保障に直接関わる造船業投資のために、1500億ドル規模のMASGA(Make American Shipbuilding Great Again)プロジェクトを米国に提案した。韓米間の造船及び艦艇分野の協力が進んでおり、韓国の造船経験を米国に移転し、インフラの近代化及びサービス能力強化に活用しようとする提案である。未来産業である人工知能に関しても、産業発展に必須の半導体チップの供給と生産の一部を米国に移転する投資を進めている。

Miranが提示した産業政策強化は韓国にとって機会であり圧力でもある。米国が半導体、エネルギー、先端技術分野を戦略産業として育成し同盟国の参加を求めるならば、韓国企業はグローバルサプライチェーン再編におけるパートナーとなり得る。しかしこれは同時に米国政策の変動性、保護主義強化、技術規制など外部リスクに晒される可能性もある。

関税と貿易アクセスの差別化に関連し、米国が同盟国と非同盟国を区別して貿易条件を差別化する場合、韓国は同盟国として有利な地位を得られる可能性がある。しかし米国は同盟国に対し「安全保障と貿易の連動」を要求する可能性が高い。2024年度全体の貿易額に中国が約20%を占める韓国経済には選択の圧力が加わる可能性がある。米国のサプライチェーン関連対中封じ込めに参加すれば、米国市場で利益を得る代わりに中国市場で制裁や報復を受けるリスクが存在する。

Miranは中国を牽制し、米国中心の貿易秩序を強化することに重点を置いている。これは北東アジアの貿易ネットワークの再編を促進する可能性があり、韓国は中国への依存度を減らす方向でサプライチェーンを多様化または構造調整することが避けられない。特に半導体、バッテリー、先端製造業などの戦略産業は米国の保護·支援対象となり得るが、同時に中国との摩擦が深刻化する可能性が高い。韓国は米国と中国という二つの超大国に挟まれているため、新たな貿易秩序の変化に直接的な影響を受けざるを得ない。韓国は米国との同盟関係を活かして米国市場で競争優位を確保できるが、同時に中国との経済関係悪化、輸出構造の変化、戦略的選択の圧力という課題に直面することになる。

李在明政権は米国と中国の間で均衡を図ろうとする立場である。地政学的負担と中国との緊密な貿易関係を名目に戦略的曖昧性を維持しようとするが、米中対立が激化すれば曖昧性を維持できず選択を迫られるだろう。戦略的曖昧性を堅持する場合、米国は日本をより信頼できるパートナーと見なす一方、韓国に対してはより明確な選択と貢献を求める可能性が高い。

(2) 韓米安保関係：同盟の現代化

「同盟の現代化」という概念は、2002年に米国務省文書で「modernize our 50 year old military partnership」という表現を通じて初めて言及された。トランプ政権下における同盟現代化に関しては、韓国外交部と国防部は「未来志向的·包括的戦略同盟」という既存の枠組みの中で対応している。防衛費交渉では合理的な水準の引き上げを受け入れる一方、在韓米軍の安定駐留と任務範囲の過度な拡大には慎重な立場を取る。先端技術協力と経済安全保障分野における米国との協力を強調することで、「現代化」の意味を費用分担から価値·利益拡大へと転換しようとする試みを行っている。

「同盟現代化」という用語はトランプ2期において防衛費増加及び役割再調整の名分として用いられており、韓国は軍事安保面で再調整すべき負担がある。韓国は米中競争の中で同盟現代化の範囲を安保·経済·価値の均衡の中で設計すべきであり、防衛費及び役割拡大要求を国内世論と調整する必要がある。

トランプ大統領は「相互性(reciprocity)」を前面に掲げ、在韓米軍運営費と戦略資産配備費用に対する韓国の負担拡大を要求した。トランプ2期の現代化は軍事技術のアップグレードよりも費用増加と役割再配分が核心であり、同盟を取引の枠組みの中で再構築しようとする意図が明確である。現代化には三つの特徴がある。

第一に、防衛費に関して、先端戦力導入と訓練強化を理由に韓国の財政的貢献増大を圧迫する。Colbyは米国が世界の安全保障を単独で担えないと強調し、同盟国の自律的責任強化を求める。これはすなわち、韓国が自国防衛力強化とともに、米国主導の地域安全保障構想に積極的に貢献するよう圧迫することにつながるだろう。

第二に、役割の再調整、すなわち韓国が自国防衛だけでなく域内(インド･太平洋)の安全保障にさらに積極的に参加することが求められる。米国の戦略的優先順位が中国牽制と台湾防衛に合致している点から、韓国は米中競争の戦線において役割拡大が求められる。米国が資源を集中投入するインド･太平洋地域の核心拠点の一つが朝鮮半島であるためだ。韓国の防衛役割拡大に関連し、李在明政権は戦時作戦統制権(OPCON)回復を名分としている。すなわち、OPCON回復により北朝鮮の軍事的脅威を直接防衛し、有事発生時には自ら軍事作戦を実施するという主張である。しかし北朝鮮脅威への対応に関して、米軍の役割減少という軍事的観点よりも、この政権は軍事的主権回復という政治的主張を用いて国内政治的に利用している。軍事的主権確保という観点から、李在明政権はColbyが『The Strategy of Denial』で言及した「友好的な核拡散」(friendly proliferation)の文脈において、核主権という名目で自前の核武装の可能性を米国側に打診する可能性もある。

第三に、戦略的柔軟性の拡大、すなわち在韓米軍を特定地域防衛に限定せず、他地域へ迅速展開できるようにすることである。米国は戦略的柔軟性を拡大し、在韓米軍をインド太平洋地域内の機動性のある(Mobile)資産としたいと考えている。韓国としては、北朝鮮抑止のため、在韓米軍の安定駐留を期待している。トランプ第2期の対中政策は第1期よりさらに強硬である。米国は韓米同盟の現代化を「中国牽制網」の一部として設計している。貿易不均衡是正、先端技術遮断、南シナ海軍事牽制、台湾問題における軍事的警告が並行される。中国もこれに対応し、軍事力近代化と域内影響力拡大を加速させている。この構図の中で、すなわち在韓米軍の任務が北朝鮮の軍事的脅威に対する抑止を超え、南シナ海・台湾海峡情勢と連動する可能性が高まる。

台湾海峡有事の際、米国は日本だけでなく韓国にも一定の役割を期待し得る。これは韓国の戦略的選択を困難にする。米国の要求に対する協力の積極性という観点で韓国が躊躇すれば、韓国の重要性は日本に比べて弱まる可能性がある。日本は既に自衛隊の役割拡大と憲法解釈の変更を通じて台湾海峡事態に積極的に介入する態勢を見せている。一方、李在明政権は地政学的利害関係と国内政治的支持勢力を考慮し、消極的態度を維持する可能性が高い。この差異は米国が北東アジア安保戦略を設計する過程で日本をより核心的パートナーと見なすようにさせ、韓米同盟の地位にも微妙な亀裂をもたらす可能性がある。

韓米同盟の現代化が現実化すれば、北朝鮮の軍事的脅威変数に対する優先順位が調整される可能性がある。米国が中国牽制に集中すればするほど、北朝鮮問題は米国側から見て相対的に後回しにされる恐れがある。しかし韓国側では、北朝鮮の軍事的挑発と核脅威が依然として安保の最優先課題だ。Colby式戦略が中国抑止に偏る場合、韓米間の安保優先順位の不一致が拡大する可能性があり、韓国は自ら対北抑止力を強化しなければならない負担に直面する恐れがある。

Colbyの戦略は、単なる米国の国防構想にとどまらず、北東アジア全体の勢力均衡を再編する新たな安全保障秩序の出発点となり得る。韓国は米国の対中抑止戦略に便乗し、北東アジアの安全保障安定に貢献できる機会となるが、一方で台湾海峡や南シナ海など韓国の直接的利害関係外の紛争が発生すれば、困難な戦略的選択を迫られる。韓国が単なる同盟国を超え、戦略的前進基地としての地位を確立する可能性が高まる一方で、同時に中国との経済·安全保障摩擦がさらに深刻化し、韓国外交は選択の圧力をより強く受けることになるだろう。

Ⅲ. 米日関係

(1) 貿易交渉と投資

2025年7月22日、米国と日本は5,500億ドル規模の貿易·投資協定を締結した。日本産自動車及び部品に対する米国の関税は25%から15%に引き下げられ、日本は米国産農産物の輸入拡大、日本国内における米国自動車の参入障壁が緩和された。米国はこれにより自国での雇用創出と農業·製造業基盤の強化を図っており、日本は対外的に協力イメージを維持すると同時に過度な貿易摩擦を回避する意図を示した。トランプは日米貿易合意を「史上最大規模」と自賛し、他国も同様の交渉機会を得られることを示唆した。特に韓国に対しては日本と同様の方式での関税交渉を求めている。

合意後も詳細条項をめぐる意見の相違は依然として存在する。特に「15%関税」の意味について、日本はこれを既存の関税率に代わるものと理解したが、米国側は法令化過程において既存関税に追加で15%を課す方式と解釈している。日本政府は即座に修正要求を提起し、両国は関連条項の再調整可能性を残している。日米合意は、実際の履行段階において、日本が約束した投資と輸入拡大措置がどれだけ実現されるか、米国が追加関税や新たな規制措置を実施するか否かなどが、今後の協議の核心争点として浮上する可能性が高い。また、日本国内では米国の要求に対する譲歩が過度だったという批判世論が存在し、米国国内でも関税政策が国内物価と消費者負担につながる可能性があるという懸念が提起されている。

(2) 日米安全保障協力

トランプ氏は選挙遊説過程で、日米安全保障条約から日本が一方的に利益を得ていると批判し、日本に防衛費増額を要求した。Colbyは同盟国の防衛費増額と役割強化を強調する。彼は日本が既に国内総生産(GDP)比2%水準まで国防費を増やすと約束したにもかかわらず、これを超えて防衛費を3%以上に拡大すべきだと公に主張した。これは日本が自衛隊増強を通じて米国との協力においてより積極的な役割を果たすべきだという要求につながる。また彼は、単に米国が日本を防衛する構造を超え、日本自らが抑止力を備え、米国はこれを支援する方式で同盟構造が再編されることを望んでいるようだ。日本は防衛費増額及び自国防衛能力強化とともに、日米間の統合指揮体系·軍事連合訓練を拡大しており、自衛隊の海外類似事態介入可能性などを戦略的に検討している。

「拒否戦略(strategy of denial)」によれば、敵の攻撃を単に防ぐレベルではなく、そもそも攻撃を敢行できないようにする能動的な抑止力を強化する概念である。ミサイル防衛網、共同監視システム、宇宙とサイバー領域での協力拡大は、こうした戦略的思考が反映され得る分野だ。日本の領土防衛強化と米軍資産のアジア集中配備もまた、Colbyの構想と同じ文脈にある。Colbyのような対中強硬論の立場は、米国の安全保障資源を欧州や中東よりもインド·太平洋地域に集中させるべきだという立場を継続的に強調してきた。日本を含む東アジア同盟国との安全保障協力構想には、Colbyのアイデアが相当部分反映される可能性が高い。

Colbyは日米安全保障協力をより積極的かつ攻勢的な性格へと引き上げようとする方向性を提示する。日本の防衛費増額、日米共同抑止力の強化、先端技術分野での協力拡大などが具体的な協力案である。このようなビジョンが実際の政策として推進されるには、日本国内の政治、同盟内の信頼問題、費用と能力の現実的限界などについて議論が必要であろう。トランプ2期下で日米安保協力が拡大される可能性は高いが、その過程は米国側の強硬な要求と現実的制約との緊張の中で調整される見通しである。日本は憲法第9条と平和主義的世論という政治的制約を抱えており、国防費増額と米軍基地負担拡大は国内反発を招く恐れがある。米国内部でもトランプ政権特有の気まぐれな政策基調と貿易摩擦要素が安全保障協力の信頼性を揺るがす変数として作用しうる。

Ⅳ. 韓米日協力

トランプ第2期政権における韓日協力は、経済と安全保障という二つの軸で考えることができる。経済的には、トランプ政権が提起する関税賦課に関連し、韓日間の協力は容易ではない。韓国と日本は外貨準備高など経済的能力の差により、米国が要求する直接投資の規模とその構成において異なる立場を持っている。産業構造の面では、韓日が世界的競争力を持つ産業部門が異なる。米国が品目別関税率を差別適用する場合、韓日間の協力の余地を見出すのは容易ではないだろう。

安全保障面では、米国は中国の覇権掌握を阻止するため同盟国間の抑止力を強調し、日本や韓国のような同盟国の貢献を求めてきた。台湾海峡の有事事態を想定した場合、日本は地理的･軍事的特性上、積極的な介入が避けられず、韓国は後方基地の提供や軍需支援などにおいてより明確な貢献を求める圧力を受ける可能性がある。こうした文脈において、韓日が北朝鮮抑止を超え、中国牽制という共通利益を明確にし、米日同盟と韓米同盟を三角形で結ぶ戦略が必要である。サイバー、宇宙、海洋安全保障など新たな領域での連合訓練と情報共有を拡大することも協力の方向となり得る。この過程で韓国は日本との歴史･政治的葛藤を最小化しつつ、「経済協力＋安全保障分担」を一つのパッケージとしてまとめ上げねばならない。

韓米同盟と米日同盟が強化されれば、韓･米･日三者協力が求められる。Colbyが強調する抑止戦略は、台湾海峡、東シナ海、朝鮮半島の安全保障を一つの連続線上として扱うため、日本が積極的に前面に出れば、米国は韓国に対しても日本との情報共有、合同訓練、ミサイル防衛網連携へのより深い参加を求める可能性がある。これは韓国が日本との安全保障協調をどう受け入れるか、戦略的判断を避けられなくする。

日本の国防費増額もまた韓国に圧迫として迫る。日本は既にGDP比2％以上の国防費を計上しており、Colbyはこれをさらに引き上げるべきと主張する。これは北東アジアにおける軍事力均衡の変化をもたらし、韓国もまた国防費をさらに増やさざるを得ない環境に置かれることになる。韓国財政に相当な負担となるが、北朝鮮の軍事的脅威が常在する限り、甘受せざるを得ない。

韓米日協力の過程で同盟のジレンマが生じうる。米国の要求を積極的に受け入れ日本と共に安保共助を拡大すれば、米国の安保公約をより確実に保証できる。しかし国防費増額及び対中外交的負担を負う可能性もある。逆に一定の線を引き独自防衛能力を強化すれば、自律性は確保できるが米国の圧力と葛藤を甘受せねばならない。

韓米日協力において、台湾海峡の有事事態に対する韓国と日本の対応の積極性には差がある。日本は台湾海峡事態により積極的に関与する可能性が高いが、韓国は北朝鮮という直接的な脅威を抱えており、台湾問題に深く介入することを負担と考えている。まず地政学的·安全保障的側面から、韓国安全保障政策の最優先課題は依然として北朝鮮の核·ミサイル脅威の抑止と朝鮮半島防衛である。もし韓国が台湾問題に過度に介入した場合、北朝鮮がこれを機に軍事的攻勢に出る可能性があり、戦略的選択肢が大きく制限される。また韓国は中国と地理的に隣接しているだけでなく、経済·安全保障面での連携も密接である。したがって中国の直接的な圧力可能性を考慮し、台湾情勢への介入には慎重にならざるを得ない。

経済的要因として、韓国は貿易における対中依存度が2024年度時点で約20%を占め、特に半導体·電池·素材産業のサプライチェーンが中国と緊密に結びついている。もし韓国が積極的な軍事介入に踏み切った場合、過去のTHAAD(サード)配備問題のような経済的報復が再現されるリスクが高い。日本が比較的経済構造の多様化を推進したのとは異なり、韓国は依然として中国市場への依存度が高く、外交的均衡を維持しようとする傾向が強い。

外交的に李在明政権の場合、米中競争構図の中でいずれか一方に全面的に立つことに負担を感じ、戦略的均衡外交を追求している。中国との関係が断絶された場合、南北対話と北東アジア多国間外交における仲介者としての役割を果たす余地が縮小されることを懸念しているようだ。

一方、日本は台湾海峡情勢により積極的に介入できる構造的背景がある。日本は「第一列島線」上の核心位置にあり、台湾と日本南西部の沿岸は米国のインド太平洋戦略において中国の海洋進出を牽制する重要な防衛線として機能する。実際、日本は与那国島など南西地域にミサイル部隊を配備し、空港･港湾の拡充、地下避難所の建設などを推進し、戦略的前進基地化を進めている。

中国に対する安全保障上の脅威認識が積極性を強化する要因である。中国の軍事力増強、台湾周辺での活動増加、ロシアとの合同訓練は、日本にとって直接的な脅威として迫っている。特に中国が極端な行動に出た場合、日本本土が直接的な攻撃対象となり得るという懸念が広がっている。

最後に、米国との同盟圧力が日本の立場を規定する。米国は日本に対し、ミサイル防衛、連合訓練、後方支援などへの積極的参加を期待している。これを受け日本は米国との協力を強化する方向で戦略的選択を行っている。法的基盤も整備しており、2014～2015年の憲法解釈変更で集団的自衛権を認め、続く平和安全保障関連法は同盟国支援、護衛、弾道ミサイル対応などを法的に裏付ける。

日本の最近の国内政治変化が新たな考慮要素として浮上した。2015年10月4日、自民党は高市早苗衆議院議員を新総裁に選出した。高市新総裁は初の女性自民党総裁として｢女･安倍｣との評価を受けている。10月10日に連立政権を構成していた公明党が連立を解消したため、衆議院で新たに多数を形成する政党が首相に選出される見通しだ。

もし高市氏が新首相に選出されれば、安倍政権の対外政策を踏襲する可能性が高い。すなわち、インド太平洋戦略において米国と韓国の協力関係を強調し、韓米日協力関係はさらに強化される可能性がある。一方、高市新総裁を政治的に支持する日本国内勢力は、軍国主義の歴史を肯定し称賛する勢力であるため、このような政治的志向が歴史懸案において現実政治に現れるならば、韓国との葛藤が発生する可能性が高い。韓国の李在明政権は進歩理念政権として、日本の軍国主義によって犠牲を強いられた人々に対して非常に同情的であり、この犠牲を否定する日本の動きには正面から対応する可能性が高い。歴史問題によって韓日間の葛藤が発生すれば、韓日の安保協力に否定的な影響を与える可能性が高い。

트럼프 2기 행정부 하의 한일 및 한미일 협력

윤덕민 _ 한국외국어대 석좌교수

1. 문제의 제기

한국전쟁이후 대한민국에게 번영과 평화를 가져왔던 자유주의 국제질서는 여지없이 무너지고 있다. 트럼프 정권이 등장할 때, '무엇을 상상하던 그 이상을 보게 될 것'이라는 평가가 있었지만, 평가대로 우리들은 상상했던 이상의 급격한 전략환경의 변화를 목격하고 있다. 우리의 유일한 동맹국 미국의 2기 트럼프정권이 등장하면서 국제질서와 한반도를 둘러싼 전략환경은 급격한 변화에 직면하고 있다. 우리가 익숙했던 국제질서와 전략환경은 더 이상 유효하지 않다.

CSIS의 빅터 차(Victor Cha) 한국석좌는 '아시아에서 미국의 안보파트너 국가들은 미국이 이 지역의 자유주의적 국제질서를 뒷받침해온 자애로운 후원국이 아니라, 단지 자국의 이익만을 추구하는 거래 중심의 행위자로 변화하고 있음을 인식해야 한다. 따라서 자국의 방위를 위해 보다 자율적인 대응이 필요하다. 호주, 일본, 한국 등 미국의 긴밀한 동맹국을 비롯하여 인도태평양 지역의 모든 미국 동맹국들은 제2기 트럼프 행정부가 새로운 난제와 어려움을 가져올 것이라는 현실에 이제는 눈을 떠야 한다'고 지적했다.[1]

---

1 Victor Cha, "America's Asian Partners are not worried enough about Trump: How his return could destablize the region," *Foreign Affaris*, June 26, 2024.

극적인 한일관계 개선과 캠프데이비드 정상회의로 구축된 한미일 협력도 기로에 서있다. 변화하는 국제질서하에서 한미일 및 한일 협력을 위해 무엇을 해야 하는지, 본고는 한일 및 한미일 협력 방안을 고찰하는데 목적이 있다.

2. Trump 2.0이 가져오고 있는 세계

제1기 트럼프 행정부는 그의 급진적이고 직관적인 대외정책이 정치적 경험이 풍부한 고위 참모들과 관료들에 의해 상당히 억제되었다. 제임스 메티스 국방장관, 마이크 폼페오 국무장관, 존 볼톤 국가안보보좌관 등의 역할과 공헌으로 상당 부분 억제되었고, 오히려 미일동맹이나 NATO 등 전반적으로 동맹이 강화되는 경향이 나타나기도 했다. 특히 트럼프 대통령의 지론처럼 제기되었던 주한미군 철수 문제도 이들의 역할에 의해 저지된 바 있다.

제1기 트럼프 행정부와는 달리, 2025년 1월에 출범한 2기 행정부는 매우 혁명적이고 급진적 외교노선을 취하고 있다. 공화당내 국제주의자들은 정권에 거의 참여하지 않고 있다. 한때 역할이 기대되었던 마르코 루비오 국무장관, 엘브리지 콜비 국방차관 등 대중 강경 국제주의자들은 행정부내 고립되어 존재감이 없다. 마이크 월츠 국가안보보좌관은 경질되었고 그의 후임은 루비오 장관이 겸임하도록 하고 있다. 트럼프 대통령 주변에는 그를 견제할 외교안보 참모는 존재하지 않고 충성파만 있을 뿐이다. 그 결과, 동맹국에 대한 제로섬적 태도가 강화되고 관세와 무역에 있어서 동맹에 대한 배려없는 공세적 입장이 개진된다.

트럼프정부는 미국 제조업의 부활을 전략목표로 미국 우선주의에 입각한 '마가정책(MAGA: Make America Great Again)'을 적극적으로 추진하고 있다.

트럼프 대통령은 2차 세계대전이후 미국이 주도하여 건설한 자유주의 국제질서를 스스로 붕괴시키고 있다. 트럼프는 미국에 불리하고 다른 국가들에게만 이익이 가는 자유주의 국제질서를 유지하기 위해 미국민의 세금을 쓰지 않겠다고 천명한다. 트럼프는 대외관계에 있어서 미국이 일방적으로 손해가 되고 타국에게만 이익이 되는 불균형 구조를 더 이상 방관하지 않겠다는 입장이다. 유엔, WHO, WTO 등 국제기구에 대해 매우 비판적인 시각을 갖고 있으며, 무용론을 개진하기도 한다. 미국이 비효율적인 국제기구에 많은 부담금을 내는 것에 비판적이며 유네스코, WHO, UNHCR(유엔인권이사회), 파리기후협정 등에서 탈퇴를 선언한 적 있다.

트럼프대통령은 특히 자유무역질서에 매우 부정적 입장을 가지고 있으며 자유무역이 미국제조업 기반을 무너뜨리고 일자리를 해외로 유출시키고 있다고 본다. 자유무역은 전세계가 미국을 상대로 불공정한 이득을 취하는 멍청한 무역이라고 맹비난한다. 특히 중국에게 미국의 일자리를 빼앗기게 하고 중국에게만 이로운 체제라는 것이다.

트럼프 대통령은 자유무역시대의 종언을 선언하며 무역불균형을 개선하고 공정한 경쟁을 위해 모든 수입품에 최소 10%의 보편적 관세를 부과하고 동맹과 우방국들에게도 평균 25%의 관세를 부과했다. 중국 등 몇몇 국가에 대해서는 60%이상의 징벌적 관세를 부과했다.

트럼프 대통령의 동맹관도 과거와는 다르다. 미국은 세계적인 동맹네트워크와 협력관계를 통해 국제질서를 안정적으로 관리하여 왔다. 트럼프 대통령은 동맹에 대한 관점이 다르다. 그는 전통적 동맹관계보다 미국의 이익을 최우선으로 고려하고 있고 동맹을 '거래의 관계'로 재정의하려 한다. 부자나라인 동맹국들의 방위를 위해 미국이 방위를 위해 부담을 지는 것은 불합리하다는 것이다. 미국은 동맹국들에게 강력히 방위비분담과 국방비 증액을 요구하는 전방위적 압박을 취하고 있다. NATO 동맹국들에게는

GDP 5%수준까지 인상할 것을 요구한다. 2025년 6월 헤이그 NATO정상회담에서 동맹국들은 2035년까지 방위비 목표를 5%로 늘리기로 합의했다. 한일 양국도 트럼프 대통령과의 정상회담이후 3.5% 방위비 증액을 추진하기로 했다.

전통적으로 미국은 민주주의 가치관을 중시하고 민주주의 확산을 추진해 왔다. 그러나 트럼프 행정부는 자유, 민주주의, 법치 등 국제질서를 지탱하는 보편적 가치에 대한 관여를 크게 후퇴시키고 있다. 민주주의 가치관의 리더인 미국이 더 이상 이를 중시하지 않는 태도를 취하는 가운데, 적지않은 민주주의 국가들이 국내 정치경제적 어려움에 직면하여 있다. 글로벌 사우스를 중심으로 비민주적 권위주의 국가군이 증대되는 상황에서, 민주주의 쇠퇴가 글로벌 현상으로 부상되고 있다. 트럼프 대통령 자신도 민주주의 동맹국 지도자들보다 푸틴, 시진핑, 김정은 등 독재국가 지도자들과의 우호관계를 강화하는데 관심이 있어 보인다. 이러한 상황에서 중국의 80주년 전승절 기념일을 계기로 시진핑, 푸틴, 김정은의 권위주의 연대가 부상하고 있다.

트럼프 대통령은 미국의 국익에 직접 도움이 되지않는 해외군사 활동에 개입하지 않는다는 입장을 표명하고 있다. 그러나 그의 표명과는 달리, 국제사회에서 전쟁은 확산하는 경향을 보이고 있다. 우크라이나 전쟁의 빠른 종전을 추진하는 트럼프 행정부는 우크라이나에 대한 군사적 지원을 줄이면서 침략한 러시아의 이해를 고려하여 우크라이나가 점령당한 지역을 러시아에게 양보하도록 하는 중재안을 강요한다. 러시아는 이를 기회로 여기고 점령지 확대를 통한 돈바스지역의 영토확보를 꾀하면서 전쟁은 장기화하고 있다. 그리고 유럽의 전쟁은 중동으로 비화하였다. 이스라엘과 하마스·헤즈볼라 분쟁은 확전되어 이란과 이스라엘 사이의 전쟁으로 비화했으며 미국도 개입하여 이란 핵시설에 대한 공습을 강행한 바 있다. 미국은 마약문제를 이유로 베네수엘라에 대한 군사적 압박을 취하고 있다. 유럽에서 시작된 전쟁은 중동과 남미로 비화했으며 대만문제 등으로 동아시아로 번질 위험성을 내포한다. 특히 미국, 러시아, 중국이 당사자가 되어 개입하는 분쟁이 전세계로 확산할 위험성을 갖는다.

선진 민주주의 국가들의 경제적 어려움은 이민자에 대한 배타적 분위기를 증가시키고 있다. 양극화 현상으로 큰 어려움을 겪는 일반 국민들은 자신의 일자리를 잠식하는 외국인들에 대해 좋지 않은 감정을 갖게 되는 상황에서 극우 민족주의적 정치인들은 국민들의 배외적 의식을 부채질하면서 자신의 정치적 입지를 강화하는데 활용한다. 트럼프 대통령도 러스트 벨트 등의 일자리를 잃은 백인 노동자와 중산층의 분노를 자극하여 지지층을 결집하여왔다. 2기 트럼프 행정부는 불법이민에 대한 강력한 규제와 합법 이민 축소 및 제한을 핵심으로 하는 강경한 이민정책을 추진한다. 불법이민자의 대규모 강제추방, 멕시코 국경장벽 건설, 합법이민의 축소 등을 통해 강경한 정책을 추진하고 있다.

3. 한미일관계를 둘러싼 전략환경 평가

한미일 협력을 둘러싼 동아시아 전략환경에 있어서 가장 극적인 변화는 중국의 부상이다. 중국은 등소평의 개혁개방정책을 통해 시장경제를 도입하여 급속한 경제성장을 이루었다. 미국 등 서방세계는 중국이 경제발전을 통해 궁극적으로 민주주의 국가로 전환될 것이라는 기대감을 갖고 있었다. 2010년 중국은 일본을 제치고 세계2위의 경제대국으로 부상했고 미국의 금융위기를 계기로 미국을 추월할 수 있다는 생각을 갖게 되었다. 후진타오 주석에 이은 시진핑 주석은 서방세계의 기대와는 달리 권위주의적 색채를 강화하고 모택동시대와 같은 정치체제로의 회귀를 추진하였다. 더욱이 주권과 영토보전을 지키기 위해 무력 사용을 포기할 수 없다는 입장으로 대만과의 통일을 이룰 것임을 천명하기에 이른다. 시진핑정권은 2027년까지 인민해방군이 대만을 무력으로 침공할 수 있는 능력을 갖추도록 지시한 것으로 알려진다.

중국은 제국주의 시대의 중상주의를 연상하게 하는 일대일로 정책을 적극화하여 유라시아와 해양에서의 패권을 동시에 추진하는 모습을 보인다. 2015년 '중국제조 2025'를 추진하면서 중국의 제조업은 비약적인 발전을 이루어 선진국 평균의 제조업 수준을 뛰어넘어 10개 분야중 4개 분야가 세계1위로 6개 분야는 세계2위로 부상했다. 비록 천문학적 국가 보조금을 통해 부동산과 주력 제조업을 지탱하는 모습에서 중국경제가 더 이상 성장하기 어렵다는 '차이나 피크'(China Peak)론이 있지만, AI, 양자컴퓨터, 그린에너지 등 첨단기술에 있어서 미국과 경쟁하는 기술력을 급속히 발전시키고 있다.

공세적 현실주의의 입장에서, 국력이 급부상한 중국은 지속적으로 방어영역을 확대하는 경향을 보여 왔다. 중국은 90년대초 대만과 티벳을 자신의 핵심이익이라고 주장한다. 2000년대 들어서는 남중국해를 자신의 핵심이익으로 주장했고 곧이어 남중국해를 영해로 주장하기 시작한다. 인민해방군은 일본-오키나와-필리핀으로 이어지는 제1열도선에서 미국의 영향력을 배제하는 것을 목표로 하더니 최근에서 태평양으로 나가는 제2열도선까지 방어영역을 확대하고 있다. 국력상승에 따라 중국은 100여년전 제국일본과 마찬가지로 방어영역이 확대되고 있고 미국의 영향력을 축출하고 지역의 패권을 확실히 하고자 하는 노골적 의도를 드러내고 있다. 동아시아에서 미중의 패권경쟁이 본격화하고 있다고 볼 수 있다.

중국이 대만을 침공할 가능성은 높지 않다고 본다. 그러나 미국이 관세와 첨단기술 차단으로 압박하는 가운데 부동산 버블붕괴, 주요 제조업 부진, 실업 등으로 중국경제 상황이 악화되고 국민불만이 높아진다면 중국은 내부위기를 외부위협으로 돌리는 선택으로 대만을 침공할 개연성을 배제할 수는 없을 것이다.

동아시아의 지정학에 있어서 중대한 변화의 하나가 러북 군사동맹의 부활과 중러북 연대가 대두되고 있다는 점이다. 우크라이나 전쟁의 소모전을 계기로 러시아는 포탄과 병기의 도입은 물론 병력지원을 위해 북한에 접근했으며, 결과 러북 군사동맹이 부활했다. 북한은 약 1만5천명 상당의 병력을 우크라이나 전선에 파병했으며 상당한 손실로 4000여명이상의 사상자가 난 것으로 알려진다. 처음 파병소식이 알려졌을 때, 북한군 이미지는 영양실조로 왜소하고 시대 뒤쳐진 열악한 무기체계에 의존하는 구식군대라고 생각했다. 전투력은 형편없을 것으로 판단되었다. 북한군이 우크라이나에 파병한다고 했을 때, 낮은 사기로 많은 병사들이 투항해올 것으로 생각했다. 총알받이처럼 초기 수많은 사상자가 있었지만, 그들에 대한 평가는 우리의 예상과는 달랐다. 부상으로 포로로 잡힌 몇몇 외에는 투항한 병사가 거의 없다. 북한군과 싸웠던 우크라이나군 정보기관은 북한군을 잘 훈련되고 규율이 쎄며 정신력이 강한 광신적인 전투집단으로 평가한다.[2] 사력을 다해 돌격하며 항복하지 않고 천황을 위해 자결하는 구일본제국군과 유사한 군대라는 것이다. 초기 전장환경에 익숙하지 않은 탓에 많은 피해가 있었지만, 점점 적응하면서 상당한 전투력을 보인 것으로 알려진다. 북한군은 만만하지 않다. 수령을 위해 목숨을 바쳐 결사옹위하는 북한군이 픽션이 아닌 현실이라는 것을 보여주었다. 김정은은 무척 기뻤을 것이다.

북한군은 우크라이나 파병을 통해 값진 실전경험을 쌓았다. 특히 서방제 무기와 전술을 직접 접했으며 드론전으로 대변되는 현대전의 양상을 실전을 통해 체득했다. 이를 통해 북한군은 환골탈태중이다. 핵무기 뿐만아니라 드론전력에 상당한 힘을 기울이는 모습이다. 더욱이 이번 파병으로 북한은 러시아로부터 전투기, 대공미사일, 핵잠수함 등 첨단 군사장비와 기술을 얻

---

2 Takayuki Tanaka, "North Korea will be 'bigger threat' to Asia after combat in Russia: Ukrainian official," *Nikkei Asia*, March 1, 2025.

을 수 있게 되었다.

지역에 있어서 가장 직접적인 위협은 북한의 핵무장이 기정사실화되었다는 사실이다. 2006년 첫 핵실험을 실시한 이래, 북한의 핵무기 능력은 국제사회의 노력에도 불구하고 지속적으로 증강되어 왔다. 1기 트럼프 행정부 당시 싱가포르, 베트남 하노이, 판문점에서 3차례의 역사적인 미북정상회담이 개최되었고 한반도의 평화와 비핵화가 크게 진전되는 듯한 인상을 주었지만, 사실 단 한 개의 북한 핵무기도 줄어들지 않았고 핵무기 생산 인프라의 신고는 물론 동결도 없었으며 북한 핵무기 능력은 질량에서 비약적 발전을 하고 있다. 전문가들은 50~70개의 핵탄두를 보유하고 있고 한국 전역은 물론 일본과 아태지역의 미군기지를 공격할 수 있는 중·단거리 탄도미사일 1000여 기를 이미 배치한 것으로 평가한다. 더욱이 매년 10개 이상의 핵탄두를 생산할 수 있는 양산체제를 갖춘 것으로 평가된다.

특히 하노이 회담이후 북한은 탄도미사일 실험을 재개하였으며 신형 잠수함발사 미사일(SLBM)을 포함한 100여 차례의 각종 탄도미사일 실험을 통해, 북한 핵전력은 고도화·첨단화하고 있다.

북한은 스커드계열의 구형 장비를 도태시키고 신형 대륙간탄도미사일(ICBM)과 신형 잠수함발사미사일(SLBM) 등 전략무기와 함께 우리의 현무와 러시아의 이스칸데르를 모방한 신형 중단거리 탄도미사일들을 대거 도입하고 있다.

북한은 한국을 적대세력으로 규정하고 전술핵무기를 대거 도입하면서 선제핵사용 독트린을 천명하고 있다. 북한이 핵전력을 실전 배치하고 미 본토를 공격할 수 있는 핵공격 능력을 갖게 됨으로써, 한미 안보상의 연계가 탈동조화(decoupling)되는 상황이 초래되고 있다. 미 본토가 북한 핵미사일의 사정권에 놓이게 된 상황에서 과연 미국은 서울이나 동경이 핵공격을 받을 경우, 평양을 핵보복할 수 있을지 적지않은 의문이 제기된다.

4. 기로에 선 한미일 협력

전후 최악으로 일컬어지던 한일관계가 2023년 5월 윤석열 대통령과 기시다 총리의 정상회담으로 극적인 관계개선이 이루어지면서, 8월18일 캠프데이비드에서 역사적인 한미일 정상회의가 개최되었다. 이 정상회의는 동아시아의 지정학적 전략지형에 있어 중대한 변화를 의미했다. 캠프데이비드 회의는 다자회의 계기가 아닌 최초의 본격적인 한미일 정상회의였으며, 한미일 3국 협력이 제도화된 협력체로 격상되는 기초를 마련했다. 이 회의에서 한미일 3국 정상은 최소 연 1회 이상 정상회의를 정례적으로 개최하기로 합의했으며, 외교·국방·재무·산업 등 4개 분야별 장관급회의와 국가안보보좌관 회의도 정례화하기로 했다. 또한 안보협력강화를 추진하여, 북핵위협에 대응하기 위해 미사일 경보 실시간 공유를 가동하기로 했으며 3국간 연합 군사훈련도 정기적으로 실시하기로 했다. 경제안보 분야의 협력도 강화하여 공급망 조기경보 시스템을 구축하기로 하고 핵심기술 및 AI 분야 협력을 강화하기로 했다. 또한 한미일 3국은 지역 및 글로벌 이슈대응에 협력하기로 하고 대만해협의 평화와 안정 유지의 중요성을 재확인했다.

캠프데이비드회의 이후, 과거에는 볼 수 없었던 한미일 이지스함간 북한 미사일 요격을 위한 훈련이 동해상에서 실시되고 한미일 전투기와 폭격기 사이의 훈련도 정례적으로 실시되고 있다.

착실히 제도화되고 있던 한미일 전략협력은 트럼프정부 출범이후 불확실성이 커지고 있다. 트럼프 대통령은 동맹의 전략적 가치에 대한 고려없이 철저한 미국 우선주의와 실리에 입각하여 접근하는 경향이 강하다.

한국과 일본에 높은 관세를 부과하고 국방비와 주한 및 주일미군 방위비 분담금 증액을 강하게 요구하는 동맹압박을 우선한다. 특히 바이든 행정부에서 마련된 한미일 캠프데이비드 합의를 지속할지는 불확실성이 크다고 볼 수 있다. 또한 트럼프 대통령은 다자협력보다 미국이 주도할 수 있는 양자관계를 우선하여 3국 협력틀 자체에 회의적일 수 있다. 한미일 캠프데이비드 합의는 중대한 도전에 직면해 있다.

그럼에도 불구하고, 중국의 역내 패권도전, 북한 핵위협, 중러북 연대의 강화 등을 고려할 때, 한미일 전략협력은 매우 중요한 의미를 갖고 있다. 한미일 3국 협력틀에 회의적인 트럼프이지만, 지역에 있어서의 미국의 국익을 고려한다면 한미일협력의 전략적 중요성을 간과할 수는 없을 것이다. 특히 한미일 캠프데이비드 합의에 대해서는 외교안보 전문가들은 물론 미국내 초당적 지지를 얻고 있다고 볼 수 있다.

한미일 전략협력에 있어서 가장 큰 도전은 중국위협에 대한 대처이다. 트럼프 행정부는 중국을 잠재적 위협이 아닌 현존하는 위협으로 경제, 기술, 군사 전반에 걸쳐 미국 패권에 도전하는 최대의 전략적 경쟁자로 평가하고 있다. 트럼프 행정부는 중국위협에 어떻게 대처하려 하는가? 특히 중국이 불공정 무역관행으로 미국으로부터 부를 탈취하고 있다고 보고, 전방위적 고율관세, 기술제제 및 수출통제를 취하고 있다. 그러나 트럼프 대통령이 표방하여온 대중 입장이나 정권에 포진한 대중강경론자와는 다른 움직임을 보이고 있다. 그는 중국을 경제적 위협으로 규정하고 강력한 압박정책을 표방하지만 현실에서는 철저한 실리계산에 입각하여 비즈니스적 접근을 취하는 경향이 있다.

첨단 반도체의 대중수출을 규제하다가도 엔비디아가 매출의 15%를 줄 수 있음을 제안하자 이를 허용하고 있고, 중국 유학 및 이민을 규제하다가도 중국인 유학생 60만명 수용을 발표하는 등 철저히 비즈니스거래에 따른 접근을 한다. 경주APEC시 부산에서 열린 미중정상회담에서 중국에 대한 고율관세를 유보하고 대두 수출을 얻어내고 중국의 희토류규제를 피하기도 했다.

중국의 군사적 위협에 있어 한국, 일본, 호주 등 동맹국과의 결속이 필요하지만, 인태지역 동맹국들을 중시하는 움직임도 캠프데이드 합의와 쿼드,

AUKUS를 활용하겠다는 움직임도 없다. 대중 포위에서 전략적으로 인도의 중요성이 높지만 개인적 이유로 인도에게 고율의 관세를 부과하고 있다. 대만유사 문제와 관련, 일본의 다카이치 사나에 총리가 집단자위권을 행사할 수 있다고 언급한 사안을 두고, 트럼프 대통령은 동맹국인 일본보다 중국의 입장을 두둔하는 쪽으로 대중 거래에 활용했다.

대만문제와 관련 트럼프 대통령의 입장은 불확실한 면이 존재한다. 그는 대만방위에 대한 명확한 커미트먼트를 피하고 있고 유사시 개입여부를 밝히지 않고 있다. 대만에 대해 더 많은 방위비 분담과 자위 노력을 요구하는 한편, 대만을 대중국 협상카드로 활용하려는 경향이 있다. 중국이 대만을 침공할 경우, 과연 미국은 대만을 지키기위해 군사적으로 개입할 것인지를 두고 우려의 목소리가 존재한다. 만일 대만 유사시 미국이 개입하지 않을 경우, 이는 아시아에서 미국의 쇠퇴를 의미함과 동시에 지역의 패권이 중국에게 있음을 알리는 엄청난 지정학적 파장이 될 것이다.

2025년 8월 한미정상회담에서 주한미군 주둔의 중요성을 재확인했지만, 여전히 주한미군 감축·철수문제는 수면하에서 존재한다. 트럼프 대통령은 주한미군 철수를 직간접적으로 여러차례 언급해 왔다. 마크 에스퍼 전국방장관 회고록에 따르면, 트럼프 대통령은 1기 재임시 주한미군 완전철수를 여러번 주장한 바 있으며, 당시 폼페이오 국무장관이 두 번째 임기에 하자며 만류한 바 있다는 것이다. 트럼프 대통령은 매우 부유한 나라인 한국이 주둔비용을 전액 부담하지 않으면 주한미군을 철수할 수 있음을 공개적으로 시사한 바 있다. 미국방성은 부인했지만 4500명 주한미군 삭감을 검토하고 있다는 보도가 나온 바 있다.[3] 주한미군을 부정적으로 보는 인식과 맞물려, 트럼프 대통령은 주한미군 카드를 통해 북한과 거래하고자 하는 가능성을 배제할 수 없다. 과거 트럼프 대통령은 폭격기 등 전략자산 전개 포기,

3 'Pentagon dismisses USFK troop cut report as 'not true,' reaffirms US' firm commitment to South Korea,' *The Korea Times*, May 23, 2025.

연합훈련 중단을 카드로 김정은과 정상회담을 추진했으며 이 과정에서 주한미군 철수도 언급한 적이 있다.

미국의 새로운 국방정책에 있어서 한국을 방위선에서 제외했던 애치슨라인이 부활할 수 있음을 경계해야 할 것이다.

5. 무엇을 할 것인가?

중국의 패권의도, 북한의 핵무장, 중러북의 연대 강화 등 전략환경의 악화는 한일 및 한미일 전략협력의 중요성을 증대시키고 있다. 한반도, 동아시아 지역 그리고 인도태평양지역의 안정과 평화에 있어 가장 긴요한 것은 미국의 지속적인 안보 커미트먼트이고 이를 뒷받침하는 것이 한미 및 미일동맹에 입각한 한미일 전략협력이다. 그러나 트럼프 대통령은 동아시아의 지정학적·전략적 이익에 대한 장기적 시야가 결여된 채로 그때 그때의 경제적 이익을 극대화하기 위한 거래와 비즈니스적 접근에 의존한다.

증대되는 중국의 패권 도전에 즈음하여, 한국의 중요 이익인 지역의 안정적 균형을 유지하기 위해서는 미국의 고립주의 성향에 유의하면서 여하히 동맹과 한미일 협력을 견지하느냐 이다. 미국의 안정적인 역내 커미트먼트를 유지하기 위해서 한일의 전략협력이 매우 중요하다. 한일양국은 연합훈련, 3국협의체의 제도화, 경제안보 등 한미일 전략협력을 긴밀하면서 미국의 역내 역할을 유도하는 협력을 강화해야 할 것이다.

역사적으로 주한미군 철수 문제에 있어서 일본의 협력이 중요했다. 미국의 카터행정부가 주한미군을 철수하려했을 때 당시 박정희 정부와 후쿠다 정부 사이의 협력이 있었다. 트럼프 대통령이 1기 재임중 주한미군 철수를 생각했을 때 이를 상당히 만류한 인물은 일본의 아베총리였다. 현 시점에 있어서도 주한미군 철수나 감축에 있어서 한일이 전략적으로 협력하는 것이 매우 중요하다.

북한이 미 본토를 핵공격할 수 있는 능력을 갖게 됨으로써 한미일 안보의 디커플링이 우려되는 상황에서, 과연 미국은 뉴욕과 LA를 포기하면서까지 서울과 동경을 지켜줄 수 있는지, 미국의 확장억제력 내지는 핵우산에 대한 신뢰성에 중대한 의문이 야기되고 있다.

한미일 3국은 미국의 핵우산 신뢰성을 강화하는 조치들을 강화해야 할 것이다. 확장억제와 핵우산에 대한 한미일 정책조율을 시작해야 할 것이다. 한가지 고려할 수 있는 방안은 동해상에 핵순항미사일을 탑재한 미국의 핵잠수함을 배치하여 한미일 동맹공동관리 하에 두는 방안도 검토하는 것이다. 한미일 공동관리 하의 미 핵자산은 서울과 동경이 핵공격 받을 경우, 자동적으로 평양을 공격하는 독트린을 갖게 한다. 기본적으로 미국의 핵자산이지만, 운영비용을 한미일이 분담하고 나토(NATO) 형식의 정치적인 공동관리(핵공유협정)를 통해 핵우산의 신뢰성을 높일 수 있을 것이다. 이 방안은 핵우산의 구체적 실체를 보임으로써 북핵위협에 대한 억제효과를 극대화할 수 있다. 특히 공해상에 배치하는 안은 지상 전술핵 재배치보다 국내정치적 반대를 피할 수 있는 이점이 있다. 미 핵우산의 구체화는 한국과 일본의 독자 핵무장을 피할 수 있는 대안으로 중국 등 주변국에게 이익이 될 수 있다. 또한 흔들리는 한미 및 미일동맹과 한미일 전략협력을 재정비하는 계기가 될 수 있을 것으로 기대한다.

トランプ2期政権下における韓日及び韓米日協力

尹徳敏 _ 韓国外国語大学 碩座教授

1. 問題提起

韓国戦争以降、大韓民国に繁栄と平和をもたらしてきた自由主義国際秩序は、容赦なく崩壊しつつある。トランプ政権が登場した際、「なにを想像してもそれ以上のものを見ることになるだろう」という評価があったが、その評価通り、我々は想像を超えて急激な戦略環境の変化を目の当たりにしている。我々の唯一の同盟国である米国の第2期トランプ政権の登場により、国際秩序と韓半島を取り巻く戦略環境は急激な変化に直面している。我々が慣れ親しんできた国際秩序と戦略環境はもはや有効ではない。

CSISのビクター·チャ(Victor Cha)韓国主席研究員は「アジアにおける米国の安全保障パートナー諸国は、米国がこの地域の自由主義的国際秩序を支えてきた慈愛に満ちた後援国ではなく、単に自国の利益のみを追求する取引中心の行為者へと変貌していることを認識すべきだ。したがって自国の防衛のためにはより自律的な対応が必要である」と指摘する。オーストラリア、日本、韓国など米国の緊密な同盟国をはじめ、インド太平洋地域の全ての米国同盟国は、第2期トランプ政権が新たな難題と困難をもたらすという現実に今こそ目を覚まさねばならない」と指摘した。[1]

劇的な韓日関係改善とキャンプ·デービッド首脳会談で構築された韓米日協力も岐路に立っている。変化する国際秩序下で韓米日及び韓日協力のために何をすべきか、本稿は韓日及び韓米日協力案を考察することを目的とする。

2. トランプ2.0がもたらす世界

第1期トランプ政権では、彼の急進的で直観的な対外政策が、政治経験豊富な上級補佐官や官僚たちによってかなり抑制されていた。ジェームズ·マティス国防長官、マイク·ポンペオ国務長官、ジョン·ボルトン国家安全保障担当大統領補佐官らの役割と貢献により、かなりの部分が抑制され、むしろ日米同盟やNATOなど全体的に同盟が強化される傾向も見られた。特にトランプ大統領の持論として提起されていた在韓米軍撤収問題も、彼らの役割によって阻止された経緯がある。

第1期トランプ政権とは異なり、2025年1月に発足した第2期政権は極めて革命的で急進的な外交路線を取っている。共和党内の国際主義者は政権にほとんど参加していない。一時は役割が期待されたマルコ·ルビオ国務長官、エルブリッジ·コルビー国防次官などの対中強硬派国際主義者は政権内で孤立し存在感がない。 マイク·ウォルツ国家安全保障担当大統領補佐官は更迭され、後任はルビオ長官が兼務している。トランプ大統領周辺には彼を牽制する外交安保参謀は存在せず、忠誠派のみが存在する。その結果、同盟国に対するゼロサム的態度が強化され、関税と貿易におい

1 Victor Cha, “America’s Asian Partners are not worried enough about Trump: How his return could destablize the region,” Foreign Affaris, June 26, 2024.

て同盟への配慮を欠いた攻勢的立場が展開される。

トランプ政権は米国製造業の復活を戦略目標として、米国優先主義に基づく「MAGA(Make America Great Again)」を積極的に推進している。

トランプ大統領は第二次世界大戦後、米国が主導して構築した自由主義的国際秩序を自ら崩壊させている。トランプは米国に不利で他国のみに利益をもたらす自由主義的国際秩序を維持するために米国民の税金を費やすつもりはないと宣言する。トランプは対外関係において米国が一方的に損をし他国のみに利益がもたらされる不均衡構造をこれ以上看過しないという立場だ。国連、WHO、WTOなどの国際機関に対して非常に批判的な視点を持ち、無用論を唱えることもある。米国が非効率的な国際機関に多額の負担金を支払うことに批判的であり、ユネスコ、WHO、UNHCR(国連人権理事会)、パリ協定などからの脱退を宣言している。

トランプ大統領は特に自由貿易秩序に対して非常に否定的な立場を持ち、自由貿易が米国製造業の基盤を崩壊させ、雇用を海外に流出させていると見ている。自由貿易は全世界が米国を相手に不公正な利益を得る愚かな貿易だと激しく非難する。特に中国に米国の雇用を奪われ、中国のみに有利な体制だというのだ。

トランプ大統領は自由貿易時代の終焉を宣言し、貿易不均衡の是正と公正な競争のために、全ての輸入品に最低10%の普遍的関税を課し、同盟国や友好国に対しても平均25%の関税を課した。中国など一部の国に対しては60%以上の懲罰的関税を課した。

トランプ大統領の同盟観も過去とは異なる。米国は世界的な同盟ネットワークと協力関係を通じて国際秩序を安定的に管理してきた。トランプ大統領は同盟に対する視点が異なる。彼は伝統的な同盟関係よりも米国の利益を最優先に考慮しており、同盟を「取引の関係」として再定義しようとしている。富裕な同盟国の防衛のために米国が負担を負うのは不合理だというのだ。米国は同盟国に対し、防衛費分担と国防費増額を強く要求する全方位的な圧力をかけている。NATO同盟国に対してはGDPの5%水準まで引き上げるよう要求している。2025年6月のハーグNATO首脳会議で同盟国は2035年までに防衛費目標を5%に引き上げることで合意した。韓国と日本もトランプ大統領との首脳会談後、3.5%の防衛費増額を推進することにした。

伝統的に米国は民主主義的価値観を重視し、民主主義の拡散を推進してきた。しかしトランプ政権は自由、民主主義、法の支配など国際秩序を支える普遍的価値への関与を大きく後退させている。民主主義的価値観のリーダーである米国がもはやこれを重視しない態度を取る中、少なくない民主主義国家が国内の政治経済的困難に直面している。グローバル・サウスを中心に非民主的な権威主義国家群が増大する状況下で、民主主義の衰退がグローバル現象として浮上している。トランプ大統領自身も、民主主義同盟国の指導者たちよりも、プーチン、習近平、金正恩などの独裁国家指導者たちとの友好関係強化に関心があるように見える。こうした状況で、中国の80周年戦勝記念日を記念に、習近平、プーチン、金正恩の権威主義連帯が台頭している。

トランプ大統領は米国の国益に直接寄与しない海外軍事活動には介入しないとの立場を表明している。しかし彼の表明とは裏腹に、国際社会では戦争が拡散する傾向を見せている。ウクライナ戦争の早期終結を推進するトランプ政権は、ウクライナへの軍事支援を削減しつつ、侵略したロシアの利益を考慮し、ウクライナが占領された地域をロシアに譲渡するよう求める調停案を強要する。ロシアはこれを好機と捉え、占領地拡大によるドンバス地域の領土確保を図りつつ、戦争は長期化している。そして欧州の戦争は中東へ波及した。イスラエルとハマス･ヒズボラ紛争は拡大し、イランとイスラエル間の戦争へと発展して米国も介入し、イラン核施設への空爆を強行した経緯がある。米国は麻薬問題を理由にベネズエラに対する軍事的圧迫を取っている。欧州で始まった戦争は中東と南米に波及し、台湾問題などで東アジアに広がる危険性を内包する。特に米国、ロシア、中国が当事者となって介入する紛争が全世界に拡散する危険性を持つ。

先進民主主義諸国の経済的困難は移民に対する排他的雰囲気を増大させている。二極化現象で大きな困難に直面する一般国民は、自らの雇用を奪う外国人に対して好ましくない感情を抱く状況下で、極右民族主義的政治家たちは国民の排外的意識を煽りながら自らの政治的基盤強化に利用する。トランプ大統領もラストベルトなどの職を失った白人労働者と中産階級の怒りを刺激し、支持基盤を結集してきた。第2期トランプ政権は不法移民に対する強力な規制と合法移民の縮小･制限を中核とする強硬な移民政策を推進する。不法移民の大規模な強制送還、メキシコ国境壁の建設、合法移民の縮小などを通じて強硬な政策を推進している。

3. 韓米日関係をめぐる戦略環境の評価

韓米日協力を巡る戦略環境において、東アジア戦略環境で最も劇的な変化は中国の台頭である。中国は鄧小平の改革開放政策を通じて市場経済を導入し、急速な経済成長を遂げた。米国など西側世界は、中国が経済発展を通じて最終的に民主主義国家へ転換するとの期待感を持っていた。2010年、中国は日本を抜いて世界第2位の経済大国に躍進し、米国の金融危機を契機に米国を追い越せるという考えを持つようになった。胡錦涛主席に続く習近平主席は、西側世界の期待とは裏腹に権威主義的色彩を強め、毛沢東時代のような政治体制への回帰を推進した。さらに、主権と領土保全を守るため武力行使を放棄できないとの立場から、台湾との統一を実現することを宣言するに至った。習近平政権は2027年までに人民解放軍が台湾を武力侵攻できる能力を備えるよう指示したと伝えられる。

中国は帝国主義時代の重商主義を連想させる一帯一路政策を積極化し、ユーラシアと海洋における覇権を同時に推進する姿を見せている。2015年「中国製造2025」を推進しながら、中国の製造業は飛躍的な発展を遂げ、先進国平均の製造業水準を凌駕し、10分野中4分野が世界1位、6分野が世界2位に浮上した。天文学的な国家補助金を投じて不動産と主力製造業を支える姿から、中国経済がこれ以上成長しにくいという「チャイナ・ピーク」論はあるものの、AI、量子コンピューター、グリーンエネルギーなどの先端技術において米国と競合する技術力を急速に発展させている。

攻勢的現実主義の立場から、国力が急浮上した中国は持続的に領域を拡大する傾向を示してきた。中国は90年代初頭、台湾とチベットを自国の核心的利益と主張した。2000年代に入ると南シナ海を自国の核心的利益と主張し、続いて南シナ海を領海と主張し始めた。中国人民解放軍は日本-沖縄-フィリピンを結ぶ第一列島線における米国の影響力排除を目標としてきたが、最近では太平洋へ進出する第二列島線まで防衛領域を拡大している。国力上昇に伴い、中国は100年前の帝国日本と同様に防衛領域を拡大し、米国の影響力を排除し地域の覇権を確立しようとする露骨な意図を露わにしている。東アジアにおいて米中の覇権競争が本格化していると言える。

中国が台湾を侵攻する可能性は高くないと見られる。しかし米国が関税と先端技術遮断で圧迫する中、不動産バブル崩壊、主要製造業不振、失業などにより中国経済状況が悪化し国民不満が高まれば、中国は内部危機を外部脅威に転嫁する選択として台湾を侵攻する可能性を排除できないだろう。

東アジアの地政学における重大な変化の一つは、露北軍事同盟の復活と中露北連帯が台頭している点である。ウクライナ戦争の消耗戦を契機に、ロシアは砲弾や兵器の導入はもちろん、兵力支援のために北朝鮮に接近し、結果として露北軍事同盟が復活した。北朝鮮は約1万5千名相当の兵力をウクライナ戦線に派遣し、相当な損失で4000名以上の死傷者が出たと言われている。当初派遣の報が伝わった時、北朝鮮軍のイメージは栄養失調で小柄で時代遅れの劣悪な兵器体系に依存する旧式軍隊と考えられていた。戦闘力はひどいものだろうと判断された。北朝鮮軍がウクライナに派遣されると聞いた時、士気の低さから多くの兵士が投降してくるだろうと予想した。弾除けのように初期に多数の死傷者が出たものの、彼らに対する評価は我々の予想とは異なっていた。負傷で捕虜となった数名を除き、投降した兵士はほとんどいない。北朝鮮軍と交戦したウクライナ軍情報機関は、北朝鮮軍を訓練が行き届き規律が厳しく精神力の強い狂信的な戦闘集団と評価している。[2] 死力を尽くして突撃し、降伏せず天皇のために自決する旧日本帝国軍と類似した軍隊だという。初期の戦場環境に不慣れだったため多くの被害が出たが、次第に適応しながら相当な戦闘力を示したと伝えられる。北朝鮮軍は侮れない。首領のために命を捧げて決死で護衛する北朝鮮軍がフィクションではなく現実であることを示した。金正恩は大変喜んだことだろう。

---

2 Takayuki Tanaka, “North Korea will be ‘bigger threat’ to Asia after combat in Russia: Ukrainian official,” Nikkei Asia, March 1, 2025.

北朝鮮軍はウクライナ派兵を通じて貴重な実戦経験を積んだ。特に西側製武器と戦術を直接体験し、ドローン戦に代表される現代戦の様相を実戦で体得した。これにより北朝鮮軍は生まれ変わりつつある。核兵器だけでなく、ドローン戦力にも相当な力を注いでいる様子だ。さらに今回の派兵で、北朝鮮はロシアから戦闘機、対空ミサイル、核潜水艦など先端軍事装備と技術を得られるようになった。

地域にとって最も直接的な脅威は、北朝鮮の核武装が既定事実化したという事実である。2006年に初の核実験を実施して以来、北朝鮮の核兵器能力は国際社会の努力にもかかわらず持続的に増強されてきた。トランプ政権時代にはシンガポール、ベトナム･ハノイ、板門店で3度の歴史的な米朝首脳会談が開催され、朝鮮半島の平和と非核化が大きく進展する印象を与えたが、実際には北朝鮮の核兵器は一つも減っておらず、核兵器生産インフラの申告はおろか凍結もなく、北朝鮮の核兵器能力は質･量ともに飛躍的な発展を遂げている。専門家らは、北朝鮮が50～70個の核弾頭を保有し、韓国全域はもちろん日本やアジア太平洋地域の米軍基地を攻撃可能な中･短距離弾道ミサイル1000基余りを既に配備したと評価している。さらに、年間10個以上の核弾頭を生産できる量産体制を整えていると見られている。

特にハノイ会談以降、北朝鮮は弾道ミサイル実験を再開し、新型潜水艦発射ミサイル(SLBM)を含む100回以上の各種弾道ミサイル実験を通じて、北朝鮮の核戦力は高度化･先端化している。

北朝鮮はスカッド系旧式装備を淘汰し、新型大陸間弾道ミサイル(ICBM)や新型潜水艦発射ミサイル(SLBM)などの戦略兵器とともに、韓国の玄武やロシアのイスカンデルを模倣した新型中短距離弾道ミサイルを大量導入している。

北朝鮮は韓国を敵対勢力と規定し、戦術核兵器を大量導入しながら先制核使用ドクトリンを宣言している。北朝鮮が核戦力を実戦配備し、米本土を攻撃できる核攻撃能力を獲得したことで、韓米安保上の連携が脱同調化(decoupling)される状況が生じている。米本土が北朝鮮核ミサイルの射程圏内に入った状況下で、果たして米国はソウルや東京が核攻撃を受けた場合、平壌に核報復できるのか、少なからぬ疑問が提起されている。

4. 岐路に立つ韓米日協力

戦後最悪と評されていた韓日関係が、2023年5月の尹錫悦大統領と岸田首相の首脳会談で劇的な関係改善を果たし、8月18日にキャンプ·デービッドで歴史的な韓米日首脳会議が開催された。この首脳会議は東アジアの地政学的戦略地勢において重大な変化を意味した。キャンプ·デービッド会議は多国間会議の枠組みではない初の本格的な韓米日首脳会議であり、韓米日3カ国協力が制度化された協力体へ格上げされる基礎を築いた。この会議で韓米日3カ国首脳は、少なくとも年1回以上の首脳会議を定例開催することで合意し、外交·国防·財務·産業など4分野別閣僚級会議と国家安保補佐官会議も定例化することにした。また、安保協力強化を推進し、北核脅威に対応するためミサイル警報のリアルタイム共有を稼働させることにし、3カ国間の連合軍事訓練も定期的に実施することにした。経済安保分野の協力も強化し、サプライチェーン早期警報システムを構築することにし、核心技術及びAI分野の協力を強化することにした。また、韓米日3カ国は地域及びグローバル課題対応に協力することにし、台湾海峡の平和と安定維持の重要性を再確認した。

キャンプ･デービッド会談以降、過去には見られなかった韓米日イージス艦間の北朝鮮ミサイル迎撃訓練が東海上で実施され、韓米日戦闘機と爆撃機間の訓練も定期的に行われている。

着実に制度化されつつあった韓米日戦略協力は、トランプ政権発足以降、不確実性が高まっている。トランプ大統領は同盟の戦略的価値への考慮なしに、徹底したアメリカ第一主義と実利に基づいてアプローチする傾向が強い。

韓国と日本に高い関税を課し、国防費と在韓･在日米軍防衛費分担金の増額を強く要求する同盟圧迫を優先する。特にバイデン政権で整えられた韓米日キャンプ･デービッド合意を継続するかは不確実性が大きいと言える。またトランプ大統領は多国間協力より米国が主導できる二国間関係を優先し、三国協力枠組み自体に懐疑的である可能性がある。韓米日キャンプデービッド合意は重大な挑戦に直面している。

それにもかかわらず、中国の域内覇権挑戦、北朝鮮の核脅威、中露北連帯の強化などを考慮すると、韓米日戦略協力は非常に重要な意味を持つ。韓米日3カ国協力枠組みに懐疑的なトランプ氏だが、地域における米国の国益を考慮すれば、韓米日協力の戦略的重要性を看過することはできないだろう。特に韓米日キャンプデービッド合意については、外交安保専門家はもちろん、米国内で超党派的な支持を得ていると見ることができる。

韓米日戦略協力における最大の課題は中国脅威への対応である。トランプ政権は中国を潜在的脅威ではなく、経済･技術･軍事全般にわたり米国の覇権に挑戦する最大の戦略的競争相手と評価している。トランプ政権は中国脅威にどう対処しようとするのか？　特に中国が不公正な貿易慣行で米国から富を奪っていると見て、全方位的な高率関税、技術制裁及び輸出管理を取っている。しかしトランプ大統領は標榜されてきた対中姿勢や政権に配置された対中強硬論者とは異なる動きを見せている。彼は中国を経済的脅威と規定し強力な圧力政策を標榜するが、現実では徹底した実利計算に基づきビジネス的アプローチを取る傾向がある。

先端半導体の対中輸出を規制しながらも、NVIDIAが売上高の15%を削減できると提案するとこれを許可し、中国留学及び移民を規制しながらも中国人留学生60万人受け入れを発表するなど、徹底的にビジネス取引に基づくアプローチを取る。慶州APEC時に釜山で開催された米中首脳会談では、中国に対する高率関税を保留し大豆輸出を獲得し、中国の希土類規制を回避したこともある。

中国の軍事的脅威に対しては韓国、日本、オーストラリアなどの同盟国との結束が必要だが、インド太平洋地域の同盟国を重視する動きも、キャンプデービッド合意やクアッド、AKUSを活用する動きも見られない。対中包囲網において戦略的にインドの重要性は高いが、個人的な理由でインドに高率の関税を課している。台湾類似問題に関連し、日本の高市早苗首相が集団的自衛権を行使できると発言した件について、トランプ大統領は同盟国である日本よりも中国の立場を擁護する形で対中取引に利用した。

台湾問題に関してトランプ大統領の立場には不透明な面が存在する。彼は台湾防衛に対する明確なコミットメントを避け、有事の際の介入の是非を明らかにしていない。台湾に対してはより多くの防衛費分担と自衛努力を要求する一方、台湾を対中交渉カードとして活用しようとする傾向がある。中国が台湾を侵攻した場合、果たして米国が台湾を守るために軍事的に介入するかどうかについて懸念の声がある。もし台湾有事の際に米国が介入しない場合、これはアジアにおける米国の衰退を意味すると同時に、地域の覇権が中国にあることを示す巨大な地政学的波紋となるだろう。

2025年8月の韓米首脳会談で在韓米軍駐留の重要性を再確認したが、依然として在韓米軍削減・撤収問題は水面下で存在する。トランプ大統領は在韓米軍撤収を直接的・間接的に繰り返し言及してきた。マーク・エスパー国防長官の回顧録によると、トランプ大統領は第1期在任中に在韓米軍の完全撤収を繰り返し主張し、当時ポンペオ国務長官が「第2期にしよう」と説得したという。トランプ大統領は、非常に豊かな国である韓国が駐留費用を全額負担しない場合、在韓米軍を撤収する可能性があると公に示唆したことがある。米国防総省は否定したが、4500人の在韓米軍削減を検討しているとの報道があった。[3] 在韓米軍を否定的に見る認識と相まって、トランプ大統領が在韓米軍カードを通じて北朝鮮と取引しようとする可能性を排除できない。過去、トランプ大統領は爆撃機などの戦略資産展開放棄、連合訓練中断をカードに金正恩との首脳会談を推進し、この過程で在韓米軍撤収にも言及したことがある。

米国の新たな国防政策において、韓国を防衛線から除外したアチソンラインが復活する可能性を警戒すべきである。

5. 何をするべきか？

中国の覇権意図、北朝鮮の核武装、中露北の連帯強化など戦略環境の悪化は、韓日及び韓米日戦略協力の重要性を増大させている。韓半島、東アジア地域、そしてインド太平洋地域の安定と平和において最も重要な

3 'Pentagon dismisses USFK troop cut report as 'not true,' reaffirms US' firm commitment to South Korea,' The Korea Times, May 23, 2025.

のは、米国の持続的な安全保障コミットメントであり、これを支えるのが韓米及び米日同盟に基づく韓米日戦略協力である。しかしトランプ大統領は、東アジアの地政学的･戦略的利益に対する長期的な視野を欠いたまま、その場その場の経済的利益を最大化するための取引とビジネス的アプローチに依存している。

増大する中国の覇権的挑戦に際し、韓国の重要利益である地域の安定的均衡を維持するためには、米国の孤立主義的傾向に留意しつつ、いかに同盟と韓米日協力を堅持するかが問われる。米国の安定的な域内コミットメントを維持するためには、韓日の戦略協力が極めて重要である。韓日両国は、合同訓練、3カ国協議体の制度化、経済安全保障など、韓米日戦略協力を緊密化しつつ、米国の域内役割を誘導する協力を強化すべきであろう。

歴史的に在韓米軍撤収問題において日本の協力は重要であった。米国のカーター政権が在韓米軍を撤収しようとした際、当時の朴正熙政権と福田政権の間で協力があった。トランプ大統領が1期目の在任中に在韓米軍撤収を考えた際、これをかなり引き止めた人物は日本の安倍首相であった。現時点においても在韓米軍の撤収や削減において、韓日が戦略的に協力することが極めて重要である。

北朝鮮が米国本土を核攻撃できる能力を獲得したことで、韓米日の安全保障のデカップリングが懸念される状況下で、果たして米国はニューヨークとロサンゼルスを放棄してまでソウルと東京を守れるのか、米国の拡大抑止力あるいは核の傘に対する信頼性に重大な疑問が生じている。

韓米日3カ国は米国の核の傘の信頼性を強化する措置を強化すべきである。拡大抑止と核の傘に関する韓米日の政策調整を開始すべきである。一つの検討可能な案は、東海上に核巡航ミサイルを搭載した米国の原子力潜水艦を配備し、韓米日同盟共同管理下に置く案も検討することである。韓米日共同管理下の米核資産は、ソウルと東京が核攻撃を受けた場合、自動的に平壌を攻撃するドクトリンを持つ。基本的に米国の核資産だが、運営費用を韓米日が分担し、NATO形式の政治的な共同管理(核共有協定)を通じて核の傘の信頼性を高められるだろう。この案は核の傘の具体的実体を示すことで、北核脅威に対する抑止効果を最大化できる。特に公海上に配備する案は、地上戦術核の再配置よりも国内政治的反対を回避できる利点がある。米核の傘の具体化は、韓国と日本の独自核武装を回避できる代替案として、中国など周辺国にとって利益となり得る。また、揺らぐ韓米及び米日同盟と韓米日戦略協力を再構築する契機となることが期待される。

トランプ2期政権下における日韓及び日米韓の安全保障協力

山崎 幸二 _ 元統合幕僚長

1. はじめに

皆様、こんにちは。元統合幕僚長の山崎です。

本日は、日韓国交正常化60周年記念学術会議の貴重な場において、発表の機会を頂き、心より感謝申し上げます。演題として「トランプ2期政権下における日韓及び日米韓の安全保障協力」を頂きました。

まず、日韓を取り巻く安全保障環境を述べ、次に、トランプ2期政権の特色、そして、日韓及び日米韓の連携の重要性、最後に、日韓及び日米韓の安全保障協力の現状と今後の取り組むべき課題、について話したいと思います。

2. 日韓を取り巻く安全保障環境

現在、国際社会は自由、人権、民主主義等といった普遍的価値を共有しない国家が勢力を拡大し、力による一方的な現状変更やその試みが行われています。戦後、我々が営々と築き上げてきた既存の国際秩序が揺らぎ、「戦後最大の試練」の時を迎えています。この試練は、日韓が位置する東アジア地域で際立っています。中国は「中華民族の偉大な復興」を掲げ、これを達成するために急速に軍事力を増強しています。台湾への軍事圧力を強めるとともに、日本の固有の領土である尖閣諸島に定期的に領海侵犯し、太平洋方面へ活動範囲を広げています。日韓のシーレーンである南シナ海では、岩礁を埋め立て、軍事拠点化し、既存の海洋法秩序を相いれない主張に基づく活動を活発化しています。北朝鮮の核及び弾道ミサイルの開発は、今や、日韓にとり、差し迫った脅威になっています。「国防科学発展及び武器体系開発5か年」計画に基づき、核兵器の小型化·軽量化、極超音速ミサイル、個体燃料推進方式のICBM、軍事偵察衛星等の装備品の開発に注力しています。ロシアのウクライナ侵略を契機とし、中国·北朝鮮·ロシアの連携が急激に進展しました。中国とロシアによるBRICS及びグローバルサウスへの影響力が拡大しています。北朝鮮とロシアの軍事同盟化により、将来、ロシアの軍事技術が北朝鮮への流入し、東アジア情勢は、更に不安定化する恐れがあります。

総括すると、日韓を取り巻く安全保障環境は、これまでに経験したことのない厳しい複雑な環境となりました。我々は、平和と安全を守る「試練」の時を迎えています。自由·民主主義·人権·法の支配等の普遍的な価値を共有する隣国である日韓は、共に連携し、中国·北朝鮮·ロシアの動向に対応していく必要があります。安全保障上、現在、両国の国益に決定的に影響を及ぼす事態は、台湾有事、朝鮮半島有事、これに伴う中国·北朝鮮·ロシアが連携する複合事態であると認識しています。この事態の発生を如何に防止するか、事態発生時に如何に対処するのかが、今後、日韓及び日米韓が取り組むべき喫緊の課題だと思います。加えて、東アジア、インド太平洋、そして世界の「力による一方的な現状変更」を許容しない環境の創設も、忘れてはならない重要な課題です。

3. トランプ2期政権の特色

トランプ2期政権は、「米国第一主義」を抱え、国際秩序、世界経済、同盟関係に大きな影響を及ぼしています。国連や多国間の枠組みから距離を置き、二国間のディール外交を行っています。米国の将来への予測が困難となり、不安定・不確実な状況を生み出しています。同盟国や同志国に国防費、米軍駐留費等の応分の負担を求めています。例えば、NATO加盟国に対し対GDP比で5%の防衛費を支出すべきと主張し、NATO加盟国は2035年までに国防支出を3.5%、国防・安全保障関連支出を1.5%、合わせて対GDP比5%とする目標に合意しました。NATO加盟国の中では、安全保障を過度に米国に依存しない体制構築の動きが始まっています。

米国の同盟国に対する国防費や米軍駐留費等の増額要求は、日韓も例外ではありません。今後、どのように対応していくかが、強く問われています。

2013年に、オバマ大統領は「米国はもはや世界の警察官ではない」と発言しました。冷戦期、そして冷戦終了後しばらくの間は、自由主義陣営のリーダーであり、「唯一の超大国」として世界の秩序を守ってきましたが、「その時代は終わった」と世界に発信しました。米国の世界の戦争・紛争への関与による財政負担、国内での疲労感の増大、米国の国力の低下等が要因として挙げられています。トランプ2期政権は、自由貿易よる米国産業の空洞化、移民・国境問題等も加わり、国内への内向き姿勢が加速しています。現在起こっている現象は、米国内の構造的変容であり一過性ではない可能性があります。

現在発生している戦争･紛争への関与はどうでしょうか。ウクライナ戦争、ガザ紛争、インド･パキスタン紛争に見られるように、大統領独自の外交交渉によるリーダーシップを発揮し、積極的に関与しています。北朝鮮金正恩総書記との交渉は、1期政権と同様に、突然、行う可能性は否定できません。

米国の最大の戦略競争相手国である中国に対する政策は、1期政権時に「対中抑止」に大きく舵を切りました。これは現在も続いています。トランプ2期政権の海外における重視正面はインド太平洋地域、東アジアであり、「対中抑止」が基本となると思われます。中国に面し、米国の同盟国である日韓との連携はこれまで以上に重要になるでしょう。

4. 日韓及び日米韓の安全保障協力の必要性

これまで述べた通り、日韓を取り巻く安全保障環境はこれまで経験したことがない厳しさと複雑性が増しており、中国･北朝鮮･ロシアに隣接する日韓の安全保障協力の必要性は増しています。トランプ2期政権の「アメリカ第一主義」により、米国の東アジアへの関与が低下する分、日韓の役割は大きくなっています。トランプ大統領は、「アメリカ第一」と「力による平和」という2つの概念を基本としています。最も重要な国防政策は、「米国本土の防衛」です。その主要な施策の一つに、ミサイル防衛網の大幅強化による「ゴールデン･ドーム」の構築があります。ロシア･中国、そして将来の北朝鮮の核及びICBMの脅威に対するミサイル防衛網の構築です。このミサイル防衛網を構築するためには、日韓との連携は必要不可欠です。

米中の国家間競争が一層激しさを増す中、米国単独では中国への対応は困難です。「対中抑止」、「北朝鮮への対応」は、日米韓の共通の利益です。

これまで日米同盟、韓米同盟はそれぞれが極めて強い絆で結ばれ、世界に誇る強い同盟関係を築いてきました。しかし、日米韓の3カ国の関係は、米国をハブとした関係であり、事態への抑止力･対処力の観点では取り組むべき課題は多くあります。東アジアの厳しく複雑な安全保障環境を直視する時、日韓の連携を更に強化した日米韓の強い連携が求められています。日韓の2国間の連携が強くなれば強くなるほど、日米韓の連携は強くなります。日韓がそれぞれ主体的に自主的に防衛体制を強化することにより、米国の日韓に対する信頼感は増すと思います。そして、国内へ内向き姿勢になる米国の東アジアへの関与を引き留めることにも繋がります。

現在、金正恩総書記は、好戦的で強硬な姿勢を取っています。日韓及び日米韓の安全保障協力の強化は、北朝鮮との対話と朝鮮半島の平和と安定を実現する条件だと思います。

5. 日韓及び日米韓の安全保障協力の現状と今後の取り組むべき課題

(1) 現状

今年8月、李在明大統領は大統領に就任された後の最初の訪問先を日本としました。これは国交正常化後、初めての事であり、歴史的な意義ある訪問でした。石破総理との日韓首脳会談では、①日韓関係を未来志向で、安定的に、大きく発展させていくこと、②首脳間の交流及び戦略認識の共有の強化、③未来産業分野における協力の拡大と共通課題への対応、④人的交流の拡大、⑤朝鮮半島の平和と北朝鮮問題の協力、⑥域内及びグローバル協力の強化、で一致しました。

日本においては、先月15日に高市政権が誕生しました。高市総理と李大統領は、韓国慶州において初の日韓首脳会談を行い、両国間の諸懸案を両首脳のリーダーシップで管理し、国交正常化以来これまで築かれてきた日韓関係の基盤に基づき、日韓関係を未来志向で安定的に発展させていくことを確認しました。

日韓防衛相会談(東京)では、昨年7月、今後の日韓防衛協力において、①防衛大臣間の相互訪問の活性化、②幕僚長級の相互訪問の再開、③各軍種間の実務者協議の再開、④日韓捜索、救難共同訓練の再開を含む部隊間の交流の活性化、の4点について調整を行っていくこと、及び日韓共同で年間交流計画を作成することで一致しました。今年9月のソウルでの会談では、日韓･日米韓安保協力を安定的に推進していくことの重要性と未来志向的に発展させていくことを再確認しました。更に、AI･無人システム･宇宙など先端技術分野における協力の可能性を模索することになりました。このように日韓の安全保障協力の分野は、これまでにない広がりを見せています。

日米韓の防衛相は、昨年6月、シンガポールにおいて会談を行い、①北朝鮮のミサイル警戒データのリアルタイム共有のメカニズムの更なる最適化、②複数領域における新たな3か国共同訓練｢フリーダム･エッジ｣の実施、③朝鮮半島及びインド太平洋地域における様々な脅威を踏まえた効果的な抑止･対処の方法について議論するための3か国の机上演習(TTX)の実施、④3か国の安全保障協力の制度化、⑤台湾海峡の平和と安定の重要性の認識、等からなる共同声明を発出しました。

トランプ2期政権においても、北朝鮮のミサイル警戒データのリアルタイムの共有化や3か共同訓練「フリーダムエッジ」は継続して行われています。昨年、日本で実施された日米韓参謀長等会議は、今年は韓国で開催されました。日本の統合幕僚長の訪韓は15年ぶりであり、日韓の安全保障協力の進展していることを国内外に示す象徴的なものでした。政治的な合意が軍の実務レベルに移行していることを印象付けました。

2018年のレーダー照射問題、歴史問題の再燃、GSOMIA破棄問題等を受け、日韓の安全保障協力は停滞、又は悪化の道を辿っていましたが、再び、「未来指向の道」を着実に歩み始めたことを嬉しく思っています。私は、2017年に陸上幕僚長に、2019年に統合幕僚長に就任し、2023年まで約6年間、幕僚長として勤務しました。まさに、日韓の安全保障協力が停滞、又は悪化していた時期です。北朝鮮は、2022年に、ICBMを含む各種弾道ミサイルを少なくとも59発を発射しました。かつてないほどの頻度の発射であり、北朝鮮の脅威度が増しました。日韓を取り巻く安全保障環境が厳しい状況下において、日韓の連携が脆弱であることの安全保障上のリスクを体験しています。

日韓の安全保障協力は、両国の平和と安全、国民の平和な暮らし、経済活動等の基盤となるものです。将来、如何なる政治状況になろうとも、現在の歩みを止めるべきではありません。

日韓の連携が強化されれば、日韓及び日米韓の抑止力･対処力が強化され、平和と安全に繋がります。東アジアの安全保障環境が厳しく複雑となった今日、日韓の連携強化は時代の要請だと思います。

(2) 今後取り組むべき課題

私の考える今後の取り組むべき課題は、次の6つです。

第一は、現在行われている「未来指向で安定的に日韓関係を発展させる」との精神に基づく、首脳・防衛大臣から次官・幕僚長・幕僚等の実務者の各レベルでの定期的な会談・戦略協議の定例化・制度化です。これまでの歴史を教訓とし、共に前に進む強い意志を持ち、後戻りしない関係を構築することが必要です。日韓の外務・防衛閣僚会合(2プラス2)を新設することも重要な検討課題だと思います。

第二は、日本と韓国がそれぞれ主体的、かつ自主的に防衛力を強化すること。そして、それを踏まえた各種事態における日米韓の役割分担の協議と3か国が連携した戦略等を策定すること、です。

日本は2022年末に「外交」を基本とし「防衛力の抜本的強化」を柱とする国家安全保障戦略、国家防衛戦略を策定しました。米国は日本の防衛力の抜本的強化を歓迎し、「日米同盟を更なる高みに引き上げ、「自由で開かれたインド太平洋」の実現に向け一致しています。①東シナ海や南シナ海等におけるあらゆる力又は威圧による一方的な現状変更の試みへの反対、②台湾海峡の平和と安定の重要性、③北朝鮮の核・ミサイル問題に共に対処する必要性、等の認識を共有し、役割分担を協議し、日本の防衛、地域の平和と安定のための事態対処に万全を期しています。高市総理は、現在のこれまでにない厳しい安全保障環境等を踏まえ、国家安全保障戦略など安保関連3文書について、2026年末までの改定を目指す方針を表明しました。韓国におかれても、「韓米同盟の近代化」が議論されていると認識しています。今後は、日米韓が、中国・北朝鮮・ロシアへの対応、起こり得る台湾有事、朝鮮半島有事、複合事態における役割分担を協議し、3か国が連携した戦略等を策定すべきだと思います。

第三は、日米韓の抑止力･対処力の実効性の向上です。

日米韓の首脳、外務･防衛相から幕僚長の各レベルでの会談等を通じての共同声明等の戦略発信、状況に応じた柔軟抑止作戦、日米韓の役割分担及び戦略等に基づく日米韓の3カ国の共同訓練の実施により、日米韓の抑止力･対処力の向上を図ることが必要だと思います。

第四は、「力による一方的な現状変更を許容しない」環境の創設です。

今や、どの国も一国では自国の平和と安全、法の秩序を守ることはできません。同盟国･同志国との連携は必要不可欠です。インド太平洋には、NATOのような集団安全保障体制はありません。日米韓を核として、豪州、フィリピン、インド、ASEAN諸国等と同盟国･同志国との戦略対話や多国間訓練を計画的に実施すべきだと思います。

第五は、日韓の物品役務相互提供協定(ACSA)の締結、です。

自衛隊と韓国軍は、国内外での共同訓練及び国際平和協力活動等の頻度が多くなっています。ACSAは、自衛隊と韓国軍の行動における兵站分野の相互運用性を向上させ、日韓相互の信頼感を向上させます。

第六は、装備品の共同開発、サプライチェーンの共有化、です。

日韓ともに米国の同盟国であり、技術立国、経済大国です。日韓又は日米韓での装備品の共同開発、サプライチェーンの共有化により相互運用性の向上、経済安全保障との一体化、そして、同盟及びパートナー国としての関係強化が向上します。

上記の第二から第六は、今だ、検討が未着手のものも多く、国内政治、国民感情などから乗り越えるべき障害があります。一方で、隣国である日韓は「重要なパートナー」であります。相互信頼と尊敬の念を持ち、日韓を取り巻く厳しく複雑な安全保障環境を直視し、平和と安全、繁栄を維持するため、果敢に両国が上記の課題に取り組んでいくことが必要ではないでしょうか。日韓国交正常化60周年のキャッチフレーズである「両手を携え、より良い未来へ」を実現する努力をしなければならないと思います。

6. おわりに

日本の読売新聞と韓国の韓国日報の今年6月の共同世論調査によると、①日韓関係の現状を「良い」と答えた人は、日本は52%で、2年連続で半数以上となり、韓国は55%で、1998年調査開始以降で初めて5割を超えました。②日韓の防衛協力を強化すべきと思う人は、日本で71%、韓国は63%です。③日米韓が安保面で連携を強化することに賛成の人は、両国とも8割を超えています。一方で、米国トランプ大統領が掲げるアメリカ第一主義に不安を「感じる」と回答した人は日本で76%、韓国では67%でした。東アジアの緊張を一方的に高める中国･北朝鮮･ロシアへの対応が、日韓共通の課題であり、トランプ2期政権とどう取り組んでいくか、が両国の国民の意識だと思われます。

日韓の安全保障協力を「未来指向」の考えの下で、日韓が共に力を合わせ、主体的に、かつ、自主的に戦略を立て、トランプ2期政権に向き合うことが求められていることを強調し、私の発表を終わります。ご清聴ありがとうございました。

트럼프 2기 정권 하에서의 일한 및 일미한 안전보장 협력

야마자키 고지 _ 전 통합막료장

1. 서론

여러분, 안녕하십니까. 전 통합막료장 야마자키입니다.

오늘은 일한 국교 정상화 60주년 기념 학술회의라는 소중한 자리에서 발표 기회를 주셔서 진심으로 감사드립니다. 발표 주제로 「트럼프 2기 정권 하에서의 일한 및 일미한 안보 협력」을 받았습니다.

먼저, 일한을 둘러싼 안보 환경을 설명하고, 다음으로 트럼프 2기 정권의 특징, 그리고 일한 및 일미한의 협력 중요성, 마지막으로 일한 및 일미한의 안보 협력 현황과 향후 추진해야 할 과제에 대해 말씀드리겠습니다.

2. 일한을 둘러싼 안전보장 환경

현재 국제사회는 자유, 인권, 민주주의 등 보편적 가치를 공유하지 않는 국가들이 세력을 확장하며, 힘에 의한 일방적인 현상 변경이나 그 시도가 이루어지고 있습니다. 전후 우리가 꾸준히 구축해 온 기존 국제 질서가 흔들리며, '전후 최대의 시련'을 맞이하고 있습니다. 이 시련은 일한이 위치한 동아시아 지역에서 두드러집니다. 중국은 '중화민족의 위대한 부흥'을 내걸고 이를 달성하기 위해 급속히 군사력을 증강하고 있습니다. 대만에 대한 군사적 압박을 강화하는 동시에 일본의 고유 영토인 센카쿠 열도에 정기적으로 영해 침범을 자행하며 태평양 방면으로 활동 범위를 확대하고 있습니다. 일한 해상교통로인 남중국해에서는 암초를 매립해 군사 거점화하고, 기존 해양법 질서를 부정하는 주장에 기반한 활동을 활발히 전개하고 있습니다. 북한의 핵 및 탄도 미사일 개발은 이제 일·한의 입장에선 시급한 위협이 되고 있습니다. '국방과학발전 및 무기체계 개발 5개년' 계획에 따라 핵무기의 소형화·경량화, 극초음속 미사일, 고체 연료 추진 방식의 ICBM, 군사 정찰 위성 등의 장비 개발에 주력하고 있습니다. 러시아의 우크라이나 침공을 계기로 중국·북한·러시아의 연계가 급속히 진전되었습니다. 중국과 러시아에 의한 BRICS 및 글로벌 사우스에 대한 영향력이 확대되고 있습니다. 북한과 러시아의 군사 동맹화로 인해 향후 러시아의 군사 기술이 북한으로 유입되어 동아시아 정세가 더욱 불안정해질 우려가 있습니다.

종합하면, 일한을 둘러싼 안보 환경은 지금까지 경험하지 못한 엄중하고 복잡한 환경이 되었습니다. 우리는 평화와 안전을 지키기 위한 '시련'의 시기를 맞이하고 있습니다. 자유·민주주의·인권·법치 등 보편적 가치를 공유하는 이웃 국가인 일한 양국은 함께 협력하여 중국·북한·러시아의 동향에 대응해 나가야 합니다. 안보상 현재 양국의 국익에 결정적 영향을 미치는 사태는 대만 사태, 한반도 사태, 이에 따른 중국·북한·러시아의 연계 복합 사태라고 인식하고 있습니다. 이러한 사태의 발생을 어떻게 방지할 것인지, 사태 발생 시 어떻게 대처할 것인지가 앞으로 일한 및 일미한이 해결해야 할 시급한 과제라고 생각합니다. 더불어 동아시아, 인도태평양, 그리고 세계적으로 '힘에 의한 일방적인 현상 변경'을 용납하지 않는 환경 조성 역시 잊어서는 안 될 중요한 과제입니다.

3. 트럼프 2기 정권의 특징

트럼프 2기 정권은 '미국 우선주의'를 내세우며 국제 질서, 세계 경제, 동맹 관계에 큰 영향을 미치고 있습니다. 유엔이나 다자간 틀에서 거리를 두고 양자 간 거래 외교를 펼치고 있습니다. 미국의 미래 예측이 어려워지면서 불안정하고 불확실한 상황을 초래하고 있습니다. 동맹국이나 우방국에 국방비, 미군 주둔비 등 그에 상응하는 분담금 부담을 요구하고 있습니다. 예를 들어, NATO 회원국에 대해 GDP 대비 5%의 방위비를 지출해야 한다고 주장했으며, NATO 회원국은 2035년까지 국방 지출을 3.5%, 국방·안보 관련 지출을 1.5%로 합쳐 GDP 대비 5%를 달성한다는 목표에 합의했습니다. NATO 회원국 내에서는 안보를 지나치게 미국에 의존하지 않는 체제 구축 움직임이 시작되고 있습니다.

미국의 동맹국에 대한 국방비나 미군 주둔비 등의 증액 요구는 한국과 일본도 예외가 아닙니다. 앞으로 어떻게 대응해 나갈지가 강력히 요구되고 있습니다. 2013년 오바마 대통령은 "미국은 더 이상 세계의 경찰관이 아니다"라고 발언했습니다. 냉전 시기, 그리고 냉전 종식 후 한동안 자유주의 진영의 리더이자 '유일한 초강대국'으로서 세계 질서를 지켜왔지만, "그 시대는 끝났다"고 세계에 알렸습니다. 미국의 세계 전쟁·분쟁 개입에 따른 재정 부담, 국내 피로감 증가, 미국 국력 저하 등이 원인으로 꼽히고 있습니다. 트럼프 2기 정권은 자유무역에 따른 미국 산업의 공백화, 이민·국경 문제 등이 더해져 국내로의 내향적 자세가 가속화되고 있습니다. 현재 일어나고 있는 현상은 미국 내 구조적 변용이며 일시적이지 않을 가능성이 있습니다.

현재 발생하고 있는 전쟁·분쟁에 대한 개입은 어떨까요? 우크라이나 전쟁, 가자 분쟁, 인도·파키스탄 분쟁에서 볼 수 있듯이, 대통령 독자적인 외교 협상을 통한 리더십을 발휘하며 적극적으로 개입하고 있습니다. 북한 김정은 위원장과 협상은 1기 정권과 마찬가지로 갑작스럽게 진행될 가능성을 배제할 수 없습니다.

미국의 최대 전략적 경쟁국인 중국에 대한 정책은 1기 정권 시절 '대중 억제'로 크게 방향을 전환했습니다. 이는 현재도 지속되고 있습니다. 트럼프 2기 정권의 해외 중시 전선은 인도태평양 지역, 동아시아이며 '대중 억제'가 기본이 될 것으로 보입니다. 중국과 맞닿아 있는 미국의 동맹국인 일한과의 협력은 그 어느 때보다 중요해질 것입니다.

4. 일한 및 일미한의 안보 협력 필요성

지금까지 언급한 바와 같이, 일한을 둘러싼 안보 환경은 지금까지 경험하지 못한 엄중함과 복잡성이 증가하고 있으며, 중국·북한·러시아에 인접한 일한의 안보 협력 필요성은 커지고 있습니다. 트럼프 2기 정권의 '미국 우선주의'로 인해 미국의 동아시아 관여가 감소하는 만큼, 일한의 역할은 커지고 있습니다. 트럼프 대통령은 '미국 우선'과 '힘에 의한 평화'라는 두 가지 개념을 기본으로 삼고 있습니다. 가장 중요한 국방 정책은 '미국 본토 방어'입니다. 그 주요 시책 중 하나는 미사일 방어망의 대폭적 강화에 의한 '골든 돔' 구축입니다. 러시아·중국, 그리고 미래의 북한 핵 및 ICBM 위협에 대한 미사일 방어망 구축입니다. 이 미사일 방어망을 구축하기 위해서는 일한과의 연계가 필수불가결합니다.

미중 간 국가 경쟁이 더욱 격화되는 가운데, 미국 단독으로는 중국에 대한 대응이 어렵습니다. '대중 억제', '북한 대응'은 일미한의 공동 이익입니다.

지금까지 한미 동맹, 일미 동맹은 각각 매우 강한 유대감으로 연결되어 세계가 자랑할 만한 강력한 동맹 관계를 구축해 왔습니다. 그러나 일미한 3국 관계는 미국을 허브로 한 관계이며, 사태에 대한 억지력·대처력 측면에서는 해결해야 할 과제가 많습니다. 동아시아의 엄중하고 복잡한 안보 환경을 직시할 때, 일한 협력을 더욱 강화한 일미한의 강력한 연대가 요구되고 있습니다. 일한 양국 간 협력이 강해질수록 일미한 협력은 더욱 강화됩니다. 일한이 각각 주체적이며 자율적으로 방위 체제를 강화함으로써 미국의 일한에 대한 신뢰감은 높아질 것입니다. 그리고 미국의 내향적 자세가 국내로 향하게 되는 동아시아에 대한 관여를 억제하는 데에도 연결됩니다.

현재 김정은 위원장은 호전적이고 강경한 자세를 취하고 있습니다. 일한 및 일미한의 안보 협력 강화는 북한과의 대화와 한반도의 평화와 안정을 실현하는 조건이라고 생각합니다.

5. 일한 및 일미한의 안보 협력 현황과 향후 추진 과제

(1) 현상(現狀)

올해 8월, 이재명 대통령은 대통령 취임 후 첫 방문지로 일본을 선택했습니다. 이는 국교 정상화 이후 처음 있는 일로, 역사적으로 의미 있는 방문이었습니다. 이시바(石破) 총리와의 일한 정상회담에서는 ① 일한 관계를 미래 지향적으로 안정적으로 크게 발전시켜 나가기, ② 정상 간 교류 및 전략적 인식 공유 강화, ③ 미래 산업 분야 협력 확대와 공통 과제 대응, ④ 인적 교류 확대, ⑤ 한반도 평화와 북한 문제 협력, ⑥역내 및 글로벌 협력 강화에 합의했습니다.

일본에서는 지난달 15일 다카이치(高市) 정권이 출범했습니다. 다카이치 총리와 이 대통령은 한국 경주에서 첫 일한 정상회담을 갖고 양국 간 제반 현안을 양 정상의 리더십으로 관리하며, 국교 정상화 이후 지금까지 구축해 온 일한 관계의 기반 위에 일한 관계를 미래 지향적이며 안정적으로 발전시켜 나가기로 확인했습니다.

일한 국방장관 회담(도쿄)에서는 지난해 7월, 향후 일한 방위 협력에서 ① 국방장관 간 상호 방문 활성화, ② 참모총장급 상호 방문 재개, ③ 각 군종 간 실무자 협의 재개, ④ 일한 수색·구조 공동 훈련 재개를 포함한 부대 간 교류 활성화 등 4개 항목에 대해 조정을 진행해 나가기로, 그리고 일한이 공동으로 연간 교류 계획을 수립하기로 합의했습니다. 올해 9월 서울에서 열린 회담에서는 일한·일미한 안보협력을 안정적으로 추진해 나가는 것의 중요성과 미래 지향적으로 발전시켜 나가기로 재확인했습니다. 더불어 AI·무인 시스템·우주 등 첨단 기술 분야에서의 협력 가능성을 모색하기로 했습니다. 이처럼 일한 안보협력 분야는 그 어느 때보다 넓은 영역으로 확대되고 있습니다.

일미한 국방장관은 지난해 6월 싱가포르에서 회담을 갖고, ① 북한의 미사일 경계 데이터 실시간 공유 메커니즘의 추가 최적화, ② 다중 영역에서의 새로운 3국 공동 훈련 '프리덤 에지(Freedom Edge)' 실시, ③ 한반도 및 인도태평양 지역에서의 다양한 위협을 고려한 효과적인 억제·대처 방안에 대해 논의하기 위한 3국 탁상훈련(TTX) 실시, ④ 3국 안보 협력 제도화, ⑤ 타이완 해협 평화와 안정의 중요성 인식 등을 담은 공동 성명을 발표했습니다.

트럼프 2기 정권에서도 북한의 미사일 경계 데이터 실시간 공유와 3국 공동훈련 '프리덤 에지'는 계속 진행되고 있습니다. 지난해 일본에서 실시된 일미한 참모총장 등 회의는 올해 한국에서 개최되었습니다. 일본 통합막료장의 방한은 15년 만으로, 일한 안보 협력의 진전을 국내외에 보여주는 상징적인 것이었습니다. 정치적 합의가 군 실무 수준으로 이행되고 있음을 인상 깊게 보여주었습니다.

2018년 레이더 조준 문제, 역사 문제 재점화, GSOMIA 파기 문제 등을 계기로 일한 안보 협력은 정체되거나 악화되는 길을 걸어왔지만, 다시금 '미래 지향적 길'을 꾸준히 걷기 시작한 것을 기쁘게 생각합니다. 저는 2017년 육상막료장, 2019년 통합막료장에 취임하여 2023년까지 약 6년간 막료장으로 근무했습니다. 바로 일한 안보 협력이 정체되거나 악화되던 시기였습니다. 북한은 2022년에 ICBM을 포함한 각종 탄도 미사일을 적어도 59발 발사했습니다. 전례 없는 빈도의 발사로 북한의 위협 수준이 높아졌습니다. 일한을 둘러싼 안보 환경이 어려운 상황 속에서 일한 간 협력이 취약할 경우 안보상 위험을 경험하고 있습니다.

일한 안보 협력은 양국의 평화와 안전, 국민의 평화로운 삶, 경제 활동 등의 기반이 됩니다. 장래 어떠한 정치적 상황이 되더라도 현재의 걸음을 멈춰서는 안 됩니다.

일한 간 협력이 강화되면 일한 및 일미한의 억지력·대처력이 강화되어 평화와 안전으로 이어집니다. 동아시아 안보 환경이 엄중하고 복잡해진 오늘날, 일한 간 협력 강화는 시대의 요구라고 생각합니다.

(2) 향후 추진해야 할 과제

제가 생각하는 향후 추진해야 할 과제는 다음 여섯 가지입니다.

첫째는 현재 진행 중인 '미래 지향적이고 안정적인 일한 관계를 발전시킨다'는 정신에 기반하여, 정상·국방장관부터 차관·참모총장·참모 등 실무자 각 수준에서의 정기적인 회담·전략 협의의 정례화·제도화입니다. 지금까지의 역사를 교훈 삼아 함께 앞으로 나아갈 강한 의지를 갖고, 되돌아가지 않는 관계를 구축하는 것이 필요합니다. 일한 외교, 국방 장관회의를 신설하는 것도 중요한 검토 과제라고 생각합니다.

둘째는 일본과 한국이 각각 주체적이고 자율적으로 방위력을 강화하는 것입니다. 그리고 이를 바탕으로 한 각종 사태에서의 일미한 역할 분담 협의와 3국이 연계한 전략 등을 수립하는 것입니다.

일본은 2022년 말 '외교'를 기본으로 하고 '방위력의 근본적 강화'를 기둥으로 하는 국가안보전략, 국가방위전략을 수립했습니다. 미국은 일본의 방위력 근본적 강화를 환영하며, '일미동맹'을 한층 더 높은 수준으로 끌어올리고, '자유롭고 열린 인도-태평양' 실현을 위해 뜻을 같이하고 있습니다. ① 동중국해 및 남중국해 등에서 어떠한 힘이나 위협을 통한 일방적인 현상 변경 시도에 반대, ② 타이완 해협의 평화와 안정의 중요성, ③ 북한의 핵·미사일 문제에 공동 대응할 필요성 등에 대한 인식을 공유하고 역할 분담을 협의하며, 일본의 방위와 지역의 평화·안정을 위한 사태 대응에 만전을 기하고 있습니다. 다카이치(高市) 총리는 현재의 유례없는 엄중한 안보환경 등을 감안하여 국가안보전략 등 안보 관련 3개 문서에 대해 2026년 말까지 개정을 목표로 하는 방침을 표명했습니다. 한국에서도 '한미 동맹의 현대화'가 논의되고 있음을 인식하고 있습니다. 앞으로는 일미한이 중국·북한·러시아에 대한 대응, 발생 가능한 대만 유사 사태, 한반도 유사 사태, 복합 사태에서의 역할 분담을 협의하고, 3국이 협력한 전략 등을 수립해야 한다고 생각합니다.

셋째는 일미한의 억지력·대처력의 실효성 향상입니다.

일미한 정상, 외교, 국방장관부터 참모총장 각 수준에서의 회담 등을 통한 공동성명 등의 전략적 메시지 발신, 상황에 따른 유연한 억제 작전, 일미한의 역할 분담 및 전략 등에 기반한 일미한 3국 공동 훈련 실시를 통해 일미한의 억제력·대처력 향상을 도모할 필요가 있다고 생각합니다.

넷째는 '힘에 의한 일방적인 현상 변경을 용납하지 않는' 환경 조성입니다.

이제 어느 나라도 단독으로 자국의 평화와 안전, 법의 질서를 지킬 수 없습니다. 동맹국·동지국과의 연대는 필수불가결합니다. 인도태평양에는 NATO와 같은 집단 안보 체제가 없습니다. 일미한을 핵심으로 호주, 필리핀, 인도, ASEAN 국가 등 동맹국·동지국과의 전략적 대화 및 다자간 훈련을 계획적으로 실시해야 한다고 생각합니다.

다섯째는 일한 간 물자·역무 상호제공협정(ACSA) 체결입니다.

자위대와 한국군은 국내외에서의 공동 훈련 및 국제 평화 협력 활동 등의 빈도가 높아지고 있습니다. ACSA는 자위대와 한국군의 행동에 있어 병참 분야의 상호 운용성을 향상시키고, 일한 상호 신뢰감을 높입니다.

여섯째는 장비의 공동 개발, 공급망 공유화입니다.

일한 양국은 모두 미국의 동맹국이며 기술 강국, 경제 대국입니다. 일한 또는 일미한 간 장비 공동 개발, 공급망 공유화를 통해 상호 운용성 향상, 경제 안보와의 통합, 그리고 동맹 및 파트너국으로서의 관계 강화가 향상됩니다.

위에서 언급한 둘째부터 여섯째까지의 과제는 아직 검토조차 시작되지 않은 것들이 많으며, 국내 정치, 국민 정서 등 극복해야 할 장애물이 있습니다. 한편, 이웃 나라인 일한 양국은 '중요한 파트너'입니다. 상호 신뢰와 존중의 마음을 가지고, 일한을 둘러싼 엄중하고 복잡한 안보 환경을 직시하며, 평화와 안전, 번영을 유지하기 위해 양국이 과감히 위 과제에 임해 나가는 것이 필요하지 않을까요? 일한 국교 정상화 60주년의 캐치프레이즈인 "양손을 잡고 더 나은 미래로"를 실현하기 위한 노력을 해야 한다고 생각합니다.

6. 마치며

일본의 요미우리 신문과 한국의 한국일보가 올해 6월 실시한 공동 여론조사에 따르면, ① 일한 관계의 현황을 '좋다'고 답한 사람은 일본에서 52%로 2년 연속 절반 이상을 기록했으며, 한국은 55%로 1998년 조사 시작 이후 처음으로 50%를 넘어섰습니다. ② 일한 간 방위 협력을 강화해야 한다고 생각하는 사람은 일본에서 71%, 한국에서는 63%입니다. ③ 일미한이 안보 분야에서 협력을 강화하는 데 찬성하는 사람은 양국 모두 80%를 넘었습니다. 한편, 미국 트럼프 대통령이 내세운 미국 제일주의에 대해 불안을 '느낀다'고 답한 사람은 일본에서 76%, 한국에서는 67%였습니다. 동아시아의 긴장을 일방적으로 높이는 중국·북한·러시아에 대한 대응이 일한 공동의 과제이며, 트럼프 2기 정권과 어떻게 대처해 나갈지가 양국 국민의 의식이라고 생각됩니다.

일한 안보 협력을 '미래 지향적' 사고 아래, 일한이 함께 힘을 모아 주체적으로, 그리고 자율적으로 전략을 수립해 트럼프 2기 정권에 대응해야 함을 강조하며 발표를 마칩니다. 경청해 주셔서 감사합니다.

日韓国交正常化60年の日韓関係、日本外交、韓国外交*

木宮正史 _ 東京大学 名誉教授

本稿の目的

本稿は、1945年8月、日本にとっては敗戦から、韓国にとっては解放から、それぞれ80年を経過し、さらに1965年6月の日韓国交正常化から60年を経過した、2025年という現在の視点に立脚して、20世紀後半の冷戦期から21世紀の四半世紀を過ぎた今日に至る日韓関係の構造が、どのような力学によってどのように展開したのかを考察する。そして、それに基づいて、今後どのように展開することになるのかを展望する。加えて、こうした日韓関係を構成する日本外交と韓国外交についても、その比較と関係性という観点から考察を加える。

---

* 本稿は、木宮正史『日韓関係史』岩波書店、2021年(韓国語訳기미야다다시(이원덕 옮김)『한일 관계사: 한일 대립은 언제 끝날 것인가, 과연 관계 개선은 가능할까』AK, 2022년.)に基づき、それをさらに発展させた論稿、木宮正史(기미야다다시)「国交正常化を迎えた日韓関係、そして日韓外交の過去・現在・未来」「국교정상화 60년을 맞이한 한・일관계와 한・일 외교」『외교(한국외교협회)』제155호(https://www.kstudy. com/fbook/KCFR/155/155.pdf) (2025년10월), pp. x - xix, pp.68-87.を加筆修正したものである。したがって、注に関しては必要最小限に留める。より詳細な参考文献や注などに関しては、上記の論稿を参照されたい。

1. 非対称からの出発と日韓外交の相互補完関係：20世紀後半の冷戦期

1945年8月15日、日本は敗戦を、朝鮮は解放を迎えた。日本は、米国を主とする連合国の占領統治の主目的が、当初の「戦争を起こした日本に対する懲罰」から、「戦後の冷戦体制において日本をアジアにおける反共自由主義陣営の中心に位置づけること」に変容することによって、米国は、日本の戦後復興を積極的に支援し、日本の保守を主軸とした政治体制を支援することになった。そして、1960年代の高度経済成長を通して70年代初頭には先進資本主義国の一員となった。

韓国は米ソの分割占領に起因して分断国家として出発したうえに、朝鮮戦争で国土が荒廃した結果、「世界の最貧国」の1つとして出発せざるを得なかった。アジアにおける反共自由主義の結束強化、そして日韓の共産主義化を防ぐためにも日韓の経済発展が必須であり、そのためにも日韓国交正常化を通した日韓の経済協力が必要だという点で、日米韓は合意し、米国が仲介する形で日韓国交正常化交渉が1951年の予備会談、翌52年の本会談として開始された。

ここで、20世紀後半から21世紀にかけての日韓関係の歴史的展開を分析する概念としての、対称･非対称を定義しておく。

第一には、国力(power)に関して日韓が対等なのか格差があるのかという意味での、対称･非対称である。1990年代まで、日韓の間には国力において大きな格差があったのは間違いない。第二に、政治経済体制をめぐって、日韓が同質であるのか異質であるのかという意味での、対称･非対称である。1980年代半ばまで、韓国は非民主的な独裁体制の下で経済発展を志向する開発独裁であった。それに対して、日本は敗戦による占領改革によって成立した民主主義体制の下で経済発展を達成した先進民主主義国であった。また、経済体制に関して、日韓共に「開発主義」に基づき経済発展における政府の役割が大きかったという点では共通点があったが、日本はGHQによる財閥解体によって、所有と経営が分離された企業が経済発展を担ったのに対して、韓国の経済発展を担ったのは、民間では三星や現代など、所有と経営が一体化した財閥系企業であった。したがって経済体制に関しても異質であった。以上の第一点と第二点は、日本と韓国という国家間における対称・非対称を意味する。

第三に、日韓関係の内容自体が、階層や領域において均整のとれたものであるのか、それとも大きな偏りがあるのかという意味での対称・非対称である。1980年代までの日韓関係は、政治領域の政府間関係と経済領域の財界間関係だけが突出しており、その他の階層、領域の関係、具体的には地方政府間関係や市民社会間の社会文化領域の関係は、ほぼ皆無であった。その意味では内容において非常に偏りのあるという意味での非対称な関係であった。

第四に、日韓の間を往来した、ヒト、モノ、情報、関心などの価値移動の方向が、双方向であるのか、それとも一方向だけに偏るのかという意味での、対称・非対称である。1980年代までは、日本から韓国に移動する価値が、韓国から日本に移動する価値を圧倒する状況であった。ヒトの移動やモノの流通、情報の流通に関して、明らかに日本の出超、韓国の入超だった。韓国では、経済発展にもかかわらず、貿易に関する対日入超が改善されないことが「苛立ちの種」であった。そして、人々の関心の持ち方に関しても、「日本を好きではないが日本に関心を持たざるを得ない韓国」と「韓国に基本的に無関心な日本」という構図であった。これも、価値の移動が一方向に偏重していたという意味で非対称な関係であった。

第一・二の日本と韓国という国家間の明らかな乖離という意味での非対

称と、第三·四の日韓関係の内容の歪みという意味での非対称との間には、明確な相関関係があった。国力や体制において優位を占める国家から、劣勢な国家へと、価値が移動するのは、自然な流れであり、劣勢国家がそれを人為的に規制しない限り、その移動を食い止めるのは困難であった。したがって、実際に、日本からの価値流入を人為的かつ選択的に規制する措置が、劣勢である韓国政府によって採用された。その結果、日韓関係はある特定の階層や領域だけに集中せざるを得ず、内容に偏りが生じることになったのである。日本と韓国との間の対称·非対称と、日韓関係の内容自体の対称·非対称とを、同じ対称·非対称という分析概念として論じることが可能である所以である。

そして、こうした日韓の非対称な関係性が相互補完的に機能した。それを最も典型的に示したのは、日韓関係が非対称であった、20世紀後半の冷戦期における日本外交と韓国外交との関係であった。冷戦期の日本外交は、「軽武装で経済発展に注力する」ために、「自らは冷戦に深く軍事的に関わるのではなく、冷戦と距離を置いた。その代わりに反共国家に対して、経済協力という非軍事的手段で、その経済発展や政治的安定に貢献する」ことに主眼を置いた[1]。韓国との経済協力はそうした代表的な事例である。韓国に関する日本社会の関心はそれほど高くはなかったが、安全保障、地政学において、韓国は日本にとって重要な存在であり続けた。19世紀後半から「朝鮮は日本にとって突きつけられた匕首(あいくち)」のような存在だという地政学的な関係[2]に加えて、20世紀後半には冷戦体制に

---

1 こうした日本の外交路線は、それを推進したとされる故吉田茂首相の名前に由来して「吉田ドクトリン」と呼ばれる。戦後日本外交を、こうした「吉田ドクトリン」の観点から再評価したものとして次の文献を参照されたい。添谷芳秀『日本の「ミドルパワー」外交：戦後日本の選択と構想』筑摩書房、2005年。

2 「朝鮮半島はその地形上、日本列島に対して短刀を擬したような恰好をしている。もし、この地が支那やロシアに占領されたとしたら、その時の日本はどうであろう。脇腹

おいて陣営を共有したからである。ソ連、中国、北朝鮮という共産主義の脅威に対して、韓国は、日本の安全保障を確保してくれる「反共の防波堤」であった。日本は、自らの安全保障を、自らに課された制約の中で達成するために、韓国との経済協力を必要としたのである。換言すれば、日本の対韓経済協力は日本自身の安全保障のためであった。

但し、時に、韓国政府は、日本に対して「韓国は日本の安全保障に貢献しているのだから、その点をもっと自覚して、日本は韓国への経済協力をより一層破格的に行うべきだ」という「安保経協」の論理を展開した。韓国は、冷戦体制下、反共主義陣営の「前哨」として、共産主義陣営の「前哨」である北朝鮮と軍事的に対峙したために、GDP(国内総生産)の5%程度の軍事費を負担し続けたわけで、そうした立場から見ると、GDPの1%程度の軍事費負担にとどまる、日本の「軽武装」には批判的であった。但し、他方で、経済大国になった日本は必ず戦前のような軍事大国になるのではないかという「憂慮」に基づき、「日本の軍事力増強に伴う軍事大国化」を、韓国メディアが持続的に批判してきたことも、また否定できない。韓国にとって、日本が軍事的負担をもっと負うべきだという見方と日本が軍事大国になるのは困るという見方、この2つの矛盾した見方が交錯していたのである。

こうした冷戦との距離感の違いを最も象徴的に示したのは、1960年代半ばから70年代初めまで、アジアにおける冷戦の「熱戦化」を象徴したベトナム戦争への、日韓の対応の違いである。韓国は1965年から73年にかけては、必ずしも同盟関係にはない南ベトナムを支援するために、韓国軍の1割弱、約5万人規模の非戦闘・戦闘部隊を派兵し続けたわけである。それ

に匕首(あいくち)を当てられたようなもので、たえずその生存を脅威されるであろう。」菊池寛『大衆明治史 上巻』汎洋社、1942年、p.155。

には、駐韓米軍のベトナム戦争への転用を防いで駐韓米軍の駐留継続を確保したり、派兵軍人の国内への外貨送金や、企業進出や労働力輸出などによる外貨獲得という、派兵国ならではの戦争特需を通して、幅広い戦争特需を享受したりすることで、韓国の国益を追求した結果であった[3]。それに対して、日本は一方でベトナム戦争に出撃する米軍のために基地を提供したことで実質的に戦争に関与したことは間違いないが、自衛隊を派兵するなどという選択は当時としては考えられなかった。そして、兵站の提供や休暇米軍人の受入など、韓国とは異なる、相対的に間接的な形で戦争特需を享受したのである。ベトナム戦争に対する日本社会の視角は「対岸の火事」という表現に象徴される[4]。

このように、冷戦を挟んで、もしくは米国を挟んで、日本外交と韓国外交は、冷戦との距離の取り方に関して対照的な側面を持った。但し、だからと言って、外交面で対立するのではなく、相互補完的な関係を構成した。日韓は米国との同盟関係を共有する間柄であり、朝鮮戦争の時にそうであったように、在日米軍は、朝鮮半島有事において駐韓米軍と共に韓国防衛の役割を果たす重要な存在であり、日本は米軍に基地を提供する「基地国家」であった。さらに、韓国にとって日本は、北朝鮮の脅威に対抗するため韓国が成し遂げなければならない経済発展を実現するために必要なリソースを提供してくれる経済協力の重要なパートナーでもあった。したがって、いかに日本との協力によって獲得しうる利益を最大化し、それに伴う不利益を最小化するのかが、歴代の韓国政府にとって重要

3 木宮正史「1960年代韓国と台湾の「冷戦外交」比較：ベトナム戦争への対応とASPACを中心として」張啓雄編『戦後東北亜国際関係』中央研究院亜太研究計画(台湾、台北)、2002年, pp.233-270.

4 トーマス・R.H.ヘイブンズ(吉川勇一 訳)『海の向こうの火事：ベトナム戦争と日本 1965-1975』筑摩書房、1990年。

な課題となった。

但し、韓国の政権と反対勢力との間には、その損益計算において乖離が存在した。政権側は、米軍基地の提供や経済協力のリソース提供というプラス面を最大化するためには、日本との協力に伴うリスクをある程度甘受する必要があると考えたのに対して、反対勢力は、日本との過去の歴史や現状の力関係を考えると、日本との協力に伴う警戒を怠るべきではないと考えたからである。

そして、こうした相互補完関係を円滑に進めるために、結果として日韓の非対称性は貢献した。第一に、日本にとって、対韓経済協力によって獲得する安全保障上の利益の方が、歴史問題などで葛藤を抱える隣国韓国が発展し国力を増大させることに伴う「漠然とした不安」よりもずっと大きかったからである。これは日韓の国力における大きな格差から帰結された。第二に、韓国の権威主義体制は、こうした国内の反対勢力などの不満や不安を抑え込むために有効に機能した。特に満州国軍将校という前歴を持つ朴正熙という、日本とは浅からぬ因縁を持つ指導者[5]の下で、日本との経済協力に伴う効果を最大限に活用しつつ、それに伴う国内の不満を抑え込んできたが、これは朴正熙大統領の半永久的な権力が保障された、維新体制という典型的な権威主義体制であったからこそ可能であったとも言えるからである。

5 Carter Eckert, *Park Chung Hee and Modern Korea: The Roots of Militarism, 1866 – 1945*, Belknap Press: An Imprint of Harvard University Press, 2016.

2. 対称化する21世紀の日韓関係と競争の力学

1990年代に入ると、韓国の持続的な経済発展と民主化に伴って、一方で南北体制競争における韓国の優位は確実なものとなり、日韓関係も、以下のように、非対称から対称へと劇的に変容するようになった。

第一に、日韓の国力が経済力、軍事力などのハードパワーのみならず、文化力などを含むソフトパワーなども含め、種々の点で、日本の圧倒的優位から日韓の均衡化へと変容する。

第二に、韓国が民主主義国家として先進国の隊列に加わることで、日韓は市場経済と民主主義という体制価値を共有するようになる。但し、同じ市場経済·資本主義と言っても、オーナー経営の財閥(chaebol)が経済を主導する韓国と、そうではない日本との間では、経営の意思決定の迅速さにおいて大きな違いが存在する。さらに、民主主義に関しても、日本は、総理が短期で頻繁に交代するにもかかわらず、与野党政権交代の可能性はそれほど高くない。よく言えば政治は安定するが、悪く言えば民主主義の機能不全である。韓国は、大統領直選制を採用していることもあり、1998年、2008年、2017年、2022年、2025年と、保守と進歩との間での頻繁な与野党政権交代が起こったように、政権に対する業績評価の如何によって与野党政権交代がいつでも起こりうるという意味で、民主主義が健全に機能する。しかし、2017年と2025年、国会による大統領弾劾訴追に起因した憲法裁判所弾劾審判による大統領罷免が、民主化以後38年の間に2度も起きているように、安定的な民主主義が機能しているとは必ずしも言い難く、選挙によって選ばれた政治指導者の資質に依存しなければならないという、不安的な要素も存在する。

第三に、従来、政治領域の政府間関係と経済領域の財界間関係だけが突出した関係が、それ以外の地方政府や市民社会などの多層な関係へと、そして社会文化を含めた多様な領域へと、関係が拡大し豊富な関係が構築されることで、均衡のとれた関係へと大きく変容した。社会領域では、韓国の民主化に伴い、地方自治体間交流や市民運動の交流などが活発に展開されるようになった。文化領域でも、それまで日本の大衆文化流入を規制した措置を、1998年金大中政権が撤廃することで、日本の大衆文化が韓国に流入することになったが、それ以上に、すぐれた国際競争力を備えた韓国文化が日本、そして世界を席巻するようになった。

第四に、従来はヒト･モノ･情報･関心など価値移動に関して、日本から韓国への移動が圧倒的に多かったのに対して、1990年代以降、それに優るとも劣らず韓国から日本への移動も多くなり、双方向関係へ変容するようになった。日韓の日常生活の中に、相手国のものがどんどん入り込んでいるという意味で、日本における「韓国の日常化」、韓国における「日本の日常化」が進行する。但し、留意するべきは、こうした価値移動の双方向化が、相互理解を通した濃密な関係構築につながる保障はないことである。それに伴う反発も、相互に働くからである。

では、日韓関係の機能は、対称化に応じてどのように変化したのか。日韓の相互補完関係はある程度は持続する。冷戦の遺物とも言える南北分断が継続するだけでなく、北朝鮮の核ミサイル開発に伴って新たに増大した軍事的脅威への対応という課題を共有したからである。

にもかかわらず、日韓関係の対称化に伴い、それとは異なる力学も活性化される。それは競争力学である。日韓が非対称関係だった場合にはあまり生じることがなかった力学である。この競争の主体は誰であり、何をめぐる競争なのか、そして、競争力学はどういうものに働くのか。まず、競争の主体について、日本と韓国という国家、さらにそれを構成する国民感情ということになる。国力の接近に伴い、国力をめぐって競争する実態が形成され、それに伴い、国民感情としても、競争意識はより一層現実味を増すことになる。換言すれば、相互に、どちらが上なのか下なのかということが気になる。当初は、追いつく韓国の方に競争意識が強く働いたが、次第に、追いつかれる日本の方でも対抗して同様な競争意識を持つようになる。

但し、競争は国力をめぐるものだけではなく、日韓間の争点をめぐる優劣を競う競争という側面でも働く。特に、日韓間の争点として代表的なのは、歴史問題である。日韓が共有した近現代の歴史に対する認識に関して、日韓の間には依然として乖離がある。従来は、歴史問題に関しては、相対的に、韓国の方が「正しい歴史認識」を掲げ攻勢的であり、日本の方が防御的であった。しかし、日韓の対称化に伴って、日本にとって韓国との間での歴史問題が占める比重が高まることで、それを無視できなくなる。そして、日本の方からも「歴史戦(争)」を攻勢的にしかける場合も見られるようになり、歴史問題が、韓国のみならず日本にとっても重要な争点として浮上するようになりつつある。

さらに、日韓の競争は、共通課題をめぐってどちらの方が有効に対応できるのかをめぐる競争という側面を持つ。例えば、「少子高齢化」や「地方の消滅」という共に抱える重要な社会問題に関して、日韓が相互に相手の対応を意識し、場合によっては参考にしながら、どちらの方がこうした課題に有効に対応できるのかを競争する力学が働く。

では、こうした競争力学はどのように方向に向かうのか。ゼロサム的な競争になるのか、それとも、ノンゼロサム的競争になるのかという問題である。まず、国力をめぐる競争に関しては、日韓共に国力を増強することは可能であり、20世紀後半の冷戦期は、日韓共に並外れた経済発展を達成することで、そうした径路を辿ってきた。その意味ではノンゼロサム的、しかもプラスサム的な競争であった。但し、国力を相対的な優劣として認識すれば、国力そのものではなく国力の格差が問題になり、その意味ではゼロサム的な側面もある。特に、日韓の国力が接近すればするほど、双方にとって、国力そのものの「絶対値」よりも、相互の国力の「差」が関心事となり、どちらが上なのか下なのかという競争意識が強く働くことになる。

日韓の間の争点に関する競争に関しては、基本的には、どちらの主張が正当であるのか、そして、どちらの主張の方が優位を占めるのか、国際的な支持を集めることができるかなど、ゼロサム的な競争力学が強く働く。その代表的なものは、日韓以外の第三国での「慰安婦少女像」の設置に関して、それを阻止しようとする日本政府と、それを推進しようとする韓国と関連する運動団体との間の対立･競争である。但し、協力して争点に取り組むということになるとノンゼロサム的になる可能性もあるが、他方で、相互の批判合戦という「泥仕合」の様相が国際社会での威信低下をもたらすことになると、「足の引っ張り合い」というマイナスサム的に機能する可能性も排除できない。

そして、共通課題に関する日韓の対応に関しては、相互に相手の経験を参考にして、より一層有効に対応することが可能になれば、基本的にはノンゼロサム的、しかもプラスサム的な力学が働くと考える。実際に、2025年9月末の釜山での日韓首脳会談で合意された「日韓共通の社会問題への対応にかかる当局間協議体」は、こうしたプラスサム的な競争関係への期待を抱かせる。

3. 日韓外交の現在：新たな戦略環境への対応をめぐって

21世紀に入ってからの対称化され競争関係に入った日韓関係を構成する、日本と韓国の外交について、その比較と関係性という観点で論じる。前述したように、20世紀後半の冷戦期、冷戦における反共自由主義陣営を共有しながらも、日本外交が国内における保守と革新との対立を抱えながら、総体として冷戦と適度の距離を置いてきたのに対して、韓国外交は北朝鮮と対峙する反共国家として出発したこともあり、国内における超党派外交に基づき、冷戦に積極的に関与してきた。日韓の外交には、こうした対比が顕著に見られた。そして、それが相互補完関係を構成した。

ところが、1990年代に入って南北分断体制は持続したが、それを取り巻くグローバルな冷戦は終焉し、韓国は中ソとの国交正常化を達成した。北朝鮮は、こうした不利な状況を打開するための手段として核ミサイル開発を本格化し、それをめぐる危機が断続的に発生した。しかも、北朝鮮はそれまでの南北体制競争というゲームを放棄し、米朝交渉によって米国から自体制生存に関する「承認」を獲得することを優先させるようになった。こうした北朝鮮の新たな戦略に対して、基本的に「抑止」を重視して対応するのか、それとも「関与」を重視して対応するのかという選択肢があるが、これをめぐって、韓国の保守と進歩との間で対立が存在した。さらに、それと関連して、日韓の間にも政策の乖離が存在した。

それに加えて2010年代以降になると、大国化した中国と、既存の大国である米国との対立が先鋭化・構造化することで「米中新冷戦」と呼ばれる新たな戦略環境が生まれる。但し、米中相互の貿易依存度が相当に高く、イデオロギー対立は顕著ではないことなど、米ソ冷戦との有意な違いが存在するために、「新冷戦」と呼ぶには留保が必要である。日韓にとって米国は唯一の同盟国として、安全保障を相当に依存する。特に、異なる体制価値観を持ち、一方的な力の行使可能性を示唆する中国の大国化に対応するためにも、米国の関与に相当程度期待し依存せざるを得ない。他方で、日韓にとって中国は重要な貿易相手国であり、経済における中国の占める比重は大きい。さらに、中国は地域秩序に対して最大の影響力を持ち、日韓にとっての「共有の悩みの種」である北朝鮮に対しても最も大きな影響力を持つ。中国とある程度良好な関係を堅持することが日韓にとっては必要になる所以である。

こうした中で米中対立が先鋭化し構造化することは、日韓の戦略環境に重大な挑戦を突きつけることになる。ところが、どのような選択をするのかに関して、韓国における保守・進歩の間で、さらに、それに伴って日韓の間で、相当程度の乖離が存在してきた。

まず、日本外交は、特に中国の大国化、ロシアのウクライナ侵攻や北朝鮮の核ミサイル開発への邁進などの秩序攪乱行為などに直面して、公正で平和な秩序を守るために、米国の関与を従来通り必要だと考えた。そのためには、自国と意思を共有する同志国、具体的には、オーストラリアなどと共に「インド太平洋」という枠組みを構築し、そこに米国の関与を確保する外交を選択する。そして、北朝鮮に対しては抑止重視、米中関係に関してはインド太平洋構想という点で、日本外交は基本的に超党派になった。

それに対して、韓国は日本ほど「インド太平洋」構想には積極的ではなかった。これは、保守、進歩を問わない基本姿勢であり、日本外交・経済に占める中国の比重よりも韓国外交・経済に占める中国の比重の方が大きいことの証左でもある。このようにポスト冷戦・「新冷戦」期における日韓外交は、「新冷戦」への関与を相対的に強める日本、「新冷戦」とは相対的に距離を置こうとする韓国という意味で、冷戦期とはある意味では逆転したようにも見えた。しかも、日本外交が相対的に超党派であるのに対して、韓国外交は保守と進歩の政権交代に伴って相当に動揺してきた。こうした違いは何に起因するのか。

第一に、「新冷戦」の主要行為者が米中であり、したがって、その尖鋭的な争点地域の比重に関して、朝鮮半島よりも台湾海峡の方がより一層大きくなってきたからではないか。もちろん、台湾海峡は日韓双方にとってシーレーン確保などのために重要であるが、対北朝鮮関係を抱え、中国との関係に気を遣わざるを得ない韓国よりも、そうではない日本の方が相対的には、「台湾海峡有事」にはより一層高い関心を持たざるを得ない。ところが、北朝鮮に対する韓国優位が確実になると共に、韓国の対北朝鮮政策に関して、抑止重視だけでなく関与重視という、ある意味では「脱冷戦」政策が現実性を持つようになる。さらに、保守と進歩との間で若干の乖離はあるが、基本的に韓国外交は「韓半島中心主義」に基づき、米韓同盟も朝鮮半島有事に限定されるべきだという考えが依然として多数派を占める。また、その結果、「台湾海峡有事」に駐韓米軍や韓国が関わることに対する拒否感が、相対的に日本のそれよりも強いからである。

第二に、韓国政治が保守と進歩との二大政党制下における政治的両極化の下で、外交をめぐって相異なる見方が提起されるのに対して、日本政治は、旧冷戦期の保守と革新から構成された1955年体制における革新勢力が完全に衰退する中、外交をめぐる代案提示が政治において行われなくなった結果、外交をめぐる争点がほとんど顕在化しないからである。

以上のような点を念頭に置き、ここ10年余りの日韓外交が、日韓それぞれの政権交代によって、日韓外交がどのように交錯したのか、それに応じて日韓関係にどのような接近、乖離の力学が働いたのかを考察する。

(1) 安倍晋三政権と朴槿恵政権(2013年~2017年)

まず、安倍政権と朴槿恵政権との日韓関係は、その前半期(～2015年)と後半期(2016年～)で、かなり対照的であった。前半期、「慰安婦問題で日本政府の前向きな対応がない限り、日韓首脳会談には応じられない」という朴槿恵政権の強硬姿勢もあって、日韓関係は険悪であった。その代わり、朴槿恵政権は、対中関係の管理に尽力した。当時は、米中対立がそれほど顕著ではなく、韓国からすると、良好な対米·対中関係の両立が可能であり、しかも、北朝鮮の軍事挑発を抑えるためには中国の助力が必要だと考えたからであった。そのピークが2015年9月の中国抗日戦勝記念式典への朴槿恵大統領の参席、そして、習近平を挟んだプーチン、朴槿恵のスリーショットであった。

しかし、2015年の後半以降、朴槿恵政権は外交政策の方向を急旋回した。北朝鮮は2013年2月、2016年1月、9月と核実験を繰り返した。北朝鮮に対する中国の影響力行使は韓国朴槿恵政権にとっては期待外れに終わった。朴槿恵政権は、中国に配慮して配備を留保してきたTHAAD(終末高高度ミサイル)を駐韓米軍に配備することを許可した。これに対して、中国政府は韓国への事実上の制裁を加え、これに起因して2016年以降、中韓関係は一挙に悪化した。それとは対照的に、日本との間では、2015年末に慰安婦問題に関する日韓政府間合意を成立させるなど、関係改善に踏み出すことになった。但し、朴槿恵政権は、2016年後半以後、「崔順実国政壟断事件」に起因して政権が弱体化、さらに国会による大統領弾劾訴追、そして憲法裁判所による大統領罷免によって2017年3月には終止符が打たれた。その結果、外交政策の転換は十分に制度化されたとは言い難かった。

(2) 安倍晋三政権と文在寅政権(2017年~2019年)

安倍政権と文在寅政権との間では、朴槿恵政権の前半期以上に日韓外交の乖離が顕著になった。文在寅政権は、2017年トランプ米政権と北朝鮮の金正恩政権との間での軍事的緊張が高まったこともあって、2018年に入ると、北朝鮮の宥和的姿勢にも力を得て、米朝間の仲介役を担い、米朝関係の改善と南北関係の改善を並行して進めるための一連の「韓半島平和プロセス」を推進した。2018年4月の板門店での南北首脳会談、6月のシンガポールでの米朝首脳会談、9月の平壌での南北首脳会談が実現した。それに対して、日本の安倍晋三政権は「韓半島平和プロセス」から事実上疎外される格好になった。

そして、それ以前の政権時から日韓の間の懸案になっていた慰安婦問題や「元徴用工」判決をめぐる問題に関しても、文在寅政権は「司法判断には介入できない」という原則的立場に基づき、解決に積極的な姿勢を示さず韓国の司法判断を「放置」した。そして、それに対する「報復」として、安倍政権は半導体部品の対韓輸出手続きの現状変更を行うという、ある種の「脅し」を加えたため、韓国政府のみならず社会も猛反発することで、日韓関係は再び険悪になった。

さらに、文在寅政権は、米中関係に関しても、「戦略的模糊性」に基づき米中の二者択一に迫られないようにするという「中立的姿勢」を堅持しようとした。安倍政権は、「インド太平洋」概念を動員し中国に対応するためにも、その脅威を共有する日本、オーストラリアなどの有志国が連携し、米国の相当程度の関与を確保しようとしたが、文政権は「戦略的模糊性」に基づき、日本主導の「インド太平洋」概念とは距離を置き、その外交政策でも「インド太平洋」概念の使用を極力回避した。

(3) 岸田文雄政権と尹錫悦政権(2022年~2024年)

韓国が尹錫悦保守政権に交代することで、今度は、岸田政権と尹政権との間で、朴槿恵政権の後半期と類似した構図が復活した。尹政権は、文外交とは決別し、対北朝鮮政策に関しては関与重視から抑止重視に転換した。さらに、尹政権は文政権が決して与しなかった「インド太平洋」戦略を採用することで、「戦略的模糊性」とは決別し、体制価値を共有する日米との関係強化に軸足を移した。

その結果、米韓同盟の強化のためにも日米韓の安保協力の制度化にも踏み込んだ。そして、その障害になっていた「元徴用工」判決をめぐる問題に関しても、尹政権は、日本企業への賠償を求めず、韓国政府傘下の財団が代弁済を行うという解決策を提示し、それを日本政府も受け入れることで、日韓の政府間関係は劇的に改善することになった。

(4) 石破茂政権・高市早苗政権と李在明政権(2025年~)

現状では、北朝鮮は核ミサイル開発に邁進し、ロシア・ウクライナ戦争に派兵するなどロシアとの軍事協力をより一層強化し、ロシアや中国という「伝統的友好国」に依存した生存戦略を企図する。そのために、「新冷戦」という構図に自ら積極的に与している。そして、韓国に対しては統一という目標共有を放棄し、南北関係を「敵対的な二国間関係」とみなす北朝鮮版「2つのコリア」政策を公式化する。これを与件とすると、韓国の力で南北関係の改善を企図するのは難しく、軍事的緊張がこれ以上激化しないように管理する程度を目指すしかない。もちろん、それ自体も容易な課題でないのは言うまでもない。唯一の期待はトランプ政権による米朝交渉再開の試みであり、2025年8月の米韓首脳会談で李大統領は「トランプ大統領がpeace makerならば、自分はpace makerになる」と発言し、期待感を隠さなかった。韓国の進歩政権にとっては、南北関係を韓国主導で動かすためには、米朝関係の改善が前提条件とならざるを得ないからである。また、米中対立に関しては、訪米時シンクタンクCSISでの演説後のQ&Aで「『安美経中』はもはや通用しない」と回答し、米国の対中経済安全保障政策の枠組みの中で中韓経済関係を考えることを明確にした。実質的に「戦略的模糊性」との決別を意味する。

しかも、トランプ米政権は関税政策などで、同盟国である日韓に攻勢をかけたように、相当に予測不可能である。さらに、台湾有事への対応を主眼とする戦略的柔軟性の拡大、日韓に対する米軍駐留経費の負担増加要求、日韓の軍事費増加要求などを含む「同盟の現代化」に関して、日韓に質量ともに負担増を迫る姿勢を示している。こうした中で、日韓双方とも結果として「共同戦線」を張る必要は高まらざるを得ない。

そのために、李大統領は、2025年8月末、訪米前に急遽訪日することを決断、石破茂首相との日韓首脳会談を実現させた。こうした課題の共有に関して、李政権と石破政権との間に相当程度の共感があったことを示すものである。しかし、日本の国内政治力学に起因して石破政権は退陣を余儀なくされた。さらに、異例であったのは、退任が既に決まっていた石破首相が訪韓し9月末に釜山で日韓首脳会談が実現したことである。これは、日韓関係の重要性に鑑み、それを困難にするような歴史問題に関する日韓の軋轢が高まらないようにするという意味での「石破路線」の継承を、李政権が日本の次期政権に期待したからだとも言える。但し、その後、自民党総裁選挙の結果、少なくとも韓国の視点から、日韓の歴史問題に関して「石破路線」とは最も距離があると受け止められる高市早苗政権が成立する可能性が高まったことで、とりあえず韓国では「警戒感」が高まったことは否めない。日韓関係に関して、政権次元を超えた国家間関係が盤石なものとは言い難いのが現状である。

さらに、トランプ関税への対応に関しても、15%の自動車関税との交換条件として、日本が5500億ドルの「先払い」投資で真っ先に妥協したのに対して、トランプ政権は、李政権に対して日本とほぼ同様の3500億ドル「先払い」投資を要求するが、韓国は、韓国には米韓通貨スワップ協定がないこと、しかも、韓国の外貨保有高が4200億ドルしかないことを挙げて、日本のような一括「先払い」は不可能だということで抵抗した。その後、李在明政権の粘り強い交渉の結果、2000億ドル分の対米投資に関しては毎年の上限200億ドルを大体10年にわたって投資すること、残りの1500億ドルに関しては、MASGA(Make American Shipbuilding Great Again)という名称の、米国造船業に対する韓国の支援提供で、自動車関税を15%水準に引き下げるという妥協が成立した。詳細は不明なところもあるが、少なくとも韓国では、「先払い」ではなく投資の合理性を考慮して分割で投資することに合意したという意味で、日本よりも有利な条件での妥協が成立したと報道された。

以上のように、トランプ関税への対応に関して、一方で、李大統領の訪米途上の訪日で、トランプ政権への対応に関して日韓両首脳間で何らかの相談が行われたように、日韓が協力してトランプ政権に対応したという側面は存在する。他方で、トランプ政権の対応をめぐり日韓が競争を展開することで、結果としてトランプ政権の術中にはまるというリスクも排除できない。トランプ政権への対応に関して、今後も日韓の間には、こうした2つの力学が働くことが予想され、そうした中で、日韓両政府がどのような選択をするのか、そうした選択をする前提としての日韓の信頼関係をどの程度蓄積できるのか、問われることになる。

結論：日韓関係の未来·日韓外交の未来

一方で、外交政策に関して真っ向から正反対の方向を指向することは、その政策を実施する観点から言うと、どちらにとっても望ましくない。政策を実現する力が分散されてしまうし、場合によっては「足の引っ張り合い」になってしまうからである。にもかかわらず、安倍政権と文政権との関係のように、日韓の政権の組み合わせによっては、日韓の外交が正反対を指向した時期があったことは記憶に新しい。

しかし、その後の日韓外交を観察すると、日韓の外交政策には、対立的な競争力学よりも収斂力学がより一層働くように見える。それは以下の理由による。

第1に、対同盟国関係において予測不可能性の高いトランプ米政権が登場したのみならず、ポスト·トランプ政権においても、同盟国との協力よりも米国単独の利益の方を優先させるのではないかという意味で、対同盟国政策に関する予測不可能性が高いことが予想される。MAGA政策は、トランプ政権だけで終わるものではないかもしれない。対米同盟を共有する日韓は、従来、米国を媒介とした関係構築が基本であったが、トランプ以後は、むしろ、予測不可能性の高い米国に対して、日韓が連携協力して対応しなければならない場合が増えることが予想されるからである。

にもかかわらず、日韓の政権次元の協力関係には不透明さが漂う。確かに、2025年10月末、APEC慶州会議での李在明·高市早苗の初の日韓首脳会談は比較的良好な雰囲気で行われ、シャトル外交の継続など合意された。しかし、その直後、まずは、中東での行事に参加する韓国空軍曲芸飛行隊「ブラック・イーグル」に対して、沖縄の自衛隊基地での給油協力という日韓の防衛協力が計画されたにもかかわらず、当該飛行隊が、日韓の間で係争中の竹島・独島の上空を通過したことを、日本政府は問題視することで、給油協力はキャンセルされた。それに対して、日本の海上自衛隊と韓国海軍との間で7年ぶりに予定された共同救難訓練や、自衛隊行事への韓国軍楽隊の参加などが、韓国政府の意向で見送りになった。日韓間で軍事的緊張が高まっているわけではないが、歴史問題や領土問題という争点を抱えるために、日韓の安保協力の推進には、しばしばブレーキが働くからである。

第2に、米中関係は2025年9月末の韓国釜山の米中首脳会談で、米国の対中高率関税の猶予と中国のレアアース対米輸出再開とを交換条件とする妥協が暫定的に成立したわけだが、そうだとしても、中長期的には、米中対立の尖鋭化・構造化の趨勢は不可避であるからである。日韓共に、そうした中で、同盟国米国が主導する経済安保政策を共有しながら、その限定に基づき対中経済関係を進める必要がある。こうした中で、どうしても日韓の経済的利益には損害が及ぶことが予想されるわけだが、こうした損害を最小化するために、米中双方に働きかける必要がある点で、日韓は重大な死活的利益を共有する。もちろん、従来そうであったように、米中関係における立ち位置において、日韓に違いが存在することもあるだろうが、そうした場合でも、乖離の力学よりも収斂の力学の方が大きく働くことが予想される。

但し、特に、中国がそれを放置するわけではない。11月、高市総理の「台湾有事が『存立事態危機』になりうる」国会答弁に対する中国政府の対応に起因して、日中間の対立はエスカレートしている。そうした中で、中国政府は「日韓間の争点である『独島』は韓国の領土だ」と発言するなど、日韓間の争点に介入することで、日韓関係に楔を打ち込む姿勢を示す。韓国政府も、こうした日中間の対立に巻き込まれたくはないと考えるために、一旦「傍観」姿勢を示す。これは、米中関係の立ち位置に関する日韓の違いが存在することを示すものである。

第3に、北朝鮮は韓国との体制競争で勝利を収めることで統一を自国主導で優位に進めるという目標を放棄し、米国による体制承認を求め、そのためにも核ミサイル開発に邁進するが、それが思い通りに進まない状況で、米中対立を抱える中国やロシア・ウクライナ戦争を抱えるロシアなど、「伝統的な友好国」との関係強化を通した「生存」戦略を模索する。中国が拒否する「新冷戦」という言説に、北朝鮮が積極的に便乗しようとするのは、そうした理由がある。もちろん、優位な国力を背景として北朝鮮に積極的に関与することで、北朝鮮の軍事挑発を抑制しようとすることに力点を置く、韓国進歩政権と、何よりも北朝鮮の核ミサイル開発への抑止に重点を置く日本との間には、対北朝鮮政策においても違いがあることは否めない。にもかかわらず、核ミサイル開発に邁進し、日韓との関係構築を後回しにする北朝鮮の対応を与件とすると、日韓にとって、やはり、北朝鮮の核ミサイル開発を、米国などの力を借りながら抑止し無力化する政策を推進することがどうしても優先順位として高くなる。

以上のように、少なくとも日韓が共有する国際環境への働きかけという観点で、日韓外交に関しては、乖離の力学よりも収斂の力学が強く働くと考えるべきである。それは、対称関係にある類似の存在として、さらに、その国家目標も相当程度共有する存在として、共有する「新冷戦」とも呼ばれる国際環境への対応に関して、「一方でそれに適度に関与しコントロールしながら、他方でそれと適度の距離を置きながら、それがもたらす被害を最小化する」という目標を、日韓は共有するからだと考える。

但し、こうした収斂力学だけが働くわけではない。むしろ、日韓の国内政治力学の違いは、場合によっては、乖離の力学を強く働かせることになるかもわからない。外交政策をめぐる政治的亀裂が目立たず、外交に関してはほぼ超党派が成立しており、外交政策をめぐる新たな選択肢の開拓が行われ難いのが日本である。逆に外交政策に関する相異なる選択肢をめぐる活発な議論が行われるのはいいが、超党派的な支持が得られ難く、政権交代による外交政策の動揺リスクから免れ難いのが韓国である。こうした双方の国内政治力学の違いは、短期的に変わることは難しく、こうした違いを相互にどのように受け止めて対応するのかに直面する。必要なのは、こうした違いを十分にわきまえたうえで対応することであり、それに基づいて、相互に相手を、政策の収斂に向けて粘り強く説得することではないかと考える。

したがって、日韓の間の争点や共通課題などに関して、まず何を優先させるのか、優先順位を決めておく必要がある。筆者は、歴史問題に代表される「アイデンティティ」の問題よりも、安全保障や少子高齢化など、国家や社会の「生存」に関わる問題を優先させる基本的合意が必要だと考える。「生存」あっての「アイデンティティ」だということを考慮すると、こうした点に関しては日韓双方ともに最大公約数の合意が可能ではないか。また、「理念」よりも「実利」を重視するという李政権の「実用主義外交」とも合致するのではないか。

한일 국교 정상화 60년의 한일 관계, 일본 외교, 한국 외교*

기미야 다다시 _ 도쿄대학 명예교수

본고의 목적

본고는, 1945년 8월, 일본에게는 패전으로부터, 한국에게는 해방으로부터 각각 80년이 경과하고, 또한 1965년 6월의 한일국교정상화로부터 60년이 경과한 2025년이라는 현재의 시점에 서서, 20세기 후반 냉전 시기부터 21세기 25년을 넘긴 오늘에 이르기까지 한일관계의 구조가 어떠한 역학에 의해 어떻게 전개되었는지를 고찰한다. 그리고 이를 바탕으로 향후 어떻게 전개될 것인지 전망한다. 더불어 이러한 한일 관계를 구성하는 일본 외교와 한국 외교에 대해서도 그 비교와 관계성이라는 관점에서 고찰을 더한다.

---

* 본고는 기미야 다다시(이원덕 역)『한일 관계사: 한일 대립은 언제 끝날 것인가, 과연 관계 개선은 가능할까』AK, 2022년.을 바탕으로, 이를 더욱 발전시킨 논고, 기미야 다다시(木宮正史)「국교 정상화를 맞이한 일·한 관계, 그리고 일·한 외교의 과거·현재·미래」「국교정상화 60년을 맞이한 한·일 관계와 한·일 외교」『외교(한국외교협회)』 제155호(https://www.kstudy.com/fbook/KCFR/155/155.pdf) (2025년 10월), pp. x-xix, pp.68-87.을 가필 수정하여 작성한 것이다. 따라서 注에 대해서는 필요 최소한으로 제한한다. 보다 상세한 참고문헌이나 注 등에 대해서는 상기 논고를 참조하기 바란다.

1. 비대칭적 출발과 한일 외교의 상호보완 관계: 20세기 후반 냉전 시기

1945년 8월 15일, 일본은 패전을, 조선은 해방을 맞이했다. 일본은 미국을 주축으로 한 연합국의 점령 통치 주목적이 초기 '전쟁을 일으킨 일본에 대한 처벌'에서 '전후 냉전 체제에서 일본을 아시아 반공 자유주의 진영의 중심에 위치시키는 것'으로 변모함에 따라, 미국은 일본의 전후 부흥을 적극적으로 지원하고 일본의 보수를 주축으로 한 정치 체제를 지원하게 되었다. 그리고 1960년대의 고도경제성장을 통해 70년대 초에는 선진자본주의국 일원이 되었다.

한국은 미소의 분할 점령으로 인해 분단 국가로 출발한 데다, 한국 전쟁으로 국토가 황폐화된 결과 '세계 최빈국' 중 하나로 출발할 수밖에 없었다. 아시아에서의 반공 자유주의 결속 강화, 그리고 한일 양국의 공산주의화를 막기 위해서도 한일의 경제 발전이 필수적이며, 이를 위해 한일 국교 정상화를 통한 한일 경제 협력이 필요하다는 점에서 일미한은 합의했고, 미국이 중재하는 형태로 한일 국교 정상화 협상이 1951년 예비 회담, 이듬해 52년 본 회담으로 시작되었다.

여기서 20세기 후반부터 21세기에 걸친 일한 관계의 역사적 전개를 분석하는 개념으로서 대칭·비대칭을 정의해 둔다.

첫째, 국력(power) 측면에서 한일이 대등한지 격차가 있는지에 대한 대칭·비대칭이다. 1990년대까지 한일 간 국력에 큰 격차가 있었던 것은 분명하다. 둘째, 정치경제 체제를 둘러싸고 한일이 동질적인지 이질적인지라는 의미에서의 대칭·비대칭이다. 1980년대 중반까지 한국은 비민주적인 독재 체제 아래 경제 발전을 지향하는 개발 독재였다. 반면 일본은 패전에 따른 점령 개혁으로 성립된 민주주의 체제 아래 경제 발전을 달성한 선진 민주주의 국가였다. 또한 경제 체제에 관해, 한일 양국 모두 '개발주의'에 기반해 경제 발전에서 정부의 역할이 컸다는 점에서는 공통점이 있었으나, 일본은 GHQ에 의한 재벌 해체로 소유와 경영이 분리된 기업이 경제 발전을 담당한 반면, 한국의 경제 발전을 담당한 것은 민간에서는 삼성이나 현대 등 소유와 경영이 일체화된 재벌 계열 기업이었다. 따라서 경제 체제 역시 이질적이었다. 이상의 첫 번째와 두 번째 점은 일본과 한국이라는 국가 간 대칭·비대칭을 의미한다.

셋째, 한일 관계의 내용 자체가 계층이나 영역에서 균형 잡힌 것인가, 아니면 큰 편향이 있는 것인가라는 의미에서의 대칭·비대칭이다. 1980년대까지의 한일 관계는 정치 영역의 정부 간 관계와 경제 영역의 재계 간 관계만이 두드러졌고, 그 외 계층·영역의 관계, 구체적으로는 지방 정부 간 관계나 시민 사회 간 사회문화 영역의 관계는 거의 전무했다. 그 의미에서 내용상 매우 편중된 비대칭적 관계였다.

넷째, 한일 간을 오간 사람, 물건, 정보, 관심 등 가치 이동의 방향이 양방향인지, 아니면 한 방향으로만 치우치는지를 의미하는 대칭·비대칭이다. 1980년대까지는 일본에서 한국으로 이동하는 가치가 한국에서 일본으로 이동하는 가치를 압도하는 상황이었다. 사람의 이동이나 물건의 유통, 정보의 유통에 관해 명백히 일본의 흑자, 한국의 적자였다. 한국에서는 경제 발전에도 불구하고 무역 관련 대일 수입초과가 개선되지 않는 것이 '초조함의 씨앗'이었다. 그리고 사람들의 관심 방식에 있어서도 '일본을 좋아하지 않지만 일본에 관심을 가지지 않을 수 없는 한국'과 '한국에 기본적으로 무관심한 일본'이라는 구도였다. 이 또한 가치 이동이 한 방향으로 편중되어 있었다는 의미에서 비대칭적 관계였다.

제1·2의 일본과 한국이라는 국가 간 명백한 괴리라는 의미에서의 비대칭과, 제3·4의 한일 관계 내용의 편향이라는 의미에서의 비대칭 사이에는 명확한 상관관계가 있었다. 국력이나 체제에서 우위를 점하는 국가로부터 열세 국가로 가치가 이동하는 것은 자연스러운 흐름이며, 열세 국가가 이를 인위적으로 규제하지 않는 한 그 이동을 막는 것은 어려웠다. 따라서 실제로 일본으로부터의 가치 유입을 인위적이고 선택적으로 규제하는 조치가 열세인 한국 정부에 의해 채택되었다. 그 결과 한일 관계는 특정 계층이나 영역에만 집중할 수밖에 없게 되었고, 내용에 편중이 생기게 된 것이다. 일본과 한국 사이의 대칭·비대칭과 한일 관계 내용 자체의 대칭·비대칭을 동일한 대칭·비대칭이라는 분석 개념으로 논할 수 있는 이유이다.

그리고 이러한 한일 간의 비대칭적 관계성이 상호 보완적으로 기능했다. 이를 가장 전형적으로 보여준 것은 한일 관계가 비대칭적이었던 20세기 후반 냉전 시기 일본 외교와 한국 외교의 관계였다. 냉전기 일본 외교는 '경무장(輕武裝)으로 경제 발전에 주력하기 위해' '자신은 냉전에 깊이 군사적으로 관여하지 않고 냉전과 거리를 두었다. 그 대신 반공 국가에 대해 경제 협력이라는 비군사적 수단으로 그 경제 발전이나 정치적 안정에 기여하는 데' 주안점을 두었다.[1] 한국과의 경제 협력은 그러한 대표적인 사례이다. 한국에 대한 일본 사회의 관심은 그다지 높지 않았지만, 안보와 지정학 측면에서 한국은 일본에게 중요한 존재로 남아 있었다. 19세기 후반부터 '조선은 일본에게 들이댄 비수'와 같은 존재라는 지정학적 관계[2]에 더해, 20세기 후반에는 냉전 체제에서 진영을 공유했기 때문이다. 소련, 중국, 북한이라는 공산주의 위협에 맞서 한국은 일본의 안보를 보장해 주는 '반공의 방파

---

1 이러한 일본의 외교 노선은 이를 추진한 것으로 알려진 고(故) 요시다 시게루(吉田茂) 총리의 이름에서 유래하여 '요시다 독트린(吉田ドクトリン)'이라 불린다. 전후 일본 외교를 이러한 '요시다 독트린'의 관점에서 재평가한 것으로는 다음 문헌을 참조하기 바란다. 소에야 요시히데(添谷芳秀) 『일본의 '미들 파워(ミドルパワー)' 외교: 전후 일본의 선택과 구상(日本の「ミドルパワー」外交：戦後日本の選擇と構想)』 지쿠마 서방(筑摩書房), 2005년.

2 「한반도는 그 지형상 일본 열도에 대해 단도를 겨눈 듯한 모양새를 하고 있다. 만약 이 땅이 중국이나 러시아에 점령당한다면, 그때의 일본은 어떨 것인가. 옆구리에 단도를 겨누어진 것과 같아 끊임없이 생존이 위협받을 것이다.」 기쿠치 칸(菊池寬) 『대중 메이지사 상권(大衆明治史 上卷)』 범양사(汎洋社), 1942년, p.155.

제'였다. 일본은 자국의 안보를 자국에 부과된 제약 속에서 달성하기 위해 한국과의 경제협력이 필요했다. 달리 말하면, 일본의 대한 경제협력은 일본 자신의 안보를 위한 것이었다.

다만 때로 한국 정부는 일본에 대해 "한국은 일본의 안보에 기여하고 있으니 그 점을 더 자각하고 일본은 한국에 대한 경제협력을 더욱 파격적으로 해야 한다"는 '안보경제협력' 논리를 펼쳤다. 한국은 냉전 체제 하에서 반공주의 진영의 '전초기지'로서 공산주의 진영의 '전초기지'인 북한과 군사적으로 대치했기 때문에 GDP(국내총생산)의 5% 정도에 달하는 군사비를 부담해 왔으며, 이러한 입장에서 볼 때 GDP의 1% 정도에 그치는 일본의 '경무장'에는 비판적이었다. 그러나 다른 한편으로는 경제 대국이 된 일본이 반드시 전전(戰前)과 같은 군사 대국이 되지 않을까 하는 '우려'에 근거해 '일본의 군사력 증강에 따른 군사 대국화'를 한국 언론이 지속적으로 비판해 온 것도 부정할 수 없다. 한국에게 있어 일본이 군사적 부담을 더 져야 한다는 시각과 일본이 군사 대국이 되는 것은 곤란하다는 시각, 이 두 가지 상반된 시각이 교차하고 있었던 것이다.

이러한 냉전과의 거리감 차이를 가장 상징적으로 보여준 것은 1960년대 중반부터 70년대 초까지 아시아에서 냉전의 '열전화'를 상징한 베트남 전쟁에 대한 한일 양국의 대응 차이이다. 한국은 1965년부터 73년까지 동맹 관계는 아니었던 남베트남을 지원하기 위해 한국군의 10% 정도인 약 5만 명 규모의 비전투 또한 전투 부대를 계속 파병했다. 이는 주한미군의 베트남 전쟁 전개를 막아 주한미군 주둔 지속을 보장하거나, 파병 군인의 국내 외화 송금 및 기업 진출 또한 노동력 수출 등을 통한 외화 획득이라는 파병국만의 전쟁 특수를 통해 광범위한 전쟁 특수를 누림으로써 한국의 국익을 추구한 결과였다.[3] 이에 반해 일본은 한편으로 베트남 전쟁에 출격하는 미

3 기미야 다다시 (木宮正史)「1960년대 한국과 대만의 「냉전 외교」 비교: 베트남 전쟁 대응과 ASPAC을 중심으로(1960年代韓國と台湾の『冷戰外交』比較：ベトナム戰爭

군을 위해 기지를 제공함으로써 실질적으로 전쟁에 관여한 것은 분명하지만, 자위대를 파병하는 등의 선택은 당시로서는 생각할 수 없었다. 그리고 병참 제공이나 휴가 미군인 수용 등 한국과는 다른 상대적으로 간접적인 형태로 전쟁 특수를 누렸다. 베트남 전쟁에 대한 일본 사회의 시각은 '강 건너의 화재'라는 표현에 상징된다.[4]

이처럼 냉전을 사이에 두고, 혹은 미국을 사이에 두고, 일본 외교와 한국 외교는 냉전과의 거리 두기에 있어 대조적인 측면을 지녔다. 다만 그렇다고 해서 외교적으로 대립하기보다는 상호 보완적인 관계를 구성했다. 한일 양국은 미국과의 동맹 관계를 공유하는 사이이며, 한국 전쟁 당시와 마찬가지로 주일 미군은 한반도 유사시 주한 미군과 함께 한국 방위의 역할을 수행하는 중요한 존재였고, 일본은 미군에 기지를 제공하는 '기지 국가'였다. 더욱이 한국에게 일본은 북한의 위협에 대응하기 위해 한국이 달성해야 할 경제 발전을 실현하는 데 필요한 자원을 제공하는 경제 협력의 중요한 파트너이기도 했다. 따라서 일본과의 협력을 통해 얻을 수 있는 이익을 어떻게 극대화하고, 그에 따른 불이익을 최소화할 것인가가 역대 한국 정부에게 중요한 과제가 되었다.

그러나 한국 정부와 반대 세력 사이에는 그 손익 계산에 괴리가 존재했다. 정부 측은 미군 기지 제공이나 경제 협력 자원 제공이라는 긍정적 측면을 극대화하기 위해서는 일본과의 협력에 따른 위험을 어느 정도 감수해야 한다고 생각한 반면, 반대 세력은 일본과의 과거 역사와 현존하는 힘의 관계를 고려할 때 일본과의 협력에 따른 경계를 소홀히 해서는 안 된다고 생각했기 때문이다.

への對応とASPACを中心に)」 장계웅(張啓雄) 편 『전후 동북아 국제관계(戰後東北アジア國際關係)』 중앙연구원 아태연구계획(대만, 타이베이), 2002년, pp.233-270.

4 토머스 R.H. 헤이븐즈(トーマス·ヘイブンズ)(요시카와 유이치(吉川勇一) 역) 『바다 건너의 화재: 베트남 전쟁과 일본 (海の向こうの火事：ベトナム戰爭と日本)1965-1975』 지쿠마 서방(筑摩書房), 1990년.

그리고 이러한 상호 보완 관계를 원활히 진행하기 위해 결과적으로 한일 간의 비대칭성은 기여했다. 첫째, 일본에게 있어 대한 경제협력으로 획득하는 안보상의 이익이 역사 문제 등으로 갈등을 빚는 이웃나라 한국이 발전해 국력을 증대시키는 데 따른 '막연한 불안'보다 훨씬 컸기 때문이다. 이는 한일 간 국력의 큰 격차에서 비롯된 결과였다. 둘째, 한국의 권위주의 체제는 이러한 국내 반대 세력 등의 불만과 불안을 억누르는 데 효과적으로 기능했다. 특히 만주국군 장교라는 전력을 가진 박정희라는, 일본과는 얕지 않은 인연을 가진 지도자[5] 아래에서, 일본과의 경제협력에 따른 효과를 최대한 활용하면서도, 그에 따른 국내 불만을 억누를 수 있었는데, 이는 박정희 대통령의 반영구적인 권력이 보장된, 유신체제라는 전형적인 권위주의 체제였기에 가능했다고도 할 수 있다.

2. 대칭화되는 21세기 한일 관계와 경쟁의 역학

1990년대에 들어서면서 한국의 지속적인 경제 발전과 민주화에 따라, 한편으로는 남북 체제 경쟁에서 한국의 우위가 확실해졌고, 한일 관계도 다음과 같이 비대칭에서 대칭으로 극적으로 변모하게 되었다.

첫째, 한일 양국의 국력이 경제력, 군사력 등의 하드 파워뿐만 아니라 문화력 등을 포함한 소프트 파워 등 여러 측면에서 일본의 압도적 우위에서 한일 균형화로 변모한다.

둘째, 한국이 민주주의 국가로서 선진국의 대열에 합류함으로써 한일 양국은 시장경제와 민주주의라는 체제 가치를 공유하게 된다. 다만, 같은 시장경제·자본주의라 해도 오너 경영의 재벌이 경제를 주도하는 한국과 그렇

---

5 Carter Eckert, Park Chung Hee and Modern Korea: The Roots of Militarism, 1866 - 1945, Belknap Press: An Imprint of Harvard University Press, 2016.

지 않은 일본 사이에는 경영 의사 결정의 신속성에서 큰 차이가 존재한다. 또한 민주주의에 관해서도 일본은 총리가 단기간에 빈번히 교체됨에도 불구하고 여야 정권 교체의 가능성은 그리 높지 않다. 좋게 말하면 정치가 안정되지만, 나쁘게 말하면 민주주의의 기능 부전이다. 한국은 대통령 직선제를 채택하고 있기에, 1998년, 2008년, 2017년, 2022년, 2025년과 같이 보수와 진보 사이에서 빈번한 여야 정권 교체가 일어났듯이, 정권에 대한 성과 평가에 따라 언제든지 여야 정권 교체가 발생할 수 있다는 점에서 민주주의가 건전하게 기능한다. 그러나 2017년과 2025년, 국회의 대통령 탄핵 소추에 기인한 헌법재판소 탄핵 심판에 의한 대통령 파면이 민주화 이후 38년 동안 두 번이나 발생한 것처럼, 안정적인 민주주의가 기능하고 있다고 단언하기는 어렵고, 선거로 선출된 정치 지도자의 자질에 의존해야 한다는 불안한 요소도 존재한다.

셋째, 기존에 정치 영역의 정부 간 관계와 경제 영역의 재계 간 관계만이 두드러진 관계가, 그 외 지방정부나 시민사회 등 다층적 관계로, 그리고 사회문화를 포함한 다양한 영역으로 관계가 확대되고 풍부한 관계가 구축됨으로써 균형 잡힌 관계로 크게 변모하였다. 사회 영역에서는 한국의 민주화에 따라 지방자치단체 간 교류나 시민운동 교류 등이 활발히 전개되게 되었다. 문화 영역에서도, 그간 일본의 대중문화 유입을 규제하던 조치를 1998년 김대중 정부가 철폐함으로써 일본의 대중문화가 한국에 유입되게 되었지만, 그 이상으로 우수한 국제 경쟁력을 갖춘 한국 문화가 일본, 그리고 세계를 휩쓸게 되었다.

넷째, 기존에는 인적·물적·정보·관심 등 가치 이동 측면에서 일본에서 한국으로의 이동이 압도적으로 많았던 반면, 1990년대 이후에는 그에 못지않게 한국에서 일본으로의 이동도 많아지면서 양방향 관계로 변모하게 되었다.한일 양국의 일상생활 속에 상대국의 것들이 점점 더 깊숙이 스며들고 있다는 점에서, 일본에서의 '한국의 일상화', 한국에서의 '일본의 일상화'가

진행된다. 다만 유의해야 할 점은, 이러한 가치 이동의 양방향화가 상호 이해를 통한 긴밀한 관계 구축으로 이어질 것이라는 보장은 없다는 것이다. 그에 따른 반발도 상호적으로 작용하기 때문이다.

그렇다면 한일 관계의 기능은 대칭화에 따라 어떻게 변화했을까. 한일의 상호보완 관계는 어느 정도 지속된다. 냉전의 유물이라 할 수 있는 남북 분단이 지속될 뿐만 아니라, 북한의 핵미사일 개발에 따라 새롭게 증대된 군사적 위협에 대한 대응이라는 과제를 공유했기 때문이다.

그럼에도 불구하고, 한일 관계의 대칭화에 따라 그와는 다른 역학도 활성화된다. 그것은 경쟁 역학이다. 한일이 비대칭 관계였을 때에는 별로 발생하지 않았던 역학이다. 이 경쟁의 주체는 누구이며, 무엇을 둘러싼 경쟁인가, 그리고 경쟁 역학은 어떤 것에 작용하는가. 먼저, 경쟁의 주체에 관해, 일본과 한국이라는 국가, 더 나아가 그것을 구성하는 국민 감정이라고 할 수 있다. 국력의 접근에 따라 국력을 둘러싼 경쟁 실태가 형성되고, 이에 따라 국민 감정으로서도 경쟁 의식은 더욱 현실성을 띠게 된다. 달리 말하면, 상호간에 누가 우위에 있는지 열위에 있는지가 신경 쓰인다. 초기에는 따라잡는 한국 쪽에 경쟁 의식이 강하게 작용했으나, 점차 따라잡히는 일본 쪽에서도 대항하여 유사한 경쟁 의식을 가지게 된다.

다만 경쟁은 국력을 둘러싼 것뿐만 아니라, 한일 간 쟁점을 둘러싼 우열을 겨루는 경쟁이라는 측면에서도 작용한다. 특히 한일 간 쟁점으로 대표적인 것은 역사 문제이다. 한일이 공유한 근현대사에 대한 인식에 관해 한일 간에는 여전히 괴리가 존재한다. 기존에는 역사 문제에 관해 상대적으로 한국 쪽이 '올바른 역사 인식'을 내세워 공세적이었고, 일본 쪽이 방어적이었다. 그러나 한일 간의 대칭화가 진행되면서 일본에게 있어 한국과의 역사 문제가 차지하는 비중이 높아짐에 따라 이를 무시할 수 없게 되었다. 그리고 일본 측에서도 '역사전(戰)'을 공세적으로 시작하는 경우도 나타나기 시작했으며, 역사 문제가 한국뿐만 아니라 일본에게도 중요한 쟁점으로 부상하고 있다.

더 나아가 한일 간 경쟁은 공통 과제를 두고 어느 쪽이 더 효과적으로 대응할 수 있는지를 겨루는 측면을 지닌다. 예를 들어 '저출산 고령화'나 '지방 소멸'과 같이 양국이 공통으로 안고 있는 중요한 사회 문제에 대해 한일이 서로 상대방의 대응을 의식하고, 경우에 따라서는 참고하면서 어느 쪽이 이러한 과제에 더 효과적으로 대응할 수 있는지를 경쟁하는 역학이 작용한다.

그렇다면 이러한 경쟁 역학은 어떤 방향으로 나아갈 것인가. 제로섬적 경쟁이 될 것인가, 아니면 논제로섬(non-zero-sum)적 경쟁이 될 것인가 하는 문제이다. 우선, 국력을 둘러싼 경쟁에 관해서는, 한일 양국 모두 국력을 증강하는 것이 가능하며, 20세기 후반 냉전 시기에는 한일 양국 모두 비범한 경제 발전을 달성함으로써 그러한 경로를 걸어왔다. 그 의미에서 논제로섬적, 나아가 플러스섬(plus-sum)적 경쟁이었다. 다만 국력을 상대적 우열로 인식한다면 국력 그 자체가 아니라 국력 격차가 문제가 되며, 그 의미에서는 제로섬적 측면도 있다. 특히 한일 양국의 국력이 가까워질수록 양측 모두에게 국력 그 자체의 '절대값'보다 상호 국력의 '차이'가 관심사가 되고, 어느 쪽이 우위인지 열위인지에 대한 경쟁 의식이 강하게 작용하게 된다.

한일 간 쟁점에 관한 경쟁에 대해서는 기본적으로 어느 쪽 주장이 정당한지, 어느 쪽 주장이 우위를 점하는지, 국제적 지지를 얻을 수 있는지 등 제로섬적 경쟁 역학이 강하게 작용한다. 그 대표적인 사례는 한일 이외의 제3국에서의 '위안부 소녀상' 설치와 관련해 이를 저지하려는 일본 정부와 이를 추진하려는 한국관련 운동 단체 간의 대립·경쟁이다. 다만, 협력하여 쟁점에 접근한다면 논제로섬적이 될 가능성도 있으나, 반면 상호 비판전이라는 '진흙탕 싸움' 양상이 국제사회에서의 위신 저하를 초래할 경우, '발목잡기'라는 마이너스섬(minus-sum)적으로 기능할 가능성도 배제할 수 없다.

그리고 공통 과제에 관한 한일 대응에 대해서는 상호 상대방의 경험을 참고하여 더욱 효과적으로 대응할 수 있게 된다면, 기본적으로 비제로섬적이며 플러스섬적인 역학이 작용할 것으로 생각한다. 실제로 2025년 9월 말 부산에서 열린 한일 정상회담에서 합의된 '한일 공동 사회 문제 대응을 위한 당국 간 협의체'는 이러한 플러스섬적 경쟁 관계에 대한 기대를 품게 한다.

3. 한일 외교의 현재: 새로운 전략 환경 대응을 둘러싸고

21세기에 들어 대칭화되고 경쟁 관계에 접어든 한일 관계를 구성하는 일본과 한국의 외교에 대해, 그 비교와 관계성이라는 관점에서 논한다. 앞서 언급한 바와 같이, 20세기 후반 냉전 시기, 냉전 속 반공 자유주의 진영을 공유하면서도 일본 외교는 국내 보수와 진보의 대립을 안고 전체적으로 냉전과 적당한 거리를 유지해 온 반면, 한국 외교는 북한과 대치하는 반공 국가로 출발한 만큼 국내 초당파적 외교를 바탕으로 냉전에 적극적으로 관여해 왔다. 한일 외교에는 이러한 대비가 뚜렷이 나타났다. 그리고 그것이 상호 보완 관계를 구성했다.

그러나 1990년대에 들어 남북 분단 체제는 지속되었지만, 이를 둘러싼 글로벌 냉전은 종말을 고했고, 한국은 중·소와의 국교 정상화를 달성했다. 북한은 이러한 불리한 상황을 타개하기 위한 수단으로 핵 미사일 개발을 본격화했고, 이를 둘러싼 위기가 단속적(斷續的)으로 발생했다. 게다가 북한은 그간의 남북 체제 경쟁이라는 게임을 포기하고, 북미 협상을 통해 미국으로부터 자국 체제 생존에 관한 '승인'을 획득하는 것을 우선시하게 되었다. 이러한 북한의 새로운 전략에 대해 기본적으로 '억지'를 중시하여 대응할 것인가, 아니면 '관여'를 중시하여 대응할 것인가라는 선택지가 있었는데, 이를 둘러싸고 한국의 보수와 진보 사이에 대립이 존재했다. 더욱이,

이와 관련하여 한일 사이에도 정책의 괴리가 존재했다.

2010년대 이후에는 대국화된 중국과 기존 대국인 미국 간의 대립이 첨예화·구조화되면서 '미중 신냉전'이라 불리는 새로운 전략 환경이 조성된다. 다만 미중 상호 간 무역 의존도가 상당히 높고 이념적 대립이 뚜렷하지 않은 점 등 미소 냉전과의 유의미한 차이가 존재하기 때문에 '신냉전'이라 부르기에는 유보가 필요하다. 한일 양국에게 미국은 유일한 동맹국으로서 안보에 상당히 의존한다. 특히 서로 다른 체제 가치관을 지니고 일방적인 힘의 행사 가능성을 시사하는 중국의 대국화에 대응하기 위해서도 미국의 개입에 상당한 기대를 걸고 의존할 수밖에 없다. 반면, 한일 양국에게 중국은 중요한 무역 상대국이며, 경제에서 중국이 차지하는 비중은 크다. 더욱이 중국은 지역 질서에 대해 최대의 영향력을 지니고 있으며, 한일 양국이 공유하는 고민거리인 북한에 대해서도 가장 큰 영향력을 행사한다. 중국과 어느 정도 양호한 관계를 유지하는 것이 한일 양국에게 필요한 이유이다.

이러한 가운데 미중 대립이 첨예화되고 구조화되는 것은 한일 양국의 전략 환경에 중대한 도전을 제기하게 된다. 그러나 어떤 선택을 할 것인지에 관해 한국 내 보수와 진보 사이에서, 나아가 그에 따라 한일 사이에서도 상당한 괴리가 존재해 왔다.

먼저 일본 외교는 특히 중국의 대국화, 러시아의 우크라이나 침공 및 북한의 핵미사일 개발 추진 등 질서 교란 행위에 직면하여 공정하고 평화로운 질서를 지키기 위해 미국의 관여가 기존과 같이 필요하다고 생각했다. 이를 위해 자국과 뜻을 함께하는 동지국, 구체적으로는 호주 등과 함께 '인도태평양'이라는 틀을 구축하고 여기에 미국의 관여를 확보하는 외교를 선택한다. 그리고 북한에 대해서는 억지력 중시, 미중 관계에 대해서는 인도태평양 구상이라는 점에서 일본 외교는 기본적으로 초당파적 성격을 띠게 되었다.

이에 반해 한국은 일본만큼 '인도태평양' 구상에 적극적이지 않았다. 이는 보수, 진보를 막론한 기본적 자세이며, 일본 외교·경제에서 차지하는 중국의 비중보다 한국 외교·경제에서 차지하는 중국의 비중이 더 크다는 증거이기도 하다. 이처럼 포스트 냉전·'신냉전' 시기 한일 외교는 '신냉전'에 대한 관여를 상대적으로 강화하는 일본, '신냉전'과는 상대적으로 거리를 두려는 한국이라는 점에서 냉전 시기와는 어떤 의미에서는 역전된 양상을 보이기도 했다. 게다가 일본 외교가 상대적으로 초당파적인 반면, 한국 외교는 보수와 진보의 정권 교체를 따라 상당히 동요해왔다. 이러한 차이는 무엇에 기인하는가.

첫째, '신냉전'의 주요 행위자가 미중이며, 따라서 그 첨예한 쟁점 지역의 비중에 있어 한반도보다 대만 해협이 더욱 커져 왔기 때문이 아닐까. 물론 대만 해협은 한일 양국 모두에게 해상교통로 확보 등을 위해 중요하지만, 대북 관계를 안고 중국과의 관계에 신경을 써야 하는 한국보다 그렇지 않은 일본이 상대적으로 '대만 해협 유사시'에는 더욱 높은 관심을 가질 수밖에 없다. 그러나 북한에 대한 한국의 우위가 확실해짐과 동시에, 한국의 대북 정책에 있어서 억제 중시뿐만 아니라 관여 중시라는, 어떤 의미에서는 '탈냉전' 정책이 현실성을 가지게 된다. 더욱이 보수와 진보 사이에는 다소 괴리가 있지만, 기본적으로 한국 외교는 '한반도 중심주의'에 기반을 두고 있으며, 한미 동맹도 한반도 유사에 한정되어야 한다는 생각이 여전히 다수를 차지한다. 또한 그 결과, '대만 해협 유사시'에 주한 미군이나 한국이 관여하는 것에 대한 거부감이 상대적으로 일본의 그것보다 강하기 때문이다.

둘째, 한국 정치가 보수와 진보라는 양대 정당 체제 하에서 정치적 양극화 속에서 외교를 둘러싼 상이한 시각이 제기되는 반면, 일본 정치는 구 냉전 시기 보수와 혁신으로 구성된 1955년 체제에서 혁신 세력이 완전히 쇠퇴하는 가운데 외교를 둘러싼 대안 제시가 정치에서 이루어지지 않게 된 결과, 외교를 둘러싼 쟁점이 거의 표면화되지 않기 때문이다.

이러한 점을 염두에 두고, 지난 10여 년간의 한일 외교가 양국의 정권 교체를 통해 어떻게 교차했는지, 이에 따라 한일 관계에 어떤 접근과 이탈의 역학이 작용했는지를 고찰한다.

(1) 아베 신조 정부와 박근혜 정부(2013년~2017년)

먼저, 아베 정부와 박근혜 정부 간의 한일 관계는 그 전반기(~2015년)와 후반기(2016년~)에서 상당히 대조적이었다. 전반기에는 "위안부 문제에 대해 일본 정부의 적극적인 대응이 없는 한 한일 정상회담에는 응할 수 없다"는 박근혜 정부의 강경한 태도도 있어 한일 관계는 악화되었다. 대신 박근혜 정부는 대중국 관계 관리에 주력했다. 당시에는 미중 대립이 그다지 두드러지지 않았고, 한국 입장에서는 양호한 대미·대중 관계의 병행이 가능했으며, 게다가 북한의 군사적 도발을 억제하기 위해서는 중국의 도움이 필요하다고 생각했기 때문이었다. 그 정점은 2015년 9월 중국 항일전승기념식전 참석과 시진핑을 사이에 둔 푸틴, 박근혜의 3인 사진이었다.

그러나 2015년 후반 이후 박근혜 정부는 외교 정책 방향을 급선회했다. 북한은 2013년 2월, 2016년 1월, 9월로 핵실험을 반복했다. 북한에 대한 중국의 영향력 행사는 한국 박근혜 정부에게는 기대에 못 미쳤다. 박근혜 정부는 중국을 배려해 배치를 보류해 온 THAAD(종말고고도미사일방어체계)를 주한미군에 배치하는 것을 허가했다. 이에 대해 중국 정부는 한국에 대한 사실상 제재를 가했고, 이로 인해 2016년 이후 한중 관계는 급격히 악화되었다. 이와 대조적으로 일본과는 2015년 말 위안부 문제에 관한 한일 정부 간 합의를 성사시키는 등 관계 개선에 나서는 계기가 되었다. 그러나 박근혜 정부는 2016년 하반기 이후 '최순실 국정농단 사건'으로 인해 정권이 약화되었고, 나아가 국회의 대통령 탄핵 소추와 헌법재판소의 대통령 파면으로 2017년 3월 종지부를 찍었다. 그 결과 외교 정책 전환이 충분히 제도화되었다고 말하기는 어려웠다.

(2) 아베 신조 정부와 문재인 정부 (2017년~2019년)

아베 정부와 문재인 정부 사이에서는 박근혜 정부 전반기에 비해 한일 외교의 괴리가 더욱 두드러졌다. 문재인정부는 2017년 트럼프 미 정부와 북한 김정은 정부 사이의 군사적 긴장이 고조된 점도 있어, 2018년에 들어서는 북한의 유화적 자세에도 힘을 얻어 북·미 간 중재자 역할을 맡아 북·미 관계 개선과 남북 관계 개선을 병행하기 위한 일련의 '한반도 평화 프로세스'를 추진했다. 2018년 4월 판문점 남북 정상회담, 6월 싱가포르 북·미 정상회담, 9월 평양 남북 정상회담이 실현되었다. 이에 반해 일본의 아베 신조 정부는 '한반도 평화 프로세스'에서 사실상 소외되는 양상을 보였다.

또한 그 이전 정부 때부터 한일 간 현안으로 남아 있던 위안부 문제와 '징용공' 판결을 둘러싼 문제에 대해서도 문재인 정부는 '사법 판단에는 개입할 수 없다'는 원칙적 입장을 바탕으로 해결에 적극적인 자세를 보이지 않고 한국의 사법 판단을 '방치'했다. 이에 대한 '보복'으로 아베 정부는 반도체 부품의 대(對)한 수출 절차 변경이라는 일종의 '위협'을 가했고, 이에 한국 정부뿐만 아니라 사회도 격렬히 반발하면서 한일 관계는 다시 악화되었다.

더욱이 문재인 정부는 미중 관계에 대해서도 '전략적 모호성'을 바탕으로 미중 양자택일 상황에 몰리지 않도록 하는 '중립적 자세'를 고수하려 했다. 아베 정부는 '인도-태평양' 개념을 동원해 중국에 대응하기 위해 그 위협을 공유하는 호주 등의 유지국들이 협력하고 미국의 상당한 관여를 확보하려 했으나, 문재인 정부는 '전략적 모호성'에 기반해 일본 주도의 '인도-태평양' 개념과는 거리를 두고, 그 외교 정책에서도 '인도-태평양' 개념 사용을 극력 회피했다.

(3) 기시다 후미오 정부와 윤석열 정부 (2022년~2024년)

한국이 윤석열 보수 정부로 교체되면서 이번에는 기시다 정부와 윤 정부 사이에 박근혜 정부 후반기와 유사한 구도가 부활했다. 윤 정부는 문 외교와 결별하고 대북 정책에 있어서는 관여 중시에서 억지 중시로 전환했다. 더 나아가 윤 정부는 문 정부가 결코 수용하지 않았던 '인도태평양' 전략을 채택함으로써 '전략적 모호성'과 결별하고 체제 가치를 공유하는 미일과의 관계 강화에 초점을 옮겼다.

그 결과, 한미 동맹 강화를 위해 한미일 안보 협력의 제도화에도 착수했다. 그리고 그 장애물이 되었던 '징용공' 판결을 둘러싼 문제에 대해서도 윤 정부는 일본 기업에 배상을 요구하지 않고 한국 정부 산하 재단이 대납하는 해결책을 제시했으며, 이를 일본 정부도 수용함으로써 한일 정부 간 관계는 극적으로 개선되게 되었다.

(4) 이시바 시게루 정부·다카이치 사나에 정부와 이재명 정부 (2025년~)

현 상황에서는 북한이 핵미사일 개발에 매진하고, 러시아-우크라이나 전쟁에 파병하는 등 러시아와의 군사 협력을 더욱 강화하며, 러시아나 중국이라는 '전통적 우호국'에 의존한 생존 전략을 꾀하고 있다. 이를 위해 '신냉전'이라는 구도에 스스로 적극적으로 가담하고 있다. 그리고 한국에 대해서는 통일이라는 목표 공유를 포기하고 남북 관계를 '적대적인 양자 관계'로 간주하는 북한식 '두 개의 코리아' 정책을 공식화한다. 이를 전제로 할 때, 한국의 힘으로 남북 관계 개선을 꾀하는 것은 어렵고 군사적 긴장이 더 이상 격화되지 않도록 관리하는 정도를 목표로 할 수밖에 없다. 물론 그 자체도 쉬운 과제가 아니라는 것은 말할 필요도 없다. 유일한 기대는 트럼프 행정부의 북·미 협상 재개 시도이며, 2025년 8월 한미 정상회담에서 이 대통령은 "트럼프 대통령이 평화의 중재자(peace maker)라면, 나는 평화의 조율자(pace maker)가 되겠다"고 발언하며 기대감을 숨기지 않았다. 한국의 진보 정부로서는 남북 관계를 한국 주도로 움직이기 위해서는 북·미 관계 개선이 전제 조건이 될 수밖에 없기 때문이다. 또한 미중 대립과 관련해서는, 방미 당시 싱크탱크 CSIS에서의 연설 후 질의응답에서 "『안미경중(安美經中)』은 더 이상 통용되지 않는다"고 답변하며, 미국의 대중 경제 안보 정책 틀 안에서 한중 경제 관계를 고려할 것임을 분명히 했다. 실질적으로 '전략적 모호성'과의 결별을 의미한다.

게다가 트럼프 미 행정부는 관세 정책 등으로 동맹국인 한일에 공세를 가한 것처럼 상당히 예측 불가능하다. 더불어, 대만 사태 대응을 주안점으로 하는 전략적 유연성 확대, 한일 양국에 대한 미군 주둔 경비 부담 증가 요구, 한일 양국의 군사비 증액 요구 등을 포함한 '동맹 현대화'와 관련해, 한일 양국에 양적·질적으로 부담 증가를 강요하는 태도를 보이고 있다. 이러한 상황에서 한일 양국 모두 결과적으로 '공동전선'을 형성할 필요성이 높아질 수밖에 없다.

이를 위해 이 대통령은 2025년 8월 말, 방미 전에 급히 방일을 결정하고 이시바 시게루 총리와의 한일 정상회담을 실현시켰다. 이러한 과제 공유에 대해 이 정부와 이시바 정부 사이에 상당한 공감대가 있었음을 보여주는 것이다. 그러나 일본의 국내 정치 역학으로 인해 이시바 정부는 퇴진을 강요당했다. 더욱이 이례적이었던 것은 이미 퇴임이 결정된 이시바 시게루 총리가 방한하여 9월 말 부산에서 한일 정상회담이 실현된 점이다. 이는 한일 관계의 중요성을 감안하여 이를 어렵게 만드는 역사 문제에 관한 한일의 마찰이 고조되지 않도록 하려는 의미에서의 '이시바 노선' 계승을 이 정부가 일본의 차기 정부에 기대했기 때문이라고도 할 수 있다. 다만, 이후 자민당 총재 선거 결과, 적어도 한국의 시각에서 한일 역사 문제에 대해 '이시바 노선'과는 가장 거리가 있다고 받아들여지는 다카이치 사나에 정부가 성립하면서, 당분간 한국에서는 '경계감'이 높아진 것은 부인할 수 없다. 한일 관계에 있어 정권 차원을 넘어선 국가 간 관계가 견고하다고 말하기 어려운 것이 현실이다.

또한 트럼프 관세에 대한 대응과 관련해서도, 15%의 자동차 관세와의 교환 조건으로 일본이 5500억 달러의 '선불' 투자로 가장 먼저 타협한 반면, 트럼프 정부는 이 정부에 대해 일본과 거의 유사한 3500억 달러 '선불' 투자를 요구했다. 그러나 한국은 한국에는 한미 통화 스왑 협정이 없다는 점, 게다가 한국의 외환 보유고가 4200억 달러에 불과하다는 점을 들어 일본과 같은 일괄 '선불'은 불가능하다는 이유로 저항했다. 이후 이재명 정부의 끈질긴 협상 끝에, 2000억 달러 규모의 대미 투자에 대해서는 매년 상한선 200억 달러를 대략 10년에 걸쳐 투자하기로 하고, 나머지 1500억 달러에 대해서는 MASGA(Make American Shipbuilding Great Again)라는 명칭의 미국 조선업에 대한 한국의 지원 제공으로 자동차 관세를 15% 수준으로 낮추는 타협이 성사되었다. 세부 사항은 불분명한 부분도 있지만, 적어도 한국에서는 '선불'이 아닌 투자의 합리성을 고려해 분할로 투자하기로 합의했다는 점에서 일본보다 유리한 조건으로 타협이 성사됐다고 보도됐다.

이상과 같이 트럼프 관세에 대한 대응과 관련해, 한편으로는 이재명 대통령의 방미 도중 일본 방문에서 트럼프 행정부에 대한 대응과 관련해 한일 양국 정상 간에 어떤 협의가 이루어진 것처럼, 한일이 협력하여 트럼프 행정부에 대응했다는 측면은 존재한다. 다른 한편으로는 트럼프 행정부 대응을 둘러싸고 한일이 경쟁을 펼침으로써 결과적으로 트럼프 행정부의 술책에 빠질 위험도 배제할 수 없다. 트럼프 행정부 대응과 관련해, 앞으로도 한일 사이에는 이러한 두 가지 역학이 작용할 것으로 예상되며, 그러한 가운데 한일 양 정부가 어떤 선택을 할 것인지, 그러한 선택을 전제로 한 한일의 신뢰 관계를 어느 정도 축적할 수 있을지가 과제로 남게 된다.

결론: 한일 관계의 미래·한일 외교의 미래

한편, 외교 정책에 대해 정면으로 정반대의 방향을 지향하는 것은 그 정책을 시행하는 관점에서 보면 어느 쪽에도 바람직하지 않다. 정책을 실현하는 힘이 분산되고, 경우에 따라서는 '발목 잡기'가 될 수 있기 때문이다. 그럼에도 불구하고 아베 정부와 문 정부의 관계처럼, 한일 정부의 조합에 따라 한일 외교가 정반대를 지향했던 시기가 있었던 것은 기억에 생생하다.

그러나 이후 한일 외교를 관찰해 보면, 한일 외교 정책에는 대립적인 경쟁 역학보다 수렴 역학이 더욱 작용하는 것으로 보인다. 그 이유는 다음과 같다.

첫째, 동맹국 관계에서 예측 불가능성이 높은 트럼프 미 행정부가 등장했을 뿐만 아니라, 포스트 트럼프 행정부에서도 동맹국과의 협력보다 미국 단독의 이익을 우선시 할 것이라는 점에서 동맹국 정책에 대한 예측 불가능성이 높을 것으로 예상된다. MAGA 정책은 트럼프 정부에서만 끝나는 것이 아닐 수도 있다. 대미 동맹을 공유하는 한일 양국은 기존에 미국을 매개로 한 관계 구축이 기본이었으나, 트럼프 이후에는 오히려 예측 불가능성이 높은 미국에 대해 한일이 연대 협력하여 대응해야 하는 경우가 늘어날 것으로 예상되기 때문이다.

그럼에도 불구하고, 한일 정부 차원의 협력 관계에는 불투명함이 감돈다. 확실히, 2025년 10월 말, APEC 경주 회의에서의 이재명·다카이치 사나에의 첫 한일 정상회담은 비교적 양호한 분위기에서 진행되었고, 셔틀 외교의 지속 등이 합의되었다. 그러나 그 직후, 먼저 중동 행사에 참가하는 한국 공군 곡예비행대 '블랙 이글'에 대해 오키나와 자위대 기지에서의 급유 협력이라는 한일 방위 협력이 계획되었음에도 불구하고, 해당 비행대가 한일 간 분쟁 중인 '독도' 상공을 통과한 것을 일본 정부가 문제 삼으면서 급유 협력은 취소되었다. 이에 대응해 일본 해상자위대와 한국 해군 간 7년 만에 예정된 공동구조훈련 및 자위대 행사에 한국 군악대 참가 등이 한국 정부의 의향으로 연기됐다. 한일 간 군사적 긴장이 고조되고 있는 것은 아니나, 역사 문제와 영토 문제라는 쟁점을 안고 있기 때문에 한일 안보 협력 추진에는 종종 제동이 걸리기 때문이다.

둘째, 미중 관계는 2025년 9월 말 한국 부산에서 열린 미중 정상회담에서 미국의 중국산 고율 관세 유예와 중국의 희토류 대미 수출 재개를 교환조건으로 하는 타협이 잠정적으로 성립된 것이지만, 그렇다고 해도 중장기적으로는 미중 대립의 첨예화·구조화 추세는 불가피하기 때문이다. 한일 양국 모두 이러한 상황에서 동맹국인 미국이 주도하는 경제 안보 정책을 공유하면서 그 제한을 바탕으로 대중 경제 관계를 추진할 필요가 있다. 이러한 가운데 한일 양국의 경제적 이익에 피해가 미칠 것으로 예상되지만, 이러한 피해를 최소화하기 위해 미중 양측에 동시에 영향력을 행사해야 한다는 점에서 한일은 중대한 생사적 이익을 공유한다. 물론, 기존과 마찬가지로 미중 관계에서의 입장에 있어 한일 간 차이가 존재할 수도 있겠지만, 그런 경우에도 괴리의 역학보다 수렴의 역학이 더 크게 작용할 것으로 예상된다.

다만, 특히 중국이 이를 방치하지는 않는다. 11월 다카이치 총리의 "대만 유사가 '존립 사태 위기'가 될 수 있다"는 국회 답변에 대한 중국 정부의 대응으로 인해, 일중 간 대립은 격화되고 있다. 이러한 가운데, 중국 정부는 "한일 간 쟁점인 '독도'는 한국의 영토다"라고 발언하는 등, 한일 간 쟁점에 개입함으로써 한일 관계에 쐐기를 박는 자세를 보인다. 한국 정부 역시 이러한 한중 간 대립에 휘말리고 싶지 않다고 생각하기 때문에, 일단 '방관' 자세를 보인다. 이는 미중 관계에 대한 입장에서 한일 간 차이가 존재함을 보여주는 것이다.

셋째, 북한은 한국과의 체제 경쟁에서 승리함으로써 통일을 자국 주도하에 유리하게 추진하겠다는 목표를 포기하고, 미국에 대해 체제 인정을 요구하며, 이를 위해 핵미사일 개발에 매진하지만, 그것이 뜻대로 진행되지 않는 상황에서 미중 대립을 안고 있는 중국이나 러시아-우크라이나 전쟁을 안고 있는 러시아 등 '전통적 우방국'과의 관계 강화를 통한 '생존' 전략을 모색한다. 중국이 거부하는 '신냉전'이라는 담론에 북한이 적극적으로 편승하려는 데는 이러한 이유가 있다. 물론 우월한 국력을 배경으로 북한에 적극적으로 관여함으로써 북한의 군사적 도발을 억제하려는 데 중점을 두는 한국 진보 정부와 무엇보다 북한의 핵미사일 개발 억제에 중점을 두는 일본 사이에는 대북 정책에서도 차이가 있다는 점은 부인할 수 없다. 그럼에도 불구하고 핵미사일 개발에 매진하며 한일과의 관계 구축을 뒷전으로 미루는 북한의 대응을 전제로 할 때, 한일 양국에게 있어서는 역시 북한의 핵미사일 개발을 미국 등의 힘을 빌려 억제하고 무력화하는 정책을 추진하는 것이 어쩔 수 없이 우선순위로서 높아질 수밖에 없다.

이상과 같이, 적어도 한일이 공유하는 국제 환경에 대한 대응이라는 관점에서 한일 외교에 관해서는, 괴리의 역학보다 수렴의 역학이 강하게 작용한다고 생각해야 한다. 이는 대칭 관계에 있는 유사한 존재로서, 더 나아가 그 국가 목표도 상당 부분 공유하는 존재로서, 공유하는 '신냉전'이라 불리는 국제 환경에 대한 대응과 관련해, '한편으로는 그에 적절히 관여하고 통제하면서, 다른 한편으로는 그것과 적당한 거리를 두면서, 그것이 초래하는 피해를 최소화한다'는 목표를 한일 양국이 공유하기 때문이라고 생각한다.

다만, 이러한 수렴 역학만이 작용하는 것은 아니다. 오히려 한일 양국의 국내 정치 역학 차이는 경우에 따라서는 괴리의 역학을 강하게 작용시킬 수도 있다. 외교 정책을 둘러싼 정치적 균열이 두드러지지 않고, 외교에 관해서는 거의 초당파적 합의가 이루어져 있으며, 외교 정책을 둘러싼 새로운 선택지 개척이 어려운 것이 일본이다. 반대로 외교 정책에 관한 상이한 선택지를 둘러싼 활발한 논의가 이루어지는 것은 좋지만, 초당파적 지지를 얻기 어렵고 정권 교체를 통한 외교 정책의 동요 위험에서 벗어나기 어려운 것이 한국이다. 이러한 양측의 국내 정치 역학 차이는 단기간에 바뀌기 어렵고, 이러한 차이를 상호 어떻게 받아들이고 대응할 것인지에 직면한다. 필요한 것은 이러한 차이를 충분히 인지한 상태에서 대응하는 것이며, 이를 바탕으로 상호 간에 상대를 정책 수렴을 향해 끈질기게 설득하는 것이 아닐까 생각한다.

따라서 한일 간 쟁점이나 공통 과제 등에 대해, 우선순위를 정해둘 필요가 있다. 필자는 역사 문제로 대표되는 '정체성' 문제보다 안보나 저출산·고령화 등 국가와 사회의 '생존'과 관련된 문제를 우선시하는 기본적 합의가 필요하다고 생각한다. '생존'이 있어야 '정체성'이 있다는 점을 고려하면, 이러한 점에 대해서는 한일 양측 모두 최대공약수의 합의가 가능하지 않을까. 또한 '이념'보다 '실리'를 중시한다는 이재명 정부의 '실용주의 외교'와도 부합하지 않을까.

제3부

종합토론

한일 국교정상화 60주년 기념세미나

사회: 현인택

지금부터 종합토론에 들어가겠습니다. 앞에서 발표와 토론이 있었으므로 제가 다시 요약하는 것은 시간 관계상 불필요하다고 생각합니다. 이 자리에 6분의 토론자를 모셨습니다. 한국 측에서 신각수 대사님, 홍규덕 대사님, 신범철 차관님, 일본 측에서는 야마자키 고지 전 통합막료장님, 스기야마 대사님, 그리고 기미야 다다시 명예교수님을 모셨습니다. 각각 5분 정도 본인의 견해를 말씀해 주신 후 두번째 발언하시고 또 2-3분 정도 발언 기회를 드리겠습니다. 그리고 플로어에 많은 전문가분들이 계십니다. 이 분들에게도 발언 기회를 드리도록 하겠습니다. 주어진 시간이 약 1시간 40분 정도 되는데 많은 분들이 참여할 수 있도록 종합토론을 운용하고자 합니다. 먼저 신각수 대사님을 모시겠습니다.

신각수 앞의 두 회의를 통해서 많은 의견이 나왔습니다. 그래서 앞에서 나오지 않았거나 의견이 다르거나 새로운 사실 등을 중심으로 해서 몇가지 말씀드리고자 합니다. 먼저 과거사 문제와 관련해서 일본 측에서 조금 더 전향적 자세 즉, 미래지향적으로 나가야 한다고 생각합니다. 최소한 과거에 일본 정부가 여러 차례 과거사 사죄 반성에 관해 분명하게 할 필요가 있다고 생각합니다. 물론 매번 할 필요는 없겠지만 특별한 상황에서 그러한 언급을 해준다면 그것이 결국 한일 간의 역사와 화해가 진전이 되고 또 미래 협력을 위한 상당히 큰 동력이 된다는 점을 일본 측이 이해할 필요가 있습니다. 2015년 종전 70주년 이전에는 그런 일이 없었는데 아베 총리의 종전 70주년 담화 이후 모든 일본 지도자들은 과거사에 관련해서 사죄 또는 반성의 발언을 하는 것을 굉장히 꺼려하는 입장을 견제하고 있습니다. 윤석열 정부 때 강제동원 문제를 적극적으로 해결하려고 했지만 일본의 반응이 부족하다는 한국 사회의 불만이 있었고, 그것이 한일관계의 진전에 지장을 주었습니다. 새로운 차원에서 반성과 사죄를 하라는 것이 아니라 과거의 것을 그대로 밝히는 것 만으로도 충분하다는 점을 일본 측이 고려할 필요가 있다고 생각합니다. 제1회의에서 박홍규 교수님께서 일본 천왕의 상징적 책임 문제를 말씀하셨지만, 과거사 문제가 여기까지 온 원인 가운데 한 부분이 거기에 있기 때문에 저는 개인적으로 천왕이 직접 하는 것은 어렵다고 생각합니다. 둘째는 저는 기본적으로 경제와 안보 등 다양한 분야에서 한일 협력의 잠재력은 크다고 생각합니다. “To do list”와 “not to do list”를 만들어서 관리하는 작업을 했으면 하는 생각도 듭니다. 세 번째로는 이미 여러번 언급되었지만 미래 진전과 관련해서 구체적으로 어떤 기구를 만들어서, 지금 일본 경제신문이 주관하고 있는 미국과 일본 간의 후지산회의와 유사한 회의를 만들어 한일 양국의 지도자들이 모여서 한일 관계를 관리하고 새로운 아이디어도 내면서, 필요하다면 2035년 또는 2050년을 내다보는 미래 비전을 작성할 필요가 있다고 생각합니다. 마지막으로 최근 블랙이글스가 UA에 가는 것과 관련해서 한일 양국 안보협력이 교착상태에 빠졌는데 빨리 여기서 빠져 나와야 합니다. 한국은 중국 위협에 대한 인식이 매우 낮은 반면 일본에 대한 위협 인식은 매우 높습니다. 오히려 일본을 군사적 위협으로 인식하는 경우가 많습니다. 사실 아시아에 있어서 중국의 군사적 비중을 보면 한국은 좀더 현실적인 판단을 해야 한다고 생각합니다. 북한의 핵미사일 고도화에 따라 사실상 핵무장 국가를 거의 목전에 두고 있다는 사실을 한일 양국이 공공외교를 통해 한국 사회와 일본 사회가 분명하게 인식하게 해서 한일 안보협력에 대한 기회를 조성해야 합니다. 2012년 봄 한일간 지소미아에 서명하지 못했는데 그래서 한일 안보협력의 민감성은 잘 알고 있습니다. 지금 그로부터 10여년이 지났지만 달라진 것은 별로 없습니다. 한일 양정부가 안보협력을 위한 여건 조성에 좀 더 공공외교 차원에서 노력해야 하지 않을까 생각합니다.

현인택 다음 홍규덕 대사님께 부탁드립니다.

홍규덕 오늘 세미나의 대주제인 세계화 시대의 바람직한 한일관계에 초점을 맞추어 토론하고자 합니다. 저는 얼마 전까지 중부 유럽에서 근무하다 귀국했습니다. 저는 먼저 유럽이 트럼프 팩터를 어떻게 생각하는지에 대해 말씀드리고자 합니다. 그런 점에서 한국과 일본은 유럽 특히 나토 및 EU와의 관계를 지금보다 훨씬 더 적극적으로 조율해 나가야 된다고 생각합니다. 유럽 국가들은 러시아의 우크라이나 침공 이후 이 문제를 어떻게 해결해야 하는지 큰 숙제를 안고 있습니다. 우크라이나-러시아 전쟁이 3년 반째 진행되고 있는 상황에서도 러시아가 왜 폴란드에 드론을 계속 보내는지, 루마니아를 왜 위협하는 지, 에스토니아에 왜 공군기를 보내는지, 지금 EU 의장국을 맡고 있는 덴마크를 왜 위협하는지 등 이런 문제에 있어서 유럽의 많은 나라들은 지금 미국의 트럼프만 믿기에는 매우 부족하다 하는 생각을 하고 있는 것 같습니다. 그런 차원에서 유럽의 많은 국가들은 아시아-태평양 국가들과의 연계가 매우 중요하다고 생각하고 있습니다. 현 정부 또는 지난 정부도 마찬가지입니다만 여러 가지 국내정치적 사정으로 인해 나토 회의에 참석하지 못했습니다. 제가 볼 때 유럽 국가들은 아시아-태평양에서의 한국과 일본, 호주, 뉴질랜드를 포함해서 협력의 필요성을 그 어느 때보다 강하게 느끼고 있습니다. 그런 차원에서 한국과 일본이 더 협력하고 유럽 국가들이 필요한 부분들을 채워줄 수 있는 그러한 노력을 적극적으로 전개할 필요가 있다고 생각합니다. 일본의 전임 기시다 총리와 한국의 윤석열 전임 대통령이 한일 셔틀외교를 시도했었는데 한미일 캠프 데이비드 선언 이후 한미일의 3국 대사들이 주기적으로 3개월에 한번씩 만나서 여러 가지 정보도 공유하고 공동 대책을 나누는 그런 경험을 하기도 했습니다. 저는 한미일이 동북아뿐만 아니라 유럽이나 다른 지역에서도 적극적으로 협력하는 기회를 만들었으면 좋겠다고 생각합니다. 두 번째로 우크라이나-러시아 전쟁의 여파에 대해 말씀드리고자 합니다. 우크라이나-러시아 전쟁과 북한의 파병은 한반도의 문제가 아니라 인도-태평양과 유럽이 연결된 하나의 전구가 될 수 있는 가능성이 있음을 의미합니다. 그런 차원에서 이 문제가 잘 해결될 수 있도록 한일 양국이 협력해야 한다고 생각합니다. 유럽인들도 북한 문제가 8천km 떨어져 있는 먼 곳의 위협이 아니라 자신들한테도 위협이 될 수 있다고 생각하게 되었습니다. 조금전 야마자키 통합막료장께서 말씀하셨지만 일본과 한국이 지금 제공할 수 있는 여러 가지 무기 수준이나 이런 것은 조금씩 다르다고 생각합니다. 그러나 한국과 일본이 코로나 상황 또는 유럽의 위협에 대해 실질적인 협력을 한다면 좋은 결과가 있을 것이라고 생각합니다. 특히 북한의 미사일들이 상당히 위협적으로 기술이 발전되고 있습니다. 우크라이나-러시아 전쟁에서 북한의 경험과 무기들은 한국과 일본에 대한 공동의 위협이라고 할 수 있습니다. 우크라이나-러시아 전쟁에 파병되었던 북한 병사들이 한반도 전선에 배치되고 있습니다. 현대전을 경험한 북한군이 전선에 배치되고 있다는 것은 한국에게는 매우 실질적인 위협으로 작용하고 있습니다. 북한이 러시아로부터 경제적 또는 군사기술을 획득하기 위해 파병했다는 정도로 이해할 것이 아니라 유럽과 미국 및 우리의 우방국들에게 북한의 위협을 상기시켜야 합니다. 마지막으로 말씀드리고 싶은 것은 2023년 우크라이나의 자포리자 핵발전소에 6기의 원자로가 있는데 러시아가 원자로에 포격을 가했습니다. 유럽은 이것을 매우 심각한 위협으로 받아들였지만, 한달 후 뉴욕에서 개최된 NPT 리뷰 프로세스에서 이 문제는 주목을 받지 못했습니다. 러시아의 우크라이나 원자로 공격에 대해 아무런 제재를 가하지 않은 것에 대해 중국이나 북한은 어떤 교훈을 얻었을 수 있습니다. 이런 실수를 반복하는 것은 매우 위험하다는 점을 강조합니다. 북한이 국제법을 어기고 규범을 어기는 잘못된 행동에 대해서는 일본이나 한국이 문제를 부각시키고 또 국제사회에 대해 주의를 환기시켜 주어야 합니다. 앞에서 스기야마 대사님을 비롯해 여러분들이 말씀을 하셨습니다만, 저는 ACSA 문제가 단순히 오키나와에서의 급유문제에 한정된 것이 아니라 생존과 직결되어 있다는 점을 지적하고자 합니다. 현재 우리는 다층적 도메인에서의 작전환경을 맞이해 있습니다. 작전환경이 바뀌었고 옛날의 고정된 작전 개념으로서는 살아남을 수가 없는 그런 상황에 처해 있습니다. 만약 중국이 한국의 청주 기지라든가 주요 기지에 대해 미사일 공격을 감행할 경우 우리는 그냥 희생 당할 것이 아니라 일본이든 어디든 중국의 공격을 회피한 후 반격할 수 있는 그런 발상을 해야 한다고 생각합니다. 그래서 전략적 유연성이 미군에만 해당되는 것이 아니라 대한민국 공군이 살아가야 할 굉장히 중요한 도전이자 기회라고 생각합니다. 한국과 일본이 미래의 전략환경에서 살아남기 위해서는 이런 점들을 다시 고려해야 하고 그럼 점에서 한국, 일본 및 미국과의 협력이 매우 필요한 시대가 아닌가 생각합니다.

현인택 홍규덕 대사님 감사합니다. 다음은 신범철 차관님께 말씀을 부탁드립니다.

신범철 사회자께서 지적하신 3가지에 맞춰서 말씀드리도록 하겠습니다. 이전 토론에서 중요한 포인트가 빠진 것은 없는 것 같습니다. 다만 제2회의에서 제기됐던 공군의 오키나와 중간 급유 문제는 좀 더 커질 가능성이 있을 것 같습니다. 그래서 지금 한일 간의 군악대 교류가 중단된 상태이고요, 해상구조 훈련 등이 중단될 가능성이 있다는 보도가 나오고 있습니다. 예전에 초계기 사태 때와 같이 갈등이 상당히 오랫동안 지속될 가능성이 있기 때문에 안타깝습니다. 이와 관련해 한일간에 공감해야 할 부분이 있는데 미래 지향적인 한일관계를 얘기할 때 역사문제는 역사문제로 풀고 미래 협력은 계속해서 추진한다는 관점에서 이번 공중 급유 문제는 일본 측에서 재고해야 하지 않을까 생각합니다. 예를 들어, 한국이 영토문제를 제기한다든가 하는 것은 과거사 문제와 관련된 것인데 일본이 미래 협력을 차단하는 방식으로 대응하는 것은 적절하지 않다고 생각합니다. 그렇기 때문에 한일협력과 관련해서 과거문제는 과거문제에 국한해서 접근하고 미래 지향적인 협력은 계속해 나간다는 원칙을 가지지 않으면 한일간의 문제는 계속해서 반복될 수밖에 없을 것입니다. 한일 관계에서 긍정적인 측면을 보면, 미국의 고립주의 경향과 중국의 부상에 따른 위협인식을 한일이 공유하고 있으며 더 희망적인 것은 젊은 세대의 인적 교류가 확산되면서 일본에 대한 반감이 많이 감소했다는 점입니다. 한일관계를 가장 견고하게 뒷받침하는 것은 정부의 올바른 정책이 아니라 청년 세대의 교류를 통해 양국에 대한 상호 호감도를 높이는 것이 가장 중요한 것 같습니다. 정치인들은 유권자의 표가 중요하다고 생각하는데 젊은층이 중년층이 되어 한일관계에 부정적인 입장에 동조하지 않는다면 정치인들은 이 문제를 이슈화하지 않을 것입니다. 과거에는 역사문제를 제기하면 선거에서 이길 수 있다는 인식을 했기 때문에 선거철이 되면 정치인들은 한일 간 역사문제를 제기하기도 했습니다. 한일 청년들간의 교류를 확대하고 양국 간 호감도를 높이는 것은 한일 관계를 튼튼히 뒷받침하는 것입니다. 또 다른 측면에서 보면, 한일 관계의 지속적 발전을 위해서는 경제적 요인도 중요하게 작용합니다. 예를 들어, 제3지대에 원자력발전소를 수출할 때 한일 간에 컨소시움이 만들어진 적이 없습니다만, 그런 접근도 시도해서 한일 간에 경제적 이익을 공유하는 프로젝트를 시도하는 것도 미래 한일관계의 실질적 발전에 중요하지 않을까 생각합니다. 사회자께서 말씀하신 두 번째 포인트인 새로운 내용, 즉 앞에서 거론되지 않은 문제에 대해 말씀드리고자 합니다. 사실 한미동맹 현대화라는 것은 주한미군도 중국과 관련하여 대만해협이라든가 이런 부분에 활용하겠다는 것입니다. 이번 SCM 장관급 회담의 합의문이 아직 나오지 않았지만 MCM에서 양국 합참의장 회담을 보면 "한반도를 넘어서(beyond Korean Peninsula)"라는 문제가 나왔습니다. 그 표현을 보면, 전략적 유연성 부분에서는 진전이 있을 것으로 생각합니다. 오늘 동아일보 보도에 의하면, 현 수준의 주한미군 규모 유지라는 표현이 빠져 있는 것을 알 수 있는데 이것은 앞으로 주한미군이 감축될 가능성이 있음을 의미하는 것입니다. 다만, 일방적인 지상군 감축이 아니라 최근 미군이 고민하고 있는 "다차원적 도메인에서의 작전(multi-domain operation)"을 위한 테스크포스 형태로 주한미군의 전력 및 구조가 바뀔 가능성이 있음을 의미합니다. 그 부분에 있어서 주한미군의 규모도 조정될 수 있을 것이고, 미일동맹의 지휘구조에도 영향을 미칠 것으로 생각합니다. 오늘 아침 미국 측과 화상회의를 하고 여기에 참석했는데 미국측에서는 주한미군과 주일미군을 어떻게 연결시켜야 효율적인 지휘구조를 만들 수 있을까를 고민하고 있는 것 같습니다. 미국은 한국과 일본을 단일 전구로 생각한다는 것입니다. 앞으로 미국은 한국과 일본에 대해 그런 개념을 가지고 접근할 것이라고 생각합니다. 단일전구 개념에 대해 일본 학자들의 관심이 많은 것 같은데, 사실 한국이 대만이나 남중국해에 투사할 수 있는 능력은 제한적입니다. 왜냐하면, 대만해협이나 남중국해에서 분쟁이 발생했을 때 이 분쟁이 다른 지역으로 확산될 가능성을 미국은 우려하지 않을 수 없습니다. 중국이 대만을 침공하려 할 경우, 중국은 북한을 사주해 한반도에서 새로운 분쟁을 야기하도록 할 수 있기 때문입니다. 북한이 한반도에서 새로운 전쟁을 야기할 경우 미국은 한반도에 대한 미국의 지원이 제한적이라는 점을 강조하면서 한국군이 대만이나 남중국해에 전력을 투사하기 보다 북한의 위협을 독자적으로 억제하기를 원하고 있습니다. 그래서 미국은 한국군의 독자적 억제력을 강화하기를 원하는 것입니다. 그것이 미국이 생각하는 단일전구 개념입니다. 마지막으로 앞에서의 논의와 약간 다른 제 개인적 의견은 원자력 잠수함과 관련된 것인데요, 일본 측은 한국의 원자력 잠수함에 대해 좀 더 전향적인 사고가 필요하다고 생각합니다. 저도 일본의 핵에 대한 입장을 잘 알고 있고 일본은 비핵 3원칙을 준수할 것이지만, 일본 일부에서 원자력 잠수함에 대한 요구가 있다는 점도 알고 있습니다. 다만, 앞으로의 상황을 고려할 때, 북한의 위협도 중요하지만 중국의 전략핵잠수함과 관련한 고민을 하지 않을 수 없다는 점입니다. 이와 관련해서 트럼프 대통령이 동맹국의 역할 분담을 강조하고 있는 상황에서 얻어낼 수 있는 것도 있지 않을까 생각합니다. 과거 바이든 정부에서는 기대할 수 없는 원자력 추진 잠수함 같은 것을 확보할 수 있는 기회가 생겼다고 생각합니다. 이 기회에 핵추진 잠수함을 확보해보자는 것입니다. 지금부터 10년 후 즉 2035년의 역내 안보환경은 지금보다 중국의 위협이 더 커질 것으로 생각합니다. 원자력 추진 잠수함은 장기적인 프로젝트이기 때문에 진행 속도와는 무관하게 그 방향으로 나가야 하고 한국과 일본이 협력해야 할 사안이라고 생각합니다. 물론 일본에 대해 원자력 추진 잠수함 건조를 권하지는 않습니다. 한국의 원자력 잠수함 건조와 관련 미국은 일본 측 의견을 많이 참조할 것으로 생각합니다. 이때 일본은 한국이 원자력 잠수함을 가졌을 경우 한반도를 넘어서 동아시아 안보에 기여하는 부분을 고려해서 한국과 공동보조를 맞춰주는 것이 필요하다고 생각합니다.

현인택 신범철 차관님 감사합니다. 다음은 야마자키 통합막료장님께 5분 정도 토론을 부탁드립니다.

야마자키 고지 간략하게 말씀드리겠습니다. 앞의 회의에서 다카이치 총리와 이재명 대통령의 회담에서 양국의 다양한 문제들을 양국 지도자들이 잘 관리하고 미래 지향적이면서 안정적으로 발전시켜 나갈 필요가 있다는 점에 공감이 있었다는 발표가 있었습니다. 양국 정상의 리더십으로 양국관계를 관리해 나간다는 것에 공감했다는 점을 높이 평가합니다. 지난 4년간 제 경험을 말씀드리자면, 그 동안 양국 간에는 공동 방위훈련도 불가능 했었습니다. 그리고 한미일 합동참모본부장 간의 대화와 관련해서 미일 간 협의는 가능했었습니다. 이제 한미일 3국 합참의장 간 대화를 위해 노력하기로 했습니다. 그러나 지금까지 어떤 성과가 있었던 것은 아닙니다. 기시다 총리와 윤석렬 대통령으로부터 시작된 셔틀외교라든지 정상회담과 한일 방위장관 회담 등 성과가 있었습니다. 이를 통해 좋은 결과를 생산하기도 했습니다. 이런 대화를 통해 일본과 한국이 미래 지향적으로 나아간다는 합의가 나와야 한다고 생각합니다. 셔틀외교를 통해 앞으로 AI 또는 사이버

전 및 무인기 등 게임 체인저(game changer) 분야에서의 공동 개발 협력에 대한 대화가 오고갔다는 점은 매우 고무적입니다. 앞으로 이들 대화가 실질적으로 실행이 되어야 하고 경험을 축적해야 합니다. 그러기 위해서는 양국 정상 간의 강력한 리더십이 매우 중요합니다. 양국 국민들도 일본과 한국 간의 안보협력이 중요함을 직시하고 이를 뒷받침하려는 노력이 필요합니다. 일본과 한국의 안보협력이 억지력의 중요한 축이 될 수 있다는 점을 국민적 차원에서 인식하고 그것을 지원해야 합니다. 또한 그러한 환경을 만들어 가기 위해 노력하는 것이 우리의 사명이 아닌가 생각합니다. 또 실행단계에 있어서는 지금 한미일간 전 영역에 있어서의 「프리덤 엣지」훈련[1]을 하고 있는데, 이 경험을 잘 축적하여 한일 양국의 군사관계의 행동 규범을 설정하고 국가와 국가 간의 안심과 안전을 반영할 수 있는 기초를 만드는 것이 중요합니다. 양국 간에 어떠한 문제가 발생하더라도 문제가 확대되지 않고 안정적으로 관리하는 것이 양국 실무자들에게 주어진 역할이라고 생각합니다. 앞에서 「블랙 이글」에 대한 토론이 있었는데 왜 그런 일이 벌어졌는가를 따져보아야 합니다. 신문 보도에 의하면 「블랙 이글」이 독도 상공을 비행했다고 하는데, 이것이 일선 부대의 통상적인 훈련일 수도 있지만 독도 상공을 비행하는 것은 매우 민감한 사안이기 때문에 계획 단계에서부터 확실하게 관리를 해야 하는 것입니다. 다시 말해서, 한일 안보협력과 관련해서 민간 사안에 대해서는 계획 단계에서부터 대통령실, 총리실, 안보실 등이 확실하게 체크를 해야 합니다. 일선 부대에서는 군사적 관점에서만 접근해서 정치문제로 비화되지 않을 것이라고 단순하게 생각할 수 있지만 그렇지 않을 수도 있다는 점을 항상 염두에 두어야 합니다. 상호 협력의 경험들을 축적

1 한미일 3국간 상호운용성을 증진하고 한반도를 포함한 인도-태평양 지역의 평화와 안정을 수호하겠다는 의지를 담은 방어적 성격의 훈련

해 나가야 양국 관계의 미래에도 도움이 될 것으로 생각합니다.

현인택 야마자키 통합막료장님 감사합니다. 다음은 스기야마 대사님께 토론을 부탁드립니다.

스기야마 신스케 두가지만 말씀드리겠습니다. 먼저 오전에 제가 발표한 것 중에 오해가 발생하지 않도록 보충 설명드리고, 두 번째는 앞에서 몇분 선생님께서 발언이 있습니다만 몇가지 추가 발언하고자 합니다. 먼저 한일 국교정상화 60주년을 축하할 때 잊어서는 안되는 것이 역사에 관한 문제입니다. 그 중에서도 1910년 일본이 한국을 병합한 조약을 어떻게 해석할 것이냐 하는 문제입니다. 거기서부터 시작해야 합니다. 1965년 6월 22일 서명해서 10월에 발효한 기본조약 제2조에서 "1910년 조약은 이미 무효다"라고 선언하면서, 한일 외무장관은 "합의하지 않는 것에 합의(agree to disagree)"한 것입니다. 이 의미는 외교적으로는 1910년 조약에 대해서는 한일 양국이 합의할 수 없는 문제라는 것을 인정하는 것이며, 더 이상 판도라의 상자를 열지 말자는데 합의한 것입니다. 그러나 두 번 다시 논의하지 말자는데 합의한 것은 아닙니다. 한국은 계속해서 1910년 조약은 부적절하고 정의에 반하고 국제법 상으로도 위법이라고 주장해 왔으며 지금도 그 입장은 변하지 않았습니다. 일본은 1910년 조약이 정의에 반하고 적절하지도 않고 이런 일은 두 번 다시 해서는 안되는 일이니까 불편하게 생각합니다. 그렇지만 1910년 시점에서 국제법적 관점에서 보면 1910년 조약이 위법이라고 말할 수는 없고 여기에 대해서는 지금까지 일본의 입장이 바뀐적이 없습니다. 그래서 양국의 입장은 결코 양립될 수 없기 때문에 이 문제를 다시 건드려서 논란하는 일은 그만두자라는 것에 합의했다는 것이지 두 번 다시 이 얘기를 꺼내지 말자는 것에 합의했다는 것은 아니라는 점을 보충 설명드립니다. 마지막에 제가 보충하고 싶은 것은 이 판도라의 상자를 열지 않는 것에 합의했다는 것은 이 귀찮은 문제를 두 번 다시 뚜껑을 열지 말고 두 번 다시 논의하지 말자는 것을 합의했다는 것이 아니라는 점을 강조하고자 합니다. 즉, 한국과 일본은 이 문제를 언제까지 노력해도 합의할 수 없다는 것에 합의했다는 것이지 논의하지 말자는 것에 합의한 것은 아니라는 것입니다. 역사는 결코 잊어서는 안되지만 역사를 뛰어 넘어서도 안 됩니다. 1965년 국교정상화 협정 당시 양국의 외무장관이 그런 점에 합의했다는 것을 강조하고자 합니다. 두 번째는 한일 양국이 앞으로 어떤 분야에서 협력이 가능한지를 생각해야 합니다. 국교정상화 60주년을 맞아 한일 양자 관계에 국한할 것이 아니라 동아시아 또는 아시아-태평양, 또는 더 넓게는 유럽 및 호주, 아프리카 또는 남미에서 어떤 일들이 벌어지고 있는지 한일 양국이 힘을 합쳐서 또는 동맹국인 미국을 포함해서 국제사회를 위해서 어떤 일들이 가능할까를 생각하는 출발점이 되었으면 합니다.

현인택 스기야마 대사님 감사합니다. 다음은 기미야 다다시 교수님께 부탁드리겠습니다.

기미야 다다시 감사합니다. 지금까지 논의되지 않았던 문제를 제기하고자 합니다. 한미동맹의 OPCON 즉, 전시작전통제권 전환 문제입니다. 저는 이 부분이 실현될 수 있을지 대단히 불투명하다고 생각합니다. 이재명 대통령은 굉장히 전향적인 자세를 표명하고 있습니다. 미국의 트럼프 행정부의 대응은 지금까지 그다지 명확하게 드러나지는 않은 것 같습니다. 전시작전통제권의 전환 또는 환수하는 문제는 정치적 입장에 따라 견해가 상당히 엇갈리는 문제입니다. 지금 한국의 진보세력의 지지를 받는 민주당은 국회의 재적의원의 거의 2/3를 차지하고 있으며, 매우 강력한 정치적인 지지를 받고 있습니다. 그럼에도 불구하고 전작권 전환은 그리 손쉬운 문제는 아니라는 생각이 듭니다. 앞에서 모리모토 대신께서도 말씀하셨습니다만 전작권 문제는 한국만의 문제가 아닙니다. 그렇다고 일본이 참견할 문제는 아니지만, 이재명 대통령은 진보세력의 지지뿐만 아니라 보수세력의 지지까지도 신경을 쓰면서 추진할 것으로 생각합니다. 당 내에서도 자주파와 동맹파의 의견을 모두 수렴해서 정책을 추진할 것으로 생각합니다. 이재명 대통령께서도 이 부분에 대해 많이 신경을 쓰고 있는 것 같습니다. 단편적 의견이지만 이런 의견을 반영해서 외교정책을 펴고 있는게 아닌가 하는 생각이 듭니다. 이 자리에 계신 여러 선생님들께서도 이재명 정부의 외교정책에 대해 좀 적극적으로 어떤 형태로든지 관여 함으로써 한국 외교정책에 기여해 주시면 좋을 것 같습니다. 그렇게 되면 일본과 주변국들도 좀 안심할 수 있는 부분이 있지 않을까 생각합니다.

현인택 기미야 교수님 감사합니다. 이제 1라운드 토론이 끝났습니다. 여섯분의 지정 토론자께서 말씀하셨는데, 이제 플로어를 오픈하겠습니다. 먼저 김호섭 교수님께 발언 기회를 드리겠습니다.

김호섭 일측 참가자들 특히 모리모토 대신님 또는 스기야마 대사님께 여쭤보고 싶습니다. 윤덕민 대사께서 발표하시는 중에 굉장히 중요한 여러 가지 포인트를 말씀했지만 제가 좀 놀란 것은 트럼프의 보좌관이나 행정부를 보면 중국 견제 혹은 중국을 위협으로 생각하는 사람들이 많은데 트럼프 대통령 자신은 대중 견제 혹은 중국을 실제로 위협으로 생각하고 있는지 알고 싶습니다. 모리모토 대신께서 잠깐 언급하신 것 같은데 내년 4월에 미중 정상회담에서 갑사기 양국이 화해해 버리면 중국을 견제하고 반중국 동맹을 맺으려고 하는 주변 국가들은 좀 당황하게 되는 그런 모습이 될텐데 혹시 트럼프가 중국 견제에 얼마나 진심인지 알고 싶습니다.

현인택 한 두분 더 발언하신 후 답변을 듣도록 하겠습니다.

유명환 스기야마 대사님께서 한일 국교정상화 기본조약의 "agree to disagree"를 언급하셨는데, 한일 국교정상화 교섭이 시작된 것은 6.25 전쟁이 한창이었던 1951년 미국이 이승만 대통령에게 강하게 압력을 가해서 회담이 시작됐고, 시기적으로는 일본의 전후 처리 과정에서 샌프란시스코 강화조약이 마무리되었는데 거기에 한국과 관련한 내용이 빠진 것과도 관련 있습니다. 한일관계를 정상화해야만 미국이 한국 전쟁을 수행하는데 지장이 없기 때문이었습니다. 어떻게 보면 동북아 지역의 지정학적인 고려라고 하는 상당히 전략적 측면이 강하게 작용한 것인데, 그것이 14년 걸렸습니다. 1965년까지 무려 90여 차례의 한일 국교정상화 회담이 있었습니다. 왜 그렇게 어렵고 긴 회담이 되었느냐 하면, 결국은 식민지 지배에 대한 성격 규정 때문입니다. 한국은 1910년 한일합방조약이 원천 무효이고 불법이라고 보는 반면, 일본은 1945년 일본이 항복하기 전까지는 유효한 조약이라고 해석하기 때문입니다. 아까 스기야마 대사님도 말씀하셨지만 이 문제는 서로가 양보할 수 없는 기본적인 사고 방식에 차이가 있기 때문입니다. 여기에는 국가 정체성의 문제가 개입되어 있습니다. 그래서 결국 "이미(already) 무효"라는 결론을 내렸고 지난번 한국 대법원에서 징용배상과 관련된 판결도 이런 인식과 연계되어 있습니다. 그래서 인접한 양국 간에 해결하기 어려운 문제에 대한 답은 "agree to disagree"라는 숙명을 가지고 있는 것입니다. 그걸 다시 건드려서 문제를 해결하는 것은 쉽지 않습니다. 여기서 안타까운 점은 1945년 해방 당시의 대한민국과 오늘날의 대한민국은 전혀 다른 산업화된 대한민국입니다. 제가 재작년 캠프 데이비드(Camp David) 한미일 정상회담을 보았을 때 외교관으로서 어떤 감격을 느꼈습니다. 1910년 구한말 조선이 나라를 잃어버릴 때에 "가쓰라-태프트밀약"이 있었는데 당시 미국의 테프트 전쟁장관이 필리핀을 방문하러 가는 길에 일본에 들려서 지역정세를 논의한 자리에서 만들어진 것입니다. 거기서 암묵적으로 한반도에서 러시아를 견제하기 위해서 일본은 조선 및 중국에서의 영향권을 인정해 주는 대신 일본은 동남에 대해 미국의 영향력을 인정한다고 한 것입니다. 어떤 문서가 있는 것은 아니지만 그 대화의 기록이 남아 있었기 때문에 밀약이라고 부릅니다. 그 당시 조선은 열강인 미국, 일본, 신흥 러시아, 영국이 두는 장기판에서 최하위에 있는 하나의 졸에 지나지 않았습니다. 그런데 캠프 데이비드 3국 정상회담은 우리 대한민국 대통령이 일본 수상 및 미국 대통령과 동등하게 자리를 같이 했습니다. 그 자리에서 앞으로 동북아 정세에 어떻게 대처할 것인가, 중국의 부상에 어떻게 대처할 것인가 하는 글로벌 이슈를 논의했습니다. 그러니 구한말 외교사를 공부했던 사람으로서는 감격적일 수밖에 없었습니다. 사실 캠프 데이비드 협정은 A4 용지로 7장이나 됩니다. 아주 상세하게 협력방안을 다 기술했습니다. 커트 캠벨(Kurt Campbell)이 기안해서 초안을 잡고 한국이 검토했습니다. 아주 상세하게 한미일 간의 협력 방안에 대해 구체적으로 매년 정상회담 및 장관급 회담 추진 방안과 한미일 3자 간 협력에 관해 구체적으로 기술을 했고, 이를 이행하는 한미일 3국 협력사무국을 설치하여 협정을 이행하는 등 세부분으로 구성되어 있습니다. 캠프 데이비드의 정신의 원칙과 이행 약속까지 모든 것이 포함되어 있습니다. 한일 양국이 캠프 데이비드 약속을 계속 살려 나가야 합니다. 최근 일본과 한국에서 정치적 유동성이 발생했지만, 캠프 데이비드 약속을 구체적으로 이행하고 집행하는데 있어서 한일 양국이 좀 더 협력해서 미국에 대해 계속 리마인드 시키고 따라오도록 하는 것이 필요합니다.

현인택 유명환 장관님 좋은 말씀과 코멘트 감사합니다. 다음은 모리모토 대신님께서 조금전 질문에 대해 답변하시겠습니다.

모리모토 사토시 김호섭 교수님의 질문 취지는 잘 이해하고 있습니다. 답변의 요점을 세가지로 정리할 수 있습니다. 첫 번째는 트럼프 대통령은 제 개인적 친분은 없습니다만, 리더로서 감각이 뛰어난 정치 전략가라고 생각하고 있습니다. 하지만 군사전략가는 아니라는 생각이 듭니다. 미국을 군사적으로 위협할 수 있는 국가는 없다는 식으로 생각하는 것 같습니다. 외교안보와 관련해서 트럼프 대통령을 직접 자문하는 인사가 누구인지 잘 모르겠습니다만 NSC도 거의 역할이 없는 것 같고요, 실제로는 국무장관이 어느 정도의 조언을 하는 상황이고 국무성 안에서도 전략적인 자문이 가능한 부분은 없는 상태로 보입니다. 대통령을 보좌하는 사람은 밴스(JD Vance) 부통령이라고 생각합니다. 밴스 부통령 뒤에 콜비(Elbridge A. Colby) 국방부 정책차관이 있습니다. 밴스와 콜비는 매우 친한 관계입니다. 콜비는 본인의 생각을 상의하는 대상이 밴스 부통령이라고 알고 있습니다. 밴스 부통령은 정권 내부에서 인맥을 관리하고 정책과 전략을 구축하는 네크워크를 스스로 구축해서 가동시키고 있습니다. 아마도 차기 대통령을 노리고 있지 않나 생각합니다. 밴스 부통령은 트럼프 대통령보다 군사전략적인 감각이 뛰어나다고 생각합니다. 현재 밖으로 드러나지는 않지만 트럼프와 교류하면서 논의하면서 보좌하는 역할을 수행하고 있습니다. 하지만 중간선거 이후에는 본인의 의중을 드러내지 않을까 생각합니다. 다른 변수는 중국입니다. 트럼프 대통령이 중국을 어떻게 생각하느냐 하는 것입니다. 트럼프 대통령은 내년 4월 중국을 방문할 계획입니다. 사실 이번에 중국을 방문하고 싶었지만 주변에서 만류했다고 합니다. 그래서 한국에서 시진핑 주석과 정상회담을 가졌던 것이죠. 트럼프 대통령은 본인이 직접 중국을 방문하고 엄청난 환대 속에서 거래를 하겠다는 그런 구상을 가지고 있었다고 합니다. 그런데 관세문제와 희토류 문제 등으로 머릿 속이 복잡하게 됐습니다. 중국을 군사전략적으로 어떻게 봉쇄할 것인가 하는 부분은 전혀 생각이 없었습니다. 트럼프의 세계 전략은 다른 지역에는 관심이 없습니다. 유럽은 각국이 알아서 해야 된다는 것입니다. 러시아 위협은 외교협상을 통해서 해결하거나 기본적으로 유럽국가들이 자체 국방비를 올려서 자위 능력을 길러 대처해라 하는 것입니다. 아시아 국가들도 마찬가지입니다. 대만이든 일본이든 한국이든 호주든 아세안이든 모두 자체 방위력을 향상시켜서 대처해야 하는 것입니다. 모든 국가들이 이를 잘 알고 있기 때문에 트럼프 대통령의 기분을 훼손하지 않는 차원에서 자율적으로 노력하고 있습니다. 유사 상황이 발생했을 경우 과연 미국이 희생을 치르면서 지역 안정을 위해 노력할 것인가에 대해 모든 국가들은 상당히 의심하고 있습니다. 다만 미국은 미국의 국익을 지키기 위해 해상수송로를 확실하게 유지하고 이 지역에서의 미 해군이 중국의 위협을 받지 않도록 해군력을 정비하려 노력하고 있는 것 같습니다. 이를 위해 주변국들에게 요구를 하고 있습니다. 이러한 것들은 트럼프 대통령의 MAGA 실행을 위한 수단이라고 생각합니다. 또 한가지 언급하고 싶은 것은 중국의 새로운 해상수송로 구상에 관한 것입니다. 중국은 2021년 무렵부터 오츠크해에서 베링해와 일본열도의 남서방향 오키나와를 거치는 즉 북태평양과 북극해를 연결하는 새로운 해상수송로를 구상 중이라고 합니다. 리커창 중국 국가부주석이 2019년 일본의 삿포로를 방문한 후 중국은 일본 주요 항만 주변의 토지를 사들이고 있습니다. 일본의 방위력은 냉전 종식 이후 남서방면으로 관심이 집중되면서 홋카이도에 대한 관심은 줄었습니다. 이제 홋카이도 쪽을 다시 주목하지 않을 수 없는 상황이 발생하고 있습니다. 중국이 북태평양 해역으로 진출하는 것을 어떻게 억제할 것인가는 매우 중요한 문제입니다. 그런 의미에서 북한과 그 배후에 있는 러시아가 인태지역에 개입하는 부분에 대해 해양에서의 안정성 유지를 위해 미국이 한국의 원자력 추진 잠수함을 건조하게 해서 억지력으로 사용하는 것은 글로벌 전략에 걸맞은 구상이라고 생각합니다. 트럼프 대통령은 정치적 인기에 관심이 많습니다. 이런 문제들에 대해 어떻게 하면 자기가 득점을 할 수 있는지, 즉 미디어와 언론에 대해 대대적으로 보도하도록 만들 것인지 어떻게 하면 노벨상으로 연결시킬 것인지 이런 것을 생각합니다. 그런 관점에서 본다면 지금 트럼프 대통령의 행위는 비합리적이라고 생각이 됩니다. 트럼프 대통령이 아무리 중국과 가까이 하더라도 그것을 무시하면 됩니다. 마지막으로 말씀드리자면 중국에게 있어서 최고의 우선순위는 국가안전보장입니다. 경제가 아닙니다. 경제는 수단입니다. 중국에 대응하기 위해서 동맹관계가 중요한 것입니다.

현인택 모리모토 대신님 감사합니다. 트럼프 대통령의 행태를 보면, 연애 시절 러브레터를 보내다가 거절되면 바로 보복하는 그런 스타일인 것으로 보입니다. 김정은에게 러브레터를 보냈는데 북한에서 반응이 없으니까 바로 북한을 제재했습니다. 미중관계도 그런 관점에서 보면, 시진핑에게 트럼프 대통령이 러브레터를 보내다가 거절되면 어떤 제재를 가하는 즉, 롤러코스트를 타는 것 같은 그런 형국이 될 것으로 보입니다. 조금전 모리모토 대신님께서 말씀하신 것처럼 우리는 우리 할 일을 꾸준히 해 나가는 것이 중요하다고 생각합니다. 다음 스기야마 대사님께 부탁드리겠습니다.

스기야마 신스케 감사합니다. 저도 모리모토 대신께서 말씀하신 것과 같은 생각입니다. 이와 관련해서 제 개인적인 경험을 말씀드리고자 합니다. 제가 워싱턴에 주재했을 때, 트럼프 1기 후반부 3년 동안 트럼프 대통령을 몇 번 만난적이 있습니다. 트럼프 대통령이 갑자기 저를 불러서 대화한 적이 있었습니다. 그때 이방카 트럼프는 옆에 혼자 있었던 것 같아요. 제 기억으로는 거의 1대1로 대화했던 것 같아요. 그 당시에도 자동차관세 이슈였던 것으로 기억되는데 미일 간에 가장 큰 이슈였습니다. 그런데 트럼프 대통령은 관세에 관한 논의는 간단하게 언급하고는 저한테 일본이 중국을 어떻게 할 것이냐는 질문을 했습니다. 저는 그 문제에 대해 전혀 준비하지 않고 갔었기 때문에 갑자기 생각난 것이 일방적인 현상변경은 좋지 않으니까 전략적인 호의 관계를 가지고 접근하는 것이 좋다는 그런 얘기를 했던 것으로 기억합니다. 그런데 트럼프 대통령이 제대로 본심을 얘기해 보라고 재촉했습니다. 그래서 약 3-40분 정도 얘기했던 기억이 있습니다. 지금 생각해보면 트럼프 대통령 당신은 어떻게 생각하느냐고 되물어 볼걸 그랬다는 생각이 듭니다. 트럼프 대통령은 다른 사람의 의견에는 관심이 있지만 자기 얘기를 잘 하지 않는 스타일입니다. 그리고 철학이라든가 역사관 같은 것에는 별로 관심이 없는 것 같습니다. 그때 일본에서는 아베가 총리였었는데 제가 일본에 돌아가서 아베 총리에게 트럼프를 만났던 일에 대해 보고드렸습니다. 그랬더니 아베 총리는 트럼프를 너무 간단하게 평가해서는 안된다고 말씀하셨습니다. 그래서 다음에 트럼프 대통령을 만나면 중국에 대한 인식에 대해 얘기하려고 준비를 많이 했었는데 중국 얘기를 다시 할 기회는 없었습니다. 모리모토 대신께서 말씀하신 것과 같이 트럼프 대통령은 역사관이나 철학관에 입각한 확신 같은 것은 없는 것 같고, 다만 상대가 강하면 강한 사람하고 협상을 하고 싶다라는 그런 스타일이 아닌가 생각합니다. 며칠전 APEC에서 트럼프 대통령과 시진핑 주석이 만나 얘기를 했었고, 내년에 트럼프 대통령이 중국을 방문하겠다고 했습니다. 그렇게 본다면 이제 미중간의 협상이 시작되는 것 아닌가하는 생각이 듭니다. 한국과 일본이 각국의 입장을 트럼프에게 잘 전달할 필요가 있다고 생각합니다.

신각수 두가지를 말씀드리려 합니다. 하나는 질문이고 다른 하나는 제안입니다. 첫 번째는 조금전 기미야 선생님께서 한국과 일본이 관세전쟁을 하면서 각개격파 당했다라고 말씀하셨는데 저는 한일뿐만 아니라 유럽도 격파당했다고 생각합니다. 왜 그런가하면 한국이나 일본이나 유럽이나 결국은 자유무역 내지는 공정무역에 의존하는 나라들입니다. 그런데 전혀 상호 협의 없이 하나씩 하나씩 1대1로 했기 때문에 당했다고 생각을 하는데 제가 의문으로 생각하는 것은 일본 정부가 트럼프 임기 내에 5500억 달러를 투자하기로 했습니다. 다시 말해 3년 내에 5500억 달러를 투자하는 것입니다. 그리고 그것의 운용 결과 손해보는 것에 대해서는 아무런 언급이 없습니다. 정부가 투자한다고 다 이익이 발생한다는 보장은 없습니다. 시장 경제에 의해 움직이는데 일본 정부가 트럼프의 요구를 다 받아들였습니다. 그리고 팩트시트나 MOU를 보면 분명하게 명시하고 있는데 일본에서의 여론은 긍정적으로 평가하고 있습니다. 제가 보기에는 어떻게 그런 조건을 수락할 수 있는가 의문이 드는데 일본 내에서는 니케이신문 정도가 조금 비판적인 내용을 실었고 나머지는 정부가 잘 했다는 식으로 평가를 했습니다. 과연 잘 된것지? 한국의 경우에는 3500억 달러에서 합의했고 1500억 달러는 조선에 투자하고 2천억 달러는 매년 200억 달러씩 10년에 걸쳐 투자한다고 했으니 일본보다 기간이 훨씬 깁니다. 한국은 그렇게 조정을 했습니다. 물론 한일간 경제력 격차를 감안한 것이라고 할 수 있지만 과연 일본에서 5500억 달러를 4년 내에 투자할 수 있을지, 일본 경제는 문제가 없을 것인지? 저 개인적으로 미국의 동맹국인 한국과 일본이 미국의 경제력 회복을 도와야 한다는 것에는 동의하지만 한국과 일본이 미국이 지향하는 가치와 원칙을 벗어나는 그러한 합의는 곤란하다고 생각합니다. 그런 차원에서 일본 측 참가자들의 의견을 듣고 싶습니다. 두 번째는 최근 한일 간의 안보협력을 추진하려는 시도들이 있었는데 이런 사태가 벌어져서 어렵게 되었습니다. 사실 최근 2년 정도를 보면 한미일 테두리 내에서는 굉장히 빠른 템포로 진행되어 왔습니다. 제 개인적인 생각이지만 한일 간 안보협력을 3자 협력체제로 하든지 아니면 다자간 협력체제로 하는 안보협력틀을 만드는 것이 어떨까 제안합니다. 예를 들면 지역적 접근협약 또는 ACSA와 같은 틀 속에서 협력을 제도화하여 한국과 일본이 참여하고 제3국도 참여하면 한국의 국내 여론을 뛰어 넘을 수 있지 않을까 생각합니다. 여기에 대한 일본 측 참여자의 의견도 듣고 싶습니다.

현인택 두가지 질문을 해 주셨는데요, 일본 측 참가자 중에서 답변해 주시면 감사하겠습니다. 스기야마 대사님 부탁드리겠습니다.

스기야마 신스케 한국은 3500억 달러, 일본은 약 5천억 달러 정도 되는데 양국의 합의 방식은 좀 다릅니다만, 기본적으로 관세에 대해 투자로 대응한다는 것은 동일합니다. 이시바 총리가 관세를 올리는 대신 일본이 직접 투자하겠다라고 했는데, 사실 그 방법밖에 없었다라고 생각합니다. 일본은 위원회를 만들어서 거기에서 여러 가지 방안을 도출할 것으로 생각합니다. 하지만 한국은 거의 대부분 현금으로 지급해야 되는 데 앞으로 어떤 식으로 진행될지 궁금합니다. 일본의 경우 지난번 트럼프 대통령이 방일했을 때 일본 기업들이 많이 동행해서 서명을 했습니다. 그 가운데 팩트시트는 나와 있습니다. 확실하게 이런 이런 투자가 가능하다는 부분은 괜찮겠지만 모든 것을 실천해 나가기는 상당히 어려울 것으로 예상합니다. 투자 자체가 나쁜 일은 아니라고 생각합니다. 한미, 미일 정상회담을 통해서 앞으로 그 내용을 충실하게 만들어 나가야 하니까 문제는 지금부터라고 생각합니다. 한국의 경우 현금으로 투자해야 하는데 어떤 식으로 진행할 것인지에 대한 궁금증이 있습니다. 일본은 이미 미국에 많은 투자를 해 왔습니다. 토요타처럼 투자처가 여러개 있는 곳도 있습니다. 얼마전 도쿄의 미국 대사관저에 대기업 경영자들이 초청받은 적이 있습니다. 몇몇 대기업 리더들은 일정 금액 이상 투자는 곤란하다고 불평하기도 했습니다. 미 대사관저에 참석하게 되면 입장료를 지불해야 하는데 안가는게 낫지 않나라고 불평한 회사도 있었다고 합니다. 입장료가 너무 비쌌기 때문에 앞으로 어떻게 감당할 것인가를 고민할 수밖에 없었던 것입니다. 한국은 현금 투자이기 때문에 입장료가 매우 높다는 생각이 듭니다. 하지만 투자 자체는 나쁜 것이 아니기 때문에 앞으로 열심히 노력해서 잘 할 수밖에 없지 않나 생각합니다.

현인택 한국은 3500억 달러를 투자하는데 그중 2천억 달러는 10년간 매년 200억 달러를 투자한다는 것입니다. 한국의 경제 체력으로 보았을 때 상당히 큰 금액입니다. 잘 지켜질지 의문이 듭니다. 트럼프 대통령의 임기가 10년이 아닌 이상 한국이 그대로 할 것인지? 트럼프 대통령의 임기는 3년 남았고 이재명 대통령의 임기는 4년 남았습니다. 대미 투자 약속이 조약도 아니고 MOU 또는 팩트시트라고 하는 것이기 때문에 아마도 트럼프 행정부 내에서는 지켜질 가능성이 크지만 그 이후는 알수 없는 것이라고 생각합니다. 확실한 이익이 보장되지 않으면 투자는 쉽지 않을 것으로 생각합니다.

모리모토 사토시 2천억 달러를 현금을 주고 원자력 잠수함을 손에 넣을 수 있다면 싸게 투자한 것이라고 생각합니다. 한미간 관세 및 투자 관련 약속을 확실하게 하고 싶으면 협정을 명문으로 만들고 사인을 하게 해야 합니다. 대통령과 부통령 모두 사인을 하게 하고요. 그렇게 할 수 있다면 2천억 달러는 좀 비싸지만 장기적으로 몇 척이라고 하지 않았기 때문에 10척 정도 가질 수 있다면 아주 싸게 획득하는 것이라고 생각합니다.

현인택 감사합니다. 지금 12-3분 정도 남은 것 같습니다. 플로어에서 질문을 받을 수 있는 시간이 될 것 같습니다. 김석우 전 통일부 차관님께 발언 기회를 드리겠습니다.

김석우 두가지 질문을 드립니다. 먼저, 한국측 참여자에게 질문드리고자 합니다. 그 동안 한국에서는 반일정서가 국내 정치적으로 악용되었다고 생각합니다. 일본에도 국내 정치적 요인이 없는 것은 아니지만 한국의 경우 특히 노무현 정부에서 반일감정이 국내정치적으로 악용됐다고 생각합니다. 반일정서가 한국 정치에서 없어질 수 있을까요? 두 번째는 일본측에 질문드립니다. 러시아-우크라이나 전쟁이 끝난후 러시아는 경제재건과 피해 복구를 추진해야 합니다. 그럴 경우 러시아는 한국과 북한 중 어느 나라가 더 중요하다고 생각할까요? 마지막으로 지금도 신장지구에서는 신장독립운동이 진행 중에 있습니다. 이와 관련해서 중국에서 소수민족 독립운동이 강화되면 중국의 분열현상은 어떻게 될 것으로 생각하는지요?

현인택 마지막으로 질문 한 개를 더 받겠습니다.

최춘흠 내년이 동북아 외교에서 매우 중요한 해가 될 것으로 생각합니다. 미중갈등이 심화되고 있는 상황에서도 중국은 미북대화에 반대하지 않습니다. 트럼프도 미북대화를 희망하고 있고 김정은도 반대하지 않으며 시진핑도 반대하지 않을 것입니다. 일본이 적극적으로 호응해주면 좋지 않을까 생각합니다. 일본과 중국은 1978년 미국과 중국은 1979년 관계를 정상화했습니다. 현재 미북관계 정상화의 최대 걸림돌은 북한 인권문제라고 생각됩니다. 일본과 북한관계 정상화에 대한 일본의 입장에 대해 말씀해 주시기 바랍니다.

김호섭 김석우 차관님 질문 중에 국내에 반일을 정치적으로 이용하고 있는 것 아니냐 하는 말씀을 하셨는데 저도 전적으로 동감하고 있습니다. 앞으로 반일감정을 정치적으로 이용하려는 시도는 좀 줄어들 것으로 생각합니다만, 상업적으로 많이 이용될 가능성이 있다고 생각합니다. 제 개인적인 경험으로 볼 때, 한때 김대중-오부치 선언으로 한일관계가 매우 좋았을 때, 어느 방송국에서 명성황후를 드라마로 제작하여 방영했습니다. 명성황후 역의 아름다운 여배우가 험악하게 생긴 남자배우의 칼에 시해 당하면서 "나 이제 떠나리"라고 하는 삽입곡이 흘러 나오는데, 이 장면을 보고 있는 한국인들에게는 반일감정이 일어나지 않을 수 없는 것입니다. 그래서 상업적으로 반일감정이 계속 이용되고 있기 때문에 한국 사회 내면에서 반일감정이 완전히 없어지기까지는 상당한 시간이 걸리지 않을까 생각됩니다. 국내에서 상영된 "명량"이라는 영화도 관객이 천만명이 넘었습니다. 이순신 장군을 영웅화하면서 반일정서를 상업적으로 이용한 것입니다. 중국도 최근에 731부대를 영화화했는데 사실은 반일정서를 상업적으로 이용하는 움직임이라고 생각합니다. 이 영화가 중국에서 상당히 인기가 있었다고 들었습니다. 반일정서를 상업적으로 이용하려는 시도가 없어지지 않는 한 반일정서가 없어지기는 상당한 시간이 걸릴 것으로 생각합니다.

현인택 다음 윤덕민 대사님께서 보충 설명을 하시겠습니다.

윤덕민 반일정서를 국내 정치적으로 이용하는 것은 사실 최근들어 심해진 것 같습니다. 한국은 보수나 진보 모두 반일정서를 가지고 있으나 상대방을 친일집단이라고 얘기하는 것은 최근의 일들입니다. 최근들어 그런 경향이 굉장히 심화되었는데 특히 지난 정부에서 더 심해졌습니다. 제가 주일본대사를 하면서 상당히 어려웠던 것이 후쿠시마 오염수 방류 때 그것을 국내 정치적으로 활용하려는 시도들이 상당히 많았습니다. 과거 광우병 파동 때 어려움을 겪었던 그런 정치적인 해프닝이 있었기 때문에 이번에도 그렇게 되지 않을까 염려했지만 다행히 생각보다 폭발력은 약했습니다. 그리고 일본에서는 대기업의 문제라고 인식하지 않았습니다만 한국에서는 라인-야후 문제가 상당히 큰 문제로 제기되어 일본이 역사뿐만 아니라 국민기업인 네이버를 뺏으려 한다는 그런 프레임을 씌었고 또 거기에 불을 붙이려는 세력도 많았는데 대해 놀랐습니다. 다행히 불이 확대되지는 않았습니다. 그래서 과거보다는 그런 반일 몰이가 국내 정치에 활용하려는 시도가 크게 확대되지 않는다는 점에도 불구하고 조금전 박홍규 교수님께서 말씀하셨듯이 정치권에서의 그런 시도들을 주의할 필요가 있다고 생각합니다. 2018년 일본이 한국에 대한 수출규제를 발표한 적이 있습니다. 그 전에는 한국의 젊은 층이 반일정서에 그다지 큰 영향을 받지는 않았는데 아베 총리의 한국에 대한 반도체, 첨단소재 및 부품에 대한 규제가 발표되고 나서 "No Japan" 운동이 젊은 층을 중심으로 확산된 적이 있습니다. 그래서 한일 모두 국민 감정을 정치적으로 이용하는 것은 서로 주의해야 한다고 생각합니다. 한마디 덧붙이자면, 반일 또는 반한 정서가 확산되지 않는다고 해서 이제는 국내 정치적으로 활용할 수 없을 것이라고 판단하지 말고 한일 양국 정부가 그 점을 유의해야 한다고 생각합니다.

현인택 김석우 차관님 두 번째 질문이 결국 우크라이나와 러시아 전쟁 이후 러시아의 대남북한 접근에 대한 일본 측 견해가 어떠할 것인지입니다. 일본 측에서 야마자키 통합막료장님께서 말씀해 주시면 감사하겠습니다.

야마자키 고지 제 개인적 의견입니다만, 우크라이나 전쟁을 계기로 해서 러시아와 북한은 포괄적 전략적 파트너십을 체결했습니다. 북한의 입장에서 본다면 상당한 결심을 하고 러시아와 군사동맹을 체결한 것이라고 할 수 있습니다. 그것을 바탕으로 해서 탄도미사일과 탄약을 비롯 병사 파병 등 다양한 지원을 제공했습니다. 북한의 입장에서는 생존을 걸고 결심한 것이라고 생각합니다. 김정은의 입장에서는 국방과학 발전, 무기체계의 개발, 핵 개발, 핵탄두 경량화 및 개량, 미사일, 정찰위성 등 거의 모든 군사분야에서 현대화를 추구하고 있습니다. 그런 계획이 성공하면 북한의 군사력은 획기적으로 향상될 것입니다. 북한의 핵개발에 대해 유엔 안보리에서는 해상에서의 급유 금지를 포함해서 다양한 제재를 가해 왔습니다. 그러나 러시아와 중국의 대북 지원으로 인해 유엔의 대북 제재는 제 기능을 발휘하지 못하고 있습니다. 북한의 입장에서는 유엔의 대북제재가 성공하지 못하도록 하는 환경을 성공적으로 만들어 왔다고 할 수 있습니다. 러시아의 입장에서 보면 북한에 대한 군사기술 지원을 통해 우크라이나 전쟁에 대한 북한의 지원을 확보할 수 있었다고 할 수 있습니다. 북한과 관련한 이러한 협력관계는 앞으로 더 발전해 나가지 않을까 생각합니다. 이런 것들이 한일 양국 간의 안보환경에 미치는 영향이 대단히 크다고 할 수 있습니다.

현인택 감사합니다. 여기서 제3회의의 종합토론을 마치도록 하겠습니다. 오늘 진지하게 발표와 토론에 참여해 주신 참가자 여러분들에게 주최측의 한 사람으로서 깊은 감사의 말씀을 드립니다. 감사합니다.

総合討論

韓日国交正常化60周年記念セミナー

司会：玄仁澤

これから総合討論に入ります。先ほど発表と討論がありましたので、私が改めて要約することは時間の関係上不要だと考えます。この場には6名の討論者をお招きしました。韓国側からは申玨秀大使、洪圭徳大使、申範澈次官、日本側からは山崎幸二元統合幕僚長、杉山晋輔大使、そして木宮正史名誉教授をお招きしました。それぞれ5分程度ご自身の見解をお話しいただいた後、二度目の発言をしていただき、さらに2～3分程度の発言機会を差し上げます。またフロアには多くの専門家の方々がおられます。これらの方々にも発言の機会を差し上げたいと思います。与えられた時間は約1時間40分程度となりますが、多くの方々が参加できるよう総合討論を運営したいと思います。まず、申玨秀大使をお迎えします。

申玨秀　これまでの二回の会議を通じて多くの意見が出されました。そこで、これまで出されなかった点や意見の相違、新たな事実などを中心に、いくつか申し上げたいと思います。まず、過去の問題に関して、日本側にはもう少し前向きな姿勢、すなわち未来志向で進むべきだと考えます。少なくとも過去に日本政府が幾度となく過去史への謝罪と反省について明確に表明する必要があると考えます。もちろん毎回行う必要はありませんが、特別な状況でそのような言及をしてくだされば、それが結局は韓日間の歴史と和解が進展し、また未来の協力に向けた非常に大きな原動力となる点を日本側が理解する必要があります。2015年の終戦70周年以前には、そのようなことはなかったが、安倍首相の終戦70周年談話以降、全ての日本の指導者は過去史に関連して謝罪や反省の発言を非常に忌避する立場を堅持している。尹錫悦政権時には強制動員問題を積極的に解決しようとしたが、日本の反応が不十分だという韓国社会の不満があり、それが韓日関係の前進に支障をきたしました。新たな次元での反省と謝罪を求めるのではなく、過去の事実をありのまま明らかにするだけで十分だという点を日本側が考慮する必要があると考えます。第1回会議で朴鴻圭教授が日本の天皇の象徴的責任問題について言及されましたが、過去問題がここまで深刻化した原因の一端がそこにあるため、私は個人的には天皇自らが対応することは難しいと思います。第二に、私は基本的に経済や安全保障など多様な分野における韓日協力の潜在力は大きいと考えています。「To do list」と「not to do list」を作成して管理する作業を行ってほしいという考えもあります。第三に、既に何度か言及されましたが、将来の進展に関連して具体的にどのような機構を作り、現在日本経済新聞が主管している米国と日本間の富士山会議に類似した会議を設け、韓日両国の指導者が集まって韓日関係を管理し、新たなアイデアも出し合いながら、必要であれば2035年または2050年を見据えた未来ビジョンを作成する必要があると考えます。最後に、最近のブラックイーグルスがUAに行くことと米軍基地訪問に関連し、韓日両国の安全保障協力が膠着状態に陥っていますが、早急にこの状況から脱却すべきです。韓国は中国の脅威に対する認識が非常に低い一方、日本に対する脅威認識は非常に高いです。むしろ日本を軍事的脅威と認識するケースが多いのです。実際、アジアにおける中国の軍事的比重を見れば、韓国はより現実的な判断を下すべきだと考えます。北朝鮮の核ミサイル高度化に伴い、事実上核武装国家を目前に控えているという現実を、韓日両国が公共外交を通じて韓国社会と日本社会に明確に認識させ、韓日安保協力の機会を創出すべきです。2012年春、韓日間でGSOMIA(軍事情報包括保護協定)に署名できなかった経緯から、韓日安保協力の敏感さはよく理解しています。それから10年以上が経過しましたが、状況はほとんど変わっていません。韓日両政府が安保協力のための環境整備に、より公共外交の次元で努力すべきではないかと考えます。

玄仁澤　次に洪圭徳大使にお願いします。

洪圭徳　本日のセミナーの主要テーマである「グローバル化時代における望ましい韓日関係」に焦点を当てて議論したいと思います。私はつい最近まで中欧で勤務し帰国しました。まず、欧州がトランプ・ファクターをどう考えているかについてお話ししたいと思います。その点で、韓国と日本は欧州、特にNATOやEUとの関係を今よりもはるかに積極的に調整していくべきだと考えます。欧州諸国はロシアのウクライナ侵攻以降、この問題をどう解決すべきかという大きな課題を抱えています。ウクライナ・ロシア戦争が3年半も続いている状況下で、ロシアがなぜポーランドにドローンを送り続けるのか、ルーマニアをなぜ脅かすのか、なぜエストニアに空軍機を派遣するのか、現在EU議長国を務めるデンマークをなぜ威嚇するのか、こうした問題に関して、欧州の多くの国々は「米国のトランプだけに頼るには非常に不十分だ」と考えているようです。そうした観点から、欧州の多くの国々はアジア太平洋諸国との連携が極めて重要だと考えています。現政権も前政権も同様ですが、様々な国内政治的な事情によりNATO会議に出席できませんでした。私の見るところ、欧州諸国はアジア太平洋における韓国と日本、オーストラリア、ニュージーランドを含む協力の必要性をこれまで以上に強く感じています。そうした観点から、韓国と日本がより協力し、欧州諸国が必要な部分を補完できるような取り組みを積極的に展開する必要があると考えます。日本の前任の岸田首相と韓国の尹錫悦前大統領が韓日シャトル外交を試みたことがあり、韓米日キャンプデービッド宣言以降、韓米日の3カ国の大使が定期的に3ヶ月に一度会合し、様々な情報を共有し共同対策を協議するといった経験もしました。私は、韓米日が北東アジアだけでなく、欧州や他の地域でも積極的に協力する機会を作れば良いと考えています。第二に、ウクライナ・ロシア戦争の余波について述べたいと思います。ウクライナ・ロシア戦争と北朝鮮の派兵は、朝鮮半島の問題ではなく、インド太平洋と欧州が繋がった一つの戦域となり得る可能性を意味しています。そのような次元で、この問題がうまく解決されるよう、韓日両国が協力すべきだと考えます。欧州の人々も、北朝鮮問題が8000km離れた遠い場所の脅威ではなく、自分たちにも脅威となり得ると考えるようになりました。先ほど山崎統合幕僚長がおっしゃったように、日本と韓国が現在提供できる様々な兵器レベルなどは少しずつ異なると考えます。しかし韓国と日本がコロナ状況や欧州の脅威に対して実質的な協力を行えば、良い結果が生まれると確信しています。特に北朝鮮のミサイルは、技術が脅威的に発展しています。ウクライナ·ロシア戦争における北朝鮮の経験と兵器は、韓国と日本に対する共通の脅威と言えます。ウクライナ·ロシア戦争に派遣されていた北朝鮮兵士が朝鮮半島戦線に配置されています。現代戦を経験した北朝鮮軍が戦線に配置されていることは、韓国にとって非常に現実的な脅威として作用しています。北朝鮮がロシアから経済的·軍事技術を獲得するために派遣したという程度に理解すべきではなく、欧州や米国、そして我々の同盟国に対し、北朝鮮の脅威を再認識させる必要があります。最後に申し上げたいのは、2023年にウクライナのザポリージャ原子力発電所にある6基の原子炉に対し、ロシアが砲撃を加えたことです。欧州はこれを極めて深刻な脅威と受け止めましたが、一ヶ月後にニューヨークで開催されたNPT再検討会議ではこの問題は注目されませんでした。ロシアのウクライナ原子炉攻撃に対し何の制裁も課さなかったことについて、中国や北朝鮮は何らかの教訓を得た可能性があります。このような過ちを繰り返すことは極めて危険であることを強調します。北朝鮮が国際法に違反し規範を破る誤った行動に対しては、日本や韓国が問題を浮き彫りにし、国際社会に注意を喚起すべきです。先ほど杉山大使をはじめ各位がお話しになりましたが、私はACSA問題が単に沖縄での給油問題に限定されたものではなく、生存に直結している点を指摘したいと思います。現在、我々は多層的領域における作戦環境に直面しています。作戦環境は変化し、過去の固定的な作戦概念では生き残れない状況に置かれています。仮に中国が韓国の清州基地や主要基地に対してミサイル攻撃を敢行した場合、我々はただ犠牲になるのではなく、日本であろうとどこであろうと、中国の攻撃を回避した後に反撃できるような発想を持つべきだと考えます。したがって戦略的柔軟性は米軍だけに該当するものではなく、大韓民国空軍が生き残るために極めて重要な挑戦であり機会だと考えます。韓国と日本が未来の戦略環境で生き残るためには、こうした点を再考すべきであり、その点で韓国･日本･米国との協力が非常に必要な時代ではないでしょうか。

玄仁澤　洪圭德大使、ありがとうございました。次に申範澈次官にお話を伺います。

申範澈　司会者が指摘された3点に沿ってお話しします。これまでの議論で重要なポイントが抜け落ちているとは思いません。ただし第2会議で提起された空軍の沖縄中間給油問題は、さらに拡大する可能性があると思われます。現在、韓日間の軍楽隊交流は中断状態にあり、海上救助訓練などが中断される可能性があるとの報道も出ています。かつての哨戒機問題の時のように、対立がかなり長期化する可能性があるため残念です。これに関連し、韓日間で共有すべき点があります。未来志向の韓日関係を語る際、歴史問題は歴史問題として解決し、未来の協力は継続して推進するという観点から、今回の空中給油問題については日本側が再考すべきではないでしょうか。例えば、韓国が領土問題を提起するといったことは過去の問題に関連するものですが、日本が未来の協力を遮断する形で対応するのは適切ではないと考えます。そのため、韓日協力に関しては過去の問題は過去の問題に限定して取り組み、未来志向の協力は継続していくという原則を持たなければ、韓日間の問題は繰り返されるしかないでしょう。韓日関係における肯定的な側面を見ると、米国の孤立主義傾向と中国の台頭に伴う脅威認識を韓日が共有しており、さらに希望的なのは若い世代の人的交流が拡大する中で日本に対する反感が大きく減少した点です。韓日関係を最も堅固に支えるのは政府の正しい政策ではなく、青年世代の交流を通じて両国に対する相互好感度を高めることが最も重要であると思われます。政治家は有権者の票が重要だと考えているが、若年層が中年層になり韓日関係に否定的な立場に同調しなければ、政治家はこの問題を争点化しないだろう。過去には歴史問題を提起すれば選挙で勝てると認識していたため、選挙期になると政治家は韓日間の歴史問題を提起することもありました。韓日の若者間の交流を拡大し、両国間の好感度を高めることは、韓日関係を強固に支えるものです。また別の側面から見ると、韓日関係の持続的発展のためには経済的要因も重要に作用します。例えば、第三地域に原子力発電所を輸出する際、韓日間でコンソーシアムが形成されたことはありませんが、そうしたアプローチも試みて、韓日間で経済的利益を共有するプロジェクトに取り組むことも、将来の韓日関係の実質的発展にとって重要ではないでしょうか。司会者がおっしゃった第二のポイントである新たな内容、つまりこれまで言及されなかった問題についてお話ししたいと思います。実際、韓米同盟の現代化とは、在韓米軍も中国に関連して台湾海峡などといった部分に活用するというものです。今回のSCM(安全保障協力会議)閣僚級会談の合意文はまだ出ていませんが、MCM(軍事協力会議)における両国統合参謀本部議長会談を見ると、「朝鮮半島を超えて(beyond Korean Peninsula)」という問題が提起されました。その表現から見ると、戦略的柔軟性部分では進展があると考えます。本日の東亜日報報道によれば、現行水準の在韓米軍規模維持という表現が欠落していることが確認できますが、これは今後在韓米軍が削減される可能性を示唆しています。ただし、一方的な地上軍削減ではなく、最近米軍が模索している「多次元領域作戦(multi-domain operation)」のためのタスクフォース形態へ、在韓米軍の戦力及び構造が変更される可能性を意味します。その点において在韓米軍の規模も調整される可能性があり、米日同盟の指揮構造にも影響を与えると考えます。今朝、米国側とテレビ会議を行い、これに参加しましたが、米国側では在韓米軍と在日米軍をどう連携させれば効率的な指揮構造を構築できるかを模索しているようです。米国は韓国と日本を単一戦域として考えているということです。今後、米国は韓国と日本に対してそのような概念を持ってアプローチするだろうと思います。単一戦域概念について日本の学者の関心が高いようですが、実際、韓国が台湾や南シナ海に投射できる能力は限定的です。なぜなら、台湾海峡や南シナ海で紛争が発生した場合、この紛争が他の地域に拡散する可能性を米国は懸念せざるを得ないからです。中国が台湾を侵攻しようとする場合、中国は北朝鮮を唆して朝鮮半島で新たな紛争を引き起こす可能性があるからです。北朝鮮が朝鮮半島で新たな戦争を引き起こした場合、米国は朝鮮半島に対する米国の支援が限定的である点を強調しつつ、韓国軍が台湾や南シナ海に戦力を投射するよりも、北朝鮮の脅威を独自に抑止することを望んでいます。したがって米国は、韓国軍の独自抑止力を強化することを望んでいるのです。それが米国が考える単一戦域概念です。最後に、これまでの議論とは少し異なる私見ですが、原子力潜水艦に関連したものです。日本側は韓国の原子力潜水艦について、より前向きな思考が必要だと考えています。私も日本の核に対する立場をよく理解しており、日本は非核三原則を遵守するでしょうが、日本の一部で原子力潜水艦に対する要求があることも承知しています。ただし、今後の状況を考慮すると、北朝鮮の脅威も重要ですが、中国の戦略核潜水艦に関する懸念を無視できない点です。これに関連し、トランプ大統領が同盟国の役割分担を強調している状況下で得られるものもあるのではないかと考えます。過去のバイデン政権では期待できなかった原子力推進潜水艦のようなものを確保できる機会が生まれたと思います。この機会に原子力推進潜水艦を確保しようというのです。今から10年後、すなわち2035年の域内安全保障環境は、現在よりも中国の脅威がさらに大きくなると考えます。原子力推進潜水艦は長期的なプロジェクトであるため、進捗速度とは関係なくその方向へ進むべきであり、韓国と日本が協力すべき課題だと考えます。もちろん、日本に対して原子力推進潜水艦の建造を勧めるわけではありません。韓国の原子力潜水艦建造に関連し、米国は日本側の意見を多く参照すると思われます。この際、日本は韓国が原子力潜水艦を保有した場合、朝鮮半島を越えて東アジアの安全保障に貢献する部分を考慮し、韓国と共同歩調を取る必要があると考えます。

玄仁澤　申範澈次官、ありがとうございました。次に、山崎統合幕僚長に5分程度の討論をお願いいたします。

山崎 幸二　簡潔に申し上げます。先の会議で、高市総理と李在明大統領の会談において、両国の様々な問題を両国指導者が適切に管理し、未来志向的かつ安定的に発展させていく必要性について共感があったとの発表がありました。両国首脳のリーダーシップで両国関係を管理していくという点に共感があったことを高く評価します。過去4年間の私の経験をお話しすると、その間、両国間では共同防衛訓練も不可能でした。また、韓米日統合参謀本部議長間の対話に関しては、米日間の協議は可能でした。今後は韓米日3カ国の統合参謀本部議長間の対話のために努力することになりました。しかし、これまで何らかの成果があったわけではありません。岸田首相と尹錫悦大統領から始まったシャトル外交や首脳会談、韓日防衛相会談などの成果がありました。これを通じて良い結果を生み出すこともできました。こうした対話を通じて、日本と韓国が未来志向的に進むという合意が生まれるべきだと思います。シャトル外交を通じて、今後AIやサイバー戦、無人機などゲームチェンジャー分野における共同開発協力に関する対話が交わされた点は非常に励みになります。今後、これらの対話が実質的に実行され、経験を蓄積する必要があります。そのためには、両国首脳間の強力なリーダーシップが極めて重要です。両国国民も、日本と韓国間の安全保障協力の重要性を直視し、これを支える努力が必要です。日本と韓国の安全保障協力が抑止力の重要な軸となり得る点を国民的次元で認識し、それを支援すべきです。また、そのような環境を創り上げていく努力こそが、私たちの使命ではないかと考えます。また実行段階においては、現在、韓米日間の全領域における「フリーダム・エッジ」訓練[1] を行っているが、この経験を十分に蓄積し、韓

1 韓米日3カ国間の相互運用性を促進し、朝鮮半島を含むインド太平洋地域の平和と安定を守護するという意志を込めた防衛的性格の訓練

日両国の軍事関係の行動規範を設定し、国家と国家間の安心と安全を反映できる基盤を作ることが重要です。両国間でいかなる問題が発生しても、問題が拡大せず安定的に管理することが、両国実務者たちに与えられた役割だと考えます。先程「ブラックイーグル」に関する議論がありましたが、なぜそのような事態が発生したのかを検証すべきです。新聞報道によれば「ブラックイーグル」が独島上空を飛行したとのことですが、これは前線部隊の通常訓練である可能性もあります。しかし独島上空の飛行は極めて敏感な問題であるため、計画段階から確実に管理すべきです。言い換えれば、韓日安保協力に関連して民間案件については計画段階から大統領室、総理室、安保室などが確実にチェックすべきです。現場部隊では軍事的観点のみでアプローチし、政治問題に発展しないと単純に考えるかもしれませんが、そうならない可能性もある点を常に念頭に置く必要があります。相互協力の経験を積み重ねていくことが、両国関係の未来にも役立つと考えます。

玄仁澤　山崎統合幕僚長、ありがとうございました。次に杉山大使に討論をお願いいたします。

杉山 晋輔　二点だけ申し上げます。まず午前中に私が発表した内容について誤解が生じないよう補足説明し、次に先ほど数名の先生方が発言されましたが、いくつか追加発言したいと思います。まず韓日国交正常化60周年を祝う際、忘れてはならないのは歴史に関する問題です。中でも1910年に日本が韓国を併合した条約をどう解釈するかという問題です。そこから始めるべきです。1965年6月22日に署名し10月に発効した基本条約第2条において「1910年の条約は既に無効である」と宣言しながら、韓日外相は「合意しないことに合意(agree to disagree)」したのです。この意味は、外交的には1910年条約については韓日両国が合意できない問題であることを認め、これ以上パンドラの箱を開けないことで合意したということです。しかし二度と議論しないことで合意したわけではありません。韓国は引き続き1910年条約は不適切で正義に反し、国際法上も違法だと主張し続けており、現在もその立場は変わっていません。日本は1910年条約が正義に反し適切でもなく、このようなことは二度とあってはならないことだと不便に思っています。しかしながら、1910年時点の国際法的観点から見れば、1910年条約が違法だとは言えず、これについてはこれまで日本の立場が変わったことはありません。したがって両国の立場は決して両立し得ないため、この問題を再び掘り起こして論争することはやめようという点で合意したものであり、二度とこの話を持ち出さないという点で合意したわけではないことを補足説明いたします。最後に補足したいのは、このパンドラの箱を開けないことに合意したということは、この厄介な問題を二度と蓋を開けず、二度と議論しないことに合意したということではないと強調したいのです。つまり、韓国と日本は、この問題についていつまで努力しても合意できないという点で合意したものであり、議論しないことに合意したわけではないということです。歴史を決して忘れてはならないが、歴史を超えてもならない。1965年の国交正常化協定当時、両国の外相がそうした点で合意したことを強調したいと思います。第二に、韓日両国は今後、どの分野で協力が可能かを考えるべきです。国交正常化60周年を迎え、韓日二国間関係に限定せず、東アジアやアジア太平洋、あるいはより広く欧州·豪州·アフリカ・南米で何が起きているのか、韓日両国が力を合わせ、あるいは同盟国である米国を含め、国際社会のために何が可能かを考える出発点となればと思います。

玄仁澤 杉山大使、ありがとうございました。次は木宮 正史教授にお願いいたします。

木宮 正史 ありがとうございます。これまで議論されてこなかった問題を提起したいと思います。韓米同盟のOPCON、すなわち戦時作戦統制権の移管問題です。私はこの部分が実現できるかどうか、非常に不透明だと考えています。李在明大統領は非常に前向きな姿勢を示しています。米国のトランプ政権の対応は、これまであまり明確には表れていないようです。戦時作戦統制権の移管または返還の問題は、政治的立場によって見解が大きく分かれる問題です。現在、韓国の進歩勢力の支持を受ける民主党は、国会の在籍議員のほぼ3分の2を占めており、非常に強力な政治的支持を得ています。それにもかかわらず、戦時作戦統制権の移管はそれほど容易な問題ではないと考えます。先ほど森本大臣もおっしゃいましたが、戦時作戦統制権問題は韓国だけの問題ではありません。とはいえ日本が干渉すべき問題ではありませんが、李在明大統領は進歩勢力の支持だけでなく保守勢力の支持にも配慮しながら推進していくものと存じます。党内においても自主派と同盟派の意見を双方取り入れて政策を推進していくものと存じます。李在明大統領もこの部分について非常に気を遣っているようです。断片的な意見ではありますが、こうした意見を反映して外交政策を展開しているのではないかと考えます。この場におられる諸先生方にも、李在明政権の外交政策に対して、何らかの形で積極的に関与していただき、韓国外交政策に貢献していただければと思います。そうすれば日本や周辺国も多少は安心できる部分があるのではないでしょうか。

玄仁澤　木宮教授、ありがとうございました。これで第1ラウンドの討論は終了です。6名の指定討論者の方々からお話を伺いましたので、これからフロアを開放します。まず金浩燮教授に発言の機会を差し上げます。

金浩燮　日本側参加者、特に森本大臣または杉山大使にお伺いしたいことがあります。尹德敏大使が発表の中で非常に重要なポイントをいくつか述べられましたが、私が少し驚いたのは、トランプ大統領の補佐官や行政部を見ると、中国を牽制したり脅威と見なす人々が多いのに、トランプ大統領自身が実際に中国を牽制対象や脅威と考えているのかどうかを知りたいのです。森本大臣が少し触れられたようですが、来年4月の米中首脳会談で突然両国が和解してしまうと、中国を牽制し反中同盟を結ぼうとしている周辺国は少々慌てるような状況になるでしょう。トランプ氏が中国牽制にどれほど本気なのか知りたいです。

玄仁澤　あとお一人、お二人ほど発言された後、お答えいただきます。

柳明桓　杉山大使が韓日国交正常化基本条約の「意見の相違を認める」について言及されましたが、 韓日国交正常化交渉が始まったのは、朝鮮戦争が激化していた1951年、米国が李承晩大統領に強く圧力をかけて会談が始まったものであり、時期的には日本の戦後処理過程でサンフランシスコ平和条約が締結されたが、そこに韓国に関する内容が欠落していたこととも関連しています。韓日関係を正常化しなければ、アメリカが朝鮮戦争を遂行するのに支障があったからです。ある意味で東北アジア地域の地政学的考慮という非常に戦略的な側面が強く作用したもので、それが14年もかかりました。1965年までに実に90回以上の韓日国交正常化会談が行われました。なぜそれほど困難で長い会談になったのかと言えば、結局は植民地支配の性格規定が原因です。韓国は1910年の韓日併合条約が根源的に無効で違法だと見なす一方、日本は1945年に日本が降伏するまでは有効な条約だと解釈するからです。先ほど杉山大使もおっしゃったように、この問題は双方が譲歩できない基本的な思考様式に差異があるためです。ここには国家のアイデンティティの問題が絡んでいます。そのため結局「すでに(already)無効」という結論に至り、先般の韓国最高裁における徴用工賠償関連の判決もこうした認識と連動しています。したがって、隣接する両国間で解決困難な問題に対する答えは「agree to disagree」という宿命を帯びているのです。それを再び掘り起こして問題を解決することは容易ではありません。ここで残念な点は、1945年の解放当時の大韓民国と今日の大韓民国は全く異なる産業化された国家であることです。私が一昨年キャンプ・デービッド(Camp David)での韓米日首脳会談を見た時、外交官としてある感動を覚えました。1910年、旧韓末の朝鮮が国を失う際に 「桂・タフト密約」がありました。当時、アメリカのタフト陸軍長官がフィリピン訪問の途上で日本に立ち寄り、地域情勢を議論した席で結ばれたものです。そこでは暗黙のうちに、朝鮮半島におけるロシアを牽制するため、日本は朝鮮及び中国における影響圏を認める代わりに、日本は東南アジアにおけるアメリカの影響力を認めるという取り決めがなされました。文書が残っているわけではありませんが、その会話の記録が残っていたため密約と呼ばれます。当時、朝鮮は列強であるアメリカ、日本、新興ロシア、イギリスが据えたチェス盤において最下位の駒に過ぎませんでした。ところがキャンプ·デービッド3カ国首脳会談では、我が大韓民国大統領が日本の首相及びアメリカ大統領と対等に席を共にしました。その席で、今後東北アジア情勢にどう対処するか、中国の台頭にどう対応するかというグローバルな課題を議論しました。ですから、旧韓末の外交史を学んだ者としては感激せざるを得ませんでした。実際、キャンプ·デービッド合意はA4用紙で7枚にも及びます。非常に詳細に協力案を全て記述しました。カート·キャンベル(Kurt Campbell)が起草し、韓国が検討しました。韓米日間の協力方案について、毎年開催する首脳会談及び閣僚級会談の推進方案や韓米日三者間の協力について具体的に記述し、これを履行するための韓米日三カ国協力事務局を設置して協定を履行するなど、細部まで構成されています。キャンプ·デービッドの精神の原則と履行の約束まで、全てが含まれています。韓日両国はキャンプ·デービッドの約束を今後も継続して守っていくべきです。最近、日本と韓国で政治的流動性が生じましたが、キャンプ·デービッドの約束を具体的に履行·執行するにあたり、韓日両国がより協力し、米国に対して継続的にリマインドし、追随させる必要があります。

玄仁澤 柳明桓長官、ご意見とコメントありがとうございます。次に、森本大臣が先ほどの質問にお答えになります。

森本 敏 金浩燮教授のご質問の趣旨はよく理解しております。回答の要点を三つにまとめられます。第一に、トランプ大統領とは個人的な親交はありませんが、リーダーとしての感覚が優れた政治戦略家だと考えています。しかし軍事戦略家ではないという印象です。米国を軍事的に脅威に晒す国はないという考え方のようです。外交安保に関してトランプ大統領に直接助言する人物が誰かはよく分かりませんが、NSCもほとんど役割がないようで、実際には国務長官がある程度の助言をしている状況であり、国務省内でも戦略的な助言が可能な部分は存在しない状態に見受けられます。大統領を補佐する人物は、JD·ヴァンス副大統領だと思います。ヴァンス副大統領の後ろには、コルビー(Elbridge A. Colby)国防次官補がいます。ヴァンスとコルビーは非常に親しい関係です。コルビーは自身の考えを相談する相手がヴァンス副大統領だと認識しています。ヴァンス副大統領は政権内部で人脈を管理し、政策と戦略を構築するネットワークを自ら構築して稼働させています。おそらく次期大統領を狙っているのではないかと思います。ヴァンス副大統領はトランプ大統領よりも軍事戦略的な感覚が優れていると考えます。現在は表には出ていませんが、トランプと交流しながら議論し補佐する役割を果たしています。しかし中間選挙後には本人の思惑を明らかにするのではないかと考えます。もう一つの変数は中国です。トランプ大統領が中国をどう考えているかということです。トランプ大統領は来年4月に中国を訪問する計画です。実は今回、中国を訪問したかったが周囲に止められたそうです。それで韓国で習近平主席と首脳会談を持ったわけです。トランプ大統領は自ら直接中国を訪問し、盛大な歓待の中で取引を行うという構想を持っていたと言います。しかし関税問題や希土類(レアアース)問題などで頭が複雑になりました。中国を軍事戦略的にどう封じ込めるかという部分は全く考えていませんでした。トランプの世界戦略は他の地域には関心がありません。欧州は各国が自ら対処すべきだということです。ロシアの脅威は外交交渉で解決するか、基本的に欧州諸国が自国の国防費を増やして自衛能力を育成し対処せよというものです。アジア諸国も同様です。台湾であれ日本であれ韓国であれオーストラリアであれASEANであれ、全て自国の防衛力を向上させて対処すべきだということです。全ての国々がこれをよく理解しているため、トランプ大統領の気分を損なわない範囲で自律的に努力しています。類似の状況が発生した場合、果たして米国が犠牲を払って地域安定のために努力するかどうかについて、全ての国々はかなり疑念を抱いています。ただし米国は、米国の国益を守るために海上輸送路を確実に維持し、この地域における米海軍が中国の脅威を受けないように海軍力を整備しようと努力しているようです。このために周辺国に要求を行っています。こうしたことはトランプ大統領のMAGA(Make America Great Again)実行のための手段だと考えます。もう一点言及したいのは、中国の新たな海上輸送路構想に関するものです。中国は2021年頃から、オホーツク海からベーリング海、日本列島の南西方向にある沖縄を経由する、すなわち北太平洋と北極海を結ぶ新たな海上輸送路を構想中だと言われています。李克強中国国家副主席が2019年に日本の札幌を訪問した後、中国は日本主要港湾周辺の土地を買い集めています。日本の防衛力は冷戦終結後、南西方面に注力する中で北海道への関心は低下していました。今や北海道方面を再び注視せざるを得ない状況が生じています。中国が北太平洋海域に進出するのをどう抑制するかは極めて重要な課題です。その意味で、北朝鮮とその背後にいるロシアがインド太平洋地域に介入する部分について、海洋における安定性維持のため、米国が韓国の原子力推進潜水艦を建造させ、抑止力として活用するのはグローバル戦略にふさわしい構想と考えます。トランプ大統領は政治的人気に強い関心を持っています。こうした問題について、どうすれば自身が得点を稼げるか、つまりメディアや報道機関に大きく取り上げさせるか、どうすればノーベル賞に繋がるかといったことを考えています。そうした観点から見ると、現在のトランプ大統領の行動は非合理的だと考えられます。トランプ大統領がどれほど中国に接近しようとも、それを無視すればよいのです。最後に申し上げますが、中国にとっての最優先事項は国家安全保障です。経済ではありません。経済は手段に過ぎません。中国に対応するためには同盟関係が重要なのです。

玄仁澤 森本大臣、ありがとうございます。トランプ大統領の行動を見ると、恋愛時代のラブレターを送って断られるとすぐに報復するようなスタイルに見えます。金正恩にラブレターを送ったのに北朝鮮から反応がなかったから、すぐに北朝鮮を制裁しました。米中関係もそうした観点から見ると、習近平氏にトランプ大統領がラブレターを送って拒絶されたら何らかの制裁を加える、つまりジェットコースターに乗っているような状況になると思われます。先ほど森本大臣がおっしゃったように、我々は我々のやるべきことを着実に進めていくことが重要だと考えます。次に杉山大使にお願いいたします。

杉山 晋輔 ありがとうございます。私も森本大臣がおっしゃったのと同じ考えです。これに関連して、私の個人的な経験をお話ししたいと思います。私がワシントンに駐在していた時、トランプ大統領の1期後半の3年間で、何度かトランプ大統領にお会いしました。トランプ大統領が突然私を呼んで話したことがありました。その時、イバンカ・トランプはそばに一人でいたと思います。私の記憶では、ほぼ1対1で話したようす。当時も自動車関税問題だったと記憶していますが、日米間の最大の懸案事項でした。ところがトランプ大統領は関税に関する議論を簡単に触れただけで、私に「日本は中国をどうするつもりか」と質問してきました。私はその問題について全く準備していなかったため、突然思い浮かんだのは「一方的な現状変更は良くないから、戦略的な友好関係を持ってアプローチするのが良い」という話だったと記憶しています。ところがトランプ大統領が本音を話せと迫ってきたのです。それで30～40分ほど話した記憶があります。今思えば、トランプ大統領に「あなたはどうお考えですか」と聞き返せばよかったと思います。トランプ大統領は他人の意見には関心があるものの、自身の考えをあまり語らないスタイルです。また哲学や歴史観といったものにはあまり興味がないようです。当時、日本では安倍氏が首相でしたが、私が日本に戻り、安倍首相にトランプ氏との会談について報告しました。すると安倍首相は、トランプ氏をあまり単純に評価すべきではないとおっしゃいました。そこで次にトランプ大統領に会う際には、中国に対する認識について話そうと準備を重ねていましたが、中国の話をする機会は再び訪れませんでした。森本大臣がおっしゃったように、トランプ大統領には歴史観や哲学観に基づく確信のようなものはなく、ただ相手が強ければ強い相手と交渉したいというスタイルではないかと思います。数日前、APECでトランプ大統領と習近平主席が会談し、来年トランプ大統領が中国を訪問すると表明しました。そう考えると、今こそ米中間の交渉が始まるのではないかと思われます。韓国と日本は各国の立場をトランプ氏に適切に伝える必要があると考えます。

申珏秀　二点申し上げたいと思います。一つは質問、もう一つは提案です。まず、先ほど木宮先生が韓国と日本が関税戦争で個別に打ち負かされたとおっしゃいましたが、私は韓日だけでなく欧州も打ち負かされたと考えています。なぜなら韓国も日本も欧州も、結局は自由貿易あるいは公正貿易に依存する国々だからです。ところが全く相互協議なしに一つ一つ1対1で対応したため敗北したと考えますが、私が疑問に思うのは、日本政府がトランプ任期内に5500億ドルを投資すると決めたことです。つまり3年以内に5500億ドルを投資するのです。そしてその運用結果で損失が出たことについては一切言及がありません。政府が投資しても全て利益が発生する保証はありません。市場経済によって動くのに、日本政府はトランプの要求を全て受け入れたのです。そしてファクトシートやMOUを見ると明確に明記されているのに、日本国内の世論は肯定的に評価しています。私の見るところ、どうしてそんな条件を受け入れられるのか疑問に思うのですが、日本国内では日経新聞程度が少し批判的な内容を掲載しただけで、他は政府がよくやったという評価でした。果たして良かったのか？韓国の場合は3500億ドルで合意し、1500億ドルは造船に投資し、2000億ドルは毎年200億ドルずつ10年にわたって投資するとしたため、日本よりも期間がはるかに長い。韓国はそう調整した。もちろん韓日間の経済力格差を考慮したと言えるが、果たして日本が5500億ドルを4年以内に投資できるのか、日本経済に問題はないのか？私個人としては、米国の同盟国である韓国と日本が米国の経済力回復を助けるべきという点には同意するが、韓国と日本が米国が志向する価値と原則から外れるような合意は困難だと考えます。そうした観点から日本側参加者の意見を伺いたいのです。二つ目は、最近の韓日間の安保協力を推進しようとする試みがあったが、このような事態が発生したため困難になったことです。実際、最近2年程度を見ると、韓米日の枠組み内では非常に速いテンポで進められてきました。私個人の考えですが、韓日間の安保協力を三者協力体制とするか、あるいは多者間協力体制とする安保協力枠組みを作るのはいかがでしょうか。例えば地域的アプローチ協定(ACSA)のような枠組みの中で協力を制度化し、韓国と日本が参加し、第三国も参加すれば、韓国の国内世論を乗り越えられるのではないかと考えます。これに対する日本側参加者の意見もお聞きしたいと思います。

玄仁澤　二つの質問をいただきましたが、日本側参加者からご回答いただければ幸いです。杉山大使、お願いいたします。

杉山 晋輔　韓国は3500億ドル、日本は約5000億ドル程度ですが、両国の合意方式は多少異なります。ただし、基本的に関税に対して投資で対応するという点は同じです。石破首相が関税を引き上げる代わりに日本が直接投資すると述べたのは、実際その方法しかなかったと思います。日本は委員会を設置し、そこで様々な案を導き出すものと見られます。しかし韓国はほぼ全額を現金で支払わねばならず、今後どのように進められるのか気になります。日本の場合、前回トランプ大統領が訪日した際、日本企業が多く同行し署名しました。その中でファクトシートは出ています。確かにこうした投資が可能だという部分は問題ないでしょうが、全てを実践していくのはかなり困難と予想されます。投資自体が悪いことではないと思います。米韓·日米首脳会談を通じて今後その内容を充実させていく必要があるため、問題はこれからだと考えます。韓国の場合、現金で投資しなければならないのですが、どのような形で進めるのかについて疑問があります。日本はすでに米国に多くの投資を行ってきました。トヨタのように投資先が複数あるところもあります。先日、東京の米国大使公邸に大手企業の経営者が招待されたことがありました。一部の大企業リーダーは、一定金額以上の投資は困難だと不満を漏らすこともありました。米国大使公邸に出席するには入場料を支払わねばならず、「行かない方がましではないか」と不満を漏らした企業もあったそうです。入場料が高すぎたため、今後どう負担していくかを考えざるを得なかったのです。韓国は現金投資であるため、入場料が非常に高いと感じます。しかし投資自体は悪いことではないので、今後懸命に努力してうまくやるしかないのではないでしょうか。

玄仁澤　韓国は3500億ドルを投資しますが、そのうち2000億ドルは10年間で毎年200億ドルずつ投資するというものです。韓国の経済体力から見ると、かなり大きな金額です。果たして守られるのか疑問です。トランプ大統領の任期が10年でない以上、韓国がそのまま続けるのか？トランプ大統領の任期はあと3年、李在明大統領の任期はあと4年です。対米投資約束は条約でもなくMOUやファクトシートと呼ばれるものなので、おそらくトランプ政権内では守られる可能性が高いが、その後は分からないと思います。確実な利益が保証されなければ投資は容易ではないと考えます。

森本 敏 2000億ドルを現金で支払い原子力潜水艦を手に入れられるなら、安価な投資だったと言えるでしょう。韓米間の関税及び投資関連の約束を確実にしたいなら、協定を明文化し署名させるべきです。大統領と副大統領の両方に署名させます。それが可能なら、2000億ドルは少々高いですが、長期的に何隻とは言っていないので、10隻程度保有できるなら非常に安く獲得できると思います。

玄仁澤 ありがとうございます。現在12〜3分ほど残っているようです。フロアからの質問を受け付ける時間になるでしょう。金錫友元統一部次官に発言の機会を差し上げます。

金錫友 二点質問します。まず、韓国側参加者にお尋ねします。これまで韓国では反日感情が国内政治的に悪用されてきたと考えます。日本にも国内政治的要因がないわけではありませんが、韓国の場合、特に盧武鉉政権下で反日感情が国内政治的に悪用されたと思います。反日感情は韓国政治から消える可能性はあるでしょうか？二つ目は日本側への質問です。ロシア·ウクライナ戦争終結後、ロシアは経済再建と被害復旧を推進しなければなりません。その場合、ロシアは韓国と北朝鮮のどちらをより重要だと考えるでしょうか？最後に、現在も新疆地区では新疆独立運動が進行中です。これに関連し、中国で少数民族の独立運動が強化された場合、中国の分裂現象はどのようになると思われますか？

玄仁澤　最後に質問を一つ受け付けます。

崔春欽　来年は東北アジア外交において非常に重要な年になると考えます。米中対立が深刻化する状況下でも、中国は米朝対話に反対しません。トランプ氏も米朝対話を希望しており、金正恩も反対せず、習近平氏も反対しないでしょう。日本が積極的に応じてくれれば良いのではないでしょうか。日本と中国は1978年、米国と中国は1979年に国交を正常化しました。現在、米朝関係正常化の最大の障害は北朝鮮の人権問題だと考えられます。日本と北朝鮮の関係正常化に関する日本の立場についてお聞かせください。

金浩燮　金錫友次官の質問の中で、国内で反日を政治的に利用しているのではないかとのご指摘がありましたが、私も全く同感です。今後、反日感情を政治的に利用しようとする試みは多少減ると思いますが、商業的には多く利用される可能性があると考えます。私の個人的な経験から言えば、かつて金大中・小渕宣言で韓日関係が非常に良好だった時期、ある放送局が明成皇后をドラマ化して放映しました。明成皇后役の美しい女優が、恐ろしい顔つきの男優の刀で刺殺されながら「私は今、去る」という挿入歌が流れる場面を、韓国人視聴者が見て反日感情を抱かないはずがありません。このように商業的に反日感情が継続的に利用されているため、韓国社会の内面から反日感情が完全に消えるまでには相当な時間がかかるのではないかと考えます。国内で上映された「鳴梁」という映画も観客動員数が千万人を突破しました。李舜臣将軍を英雄化しながら反日感情を商業的に利用したものです。中国も最近731部隊を映画化しましたが、実は反日感情を商業的に利用する動きだと考えます。この映画が中国でかなり人気があったと聞きました。反日感情を商業的に利用しようとする試みがなくならない限り、反日感情が消えるにはかなりの時間がかかると思います。

玄仁澤　次に尹徳敏大使が補足説明されます。

尹徳敏　反日感情を国内政治的に利用する動きは、確かに最近になって深刻化したようです。韓国では保守・進歩を問わず反日感情は存在しますが、相手を親日集団と呼ぶのは最近の現象です。この傾向は近年非常に強まり、特に前政権下でさらに深刻化しました。私が駐日大使を務めていた際、非常に困難だったのは、福島汚染水放出時にそれを国内政治的に利用しようとする試みが非常に多かったことです。過去の狂牛病騒動時に困難を経験したような政治的なハプニングがあったため、今回もそうならないかと懸念しましたが、幸い予想より爆発力は弱かったです。そして日本では大企業の問題として認識されていませんでしたが、韓国ではLINE-Yahoo問題が非常に大きな問題として提起され、日本が歴史だけでなく国民企業であるNAVERを奪おうとしているというフレームがかけられ、さらにそれに火をつけようとする勢力も多かったことに驚きました。幸い火は拡大しませんでした。そのため過去よりも、そうした反日ムードを国内政治に利用しようとする試みが大きく拡大しないという点にもかかわらず、先ほど朴鴻圭教授がおっしゃったように、政治界におけるそうした試みに注意する必要があると考えます。2018年、日本が韓国に対する輸出規制を発表したことがあります。それ以前は韓国の若年層が反日感情にそれほど大きな影響を受けていませんでしたが、安倍首相の韓国に対する半導体、先端素材及び部品への規制が発表されてから、「No Japan」運動が若年層を中心に拡散したことがあります。ですから、韓国と日本双方が国民の感情を政治的に利用することは互いに注意すべきだと思います。一言付け加えるならば、反日または反韓感情が拡散しないからといって、もはや国内政治的に活用できないと判断せず、韓日両国政府がその点に留意すべきだと考えます。

玄仁澤　金錫友次官、二つ目の質問は結局、ウクライナとロシアの戦争以降、ロシアの南北韓へのアプローチに対する日本側の見解がどうなるかという点です。日本側からは山崎統合幕僚長にお話しいただければ幸いです。

山崎　幸二　私の個人的な意見ですが、ウクライナ戦争を契機にロシアと北朝鮮は包括的戦略的パートナーシップを締結しました。北朝鮮の立場から見れば、相当な決意をしてロシアと軍事同盟を結んだと言えます。それを基盤として、弾道ミサイルや弾薬をはじめ、兵士の派遣など様々な支援を提供しました。北朝鮮の立場では、生存を賭けて決断したのだと考えます。金正恩の立場では、国防科学の発展、武器システムの開発、核開発、核弾頭の軽量化及び改良、ミサイル、偵察衛星など、ほぼ全ての軍事分野で近代化を追求しています。そうした計画が成功すれば、北朝鮮の軍事力は画期的に向上するでしょう。北朝鮮の核開発に対し、国連安保理では海上での給油禁止を含む様々な制裁を加えてきました。しかしロシアと中国の対北支援により、国連の対北制裁は本来の機能を発揮できていません。北朝鮮の立場では、国連の対北制裁が成功しない環境を成功裏に作り上げてきたと言えます。ロシアの立場から見れば、北朝鮮への軍事技術支援を通じてウクライナ戦争に対する北朝鮮の支援を確保できたと言えます。北朝鮮に関連するこうした協力関係は今後さらに発展していくのではないでしょうか。こうした事象が韓日両国間の安全保障環境に及ぼす影響は極めて大きいと言えます。

玄仁澤　ありがとうございました。ここで第3回総合討論を終了いたします。真剣に討論してくださった参加者の皆様に心より感謝申し上げるとともに、本日の発表と討論にご参加いただいた皆様に、主催者として深く御礼申し上げます。ありがとうございました。

저자 소개(집필순)

발표

이상우(신아시아연구소 이사장)
모리모토 사토시(森本 敏, 전 방위대신)
박홍규(고려대 교수)
스기야마 신스케(杉山 晋輔, 전 주미일본대사)
김호섭(중앙대 명예교수)
윤덕민(전 주일대사)
야마자키 고지(山崎 幸二, 전 통합막료장)
기미야 다다시(木宮 正史, 도쿄대학 명예교수)

토론

이정훈(연세대 국제학대학원장)
반쇼 고이치로(番匠 幸一郎, 방위대신정책참여)
권태환(국방외교협회 회장)
신각수(NEAR재단 부이사장)
홍규덕(숙명여대 명예교수)
신범철(전 국방부차관)

종합토론 사회

현인택(화정평화재단 이사장)

世界化時代의 바람직한 韓日關係

2026년 2월 12일 초판 인쇄
2026년 2월 19일 초판 발행

지 은 이 한일문화교류기금
발 행 인 한정희
발 행 처 경인문화사
편 집 부 김지선 한주연 양은경 정효민
마 케 팅 하재일 유인순
출판신고 제406-1973-000003호
주 소 (10881) 파주시 회동길 445-1 경인빌딩 B동 4층
대표전화 031-955-9300 팩 스 031-955-9310
홈페이지 http://www.kyunginp.co.kr
이 메 일 kyungin@kyunginp.co.kr

ISBN 978-89-499-6917-6 93910
값 26,000원